NERAKA

Dr. Jaerock Lee

1 Darah menitis daripada sejumlah besar jiwa yang tidak diselamatkan yang diseksa dengan dahsyat membentuk satu sungai yang mengalir luas.

2 Utusan Neraka yang tersangat hodoh mempunyai wajah-wajah berbentuk seperti manusia atau bentuk pelbagai binatang hodoh dan kotor.

3 Di tebing sungai darah ada banyak kanak-kanak dalam seksaan yang terdiri dari usia 6 tahun hingga sejurus sebelum umur baligh. Menurut berat dosa-dosa mereka, mayat mereka dikebumikan di dalam paya dan lebih dekat dengan sungai darah.

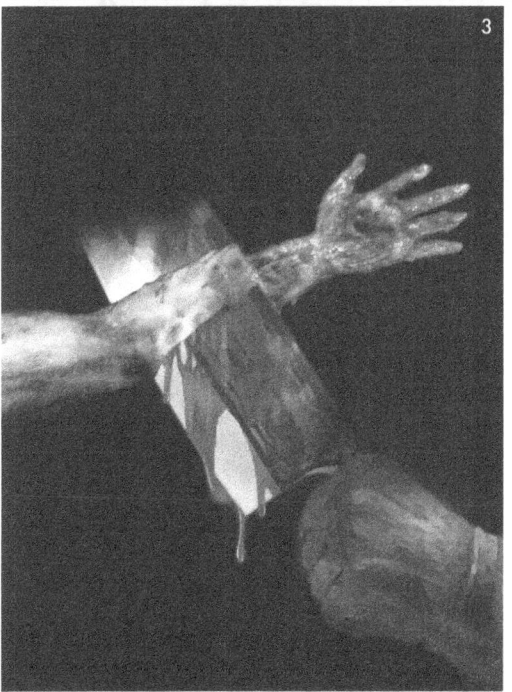

1 Satu kolam penuh dengan bau busuk air kumbahan dipenuhi dengan serangga-serangga seram yang tidak terhingga banyaknya. Serangga-serangga ini mengunggis tubuh jiwa-jiwa yang dikurung di dalam kolam itu. Serangga-serangga menembusi tubuh mereka ke atas dan melalui abdomen mereka.

2,3 Daripada satu badik kecil ke satu kapak, utusan Neraka yang berbentuk babi yang sangat hodoh menyediakan pelbagai peralatan untuk penyeksaan. Utusan neraka menghiris-hiris tubuh jiwa yang terikat kepada sebatang pokok.

Periuk yang panas bernyala-nyala dipenuhi dengan bau busuk yang dahsyat dan cecair yang pantas mendidih. Jiwa-jiwa yang terkutuk yang dahulunya pasangan suami isteri dicelup ke dalam periuk, seorang pada satu-satu masa. Sementara satu jiwa berada dalam seksaan, jiwa yang satu lagi merayu agar hukuman untuk pasangannya dilanjutkan tempoh.

Dengan mulut terbuka luas dan mendedahkan gigi-gigi yang tajam, serangga-serangga kecil yang tidak terhingga banyaknya mengejar jiwa-jiwa yang mendaki naik cenuram. Jiwa-jiwa yang ketakutan serta-merta dipenuhi serangga-serangga itu lalu jatuh ke bawah.

Kepala-kepala hitam yang menakutkan yang tidak terhingga banyak ialah orang yang mengikuti jiwa itu menentang Tuhan. Kepala-kepala itu dengan ganas menggigit seluruh tubuh jiwa itu dengan gigi mereka yang tajam. Seksaan itu lebih sakit daripada diunggis oleh serangga-serangga atau dikoyakkan oleh binatang.

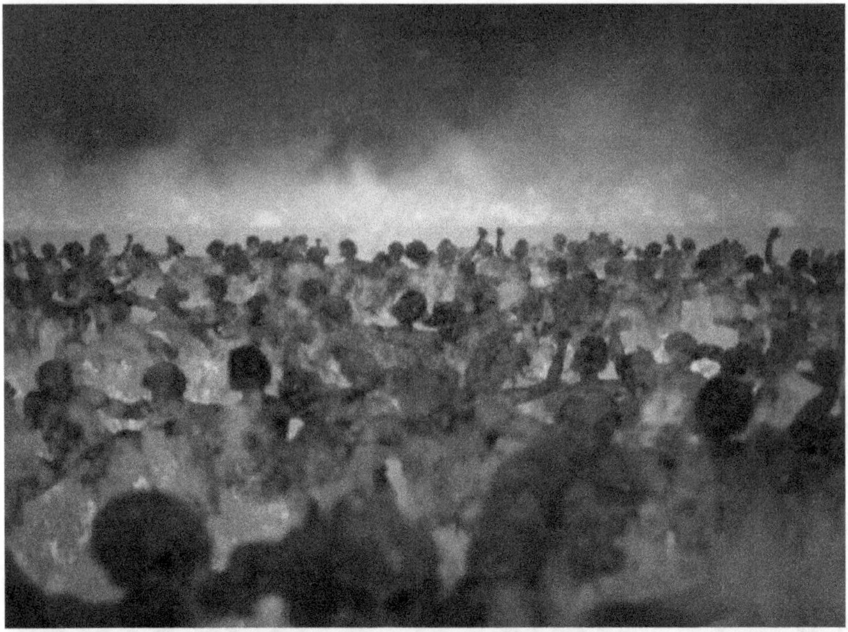

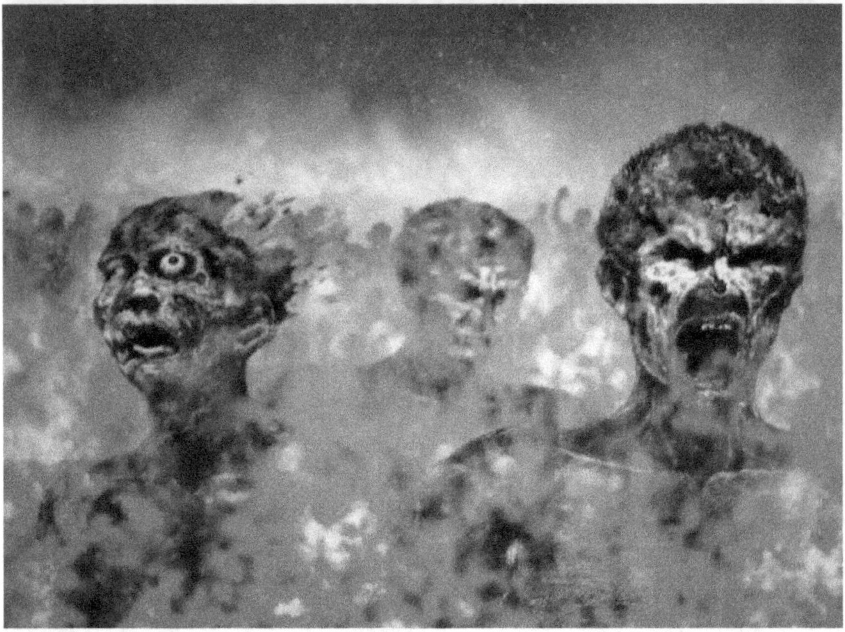

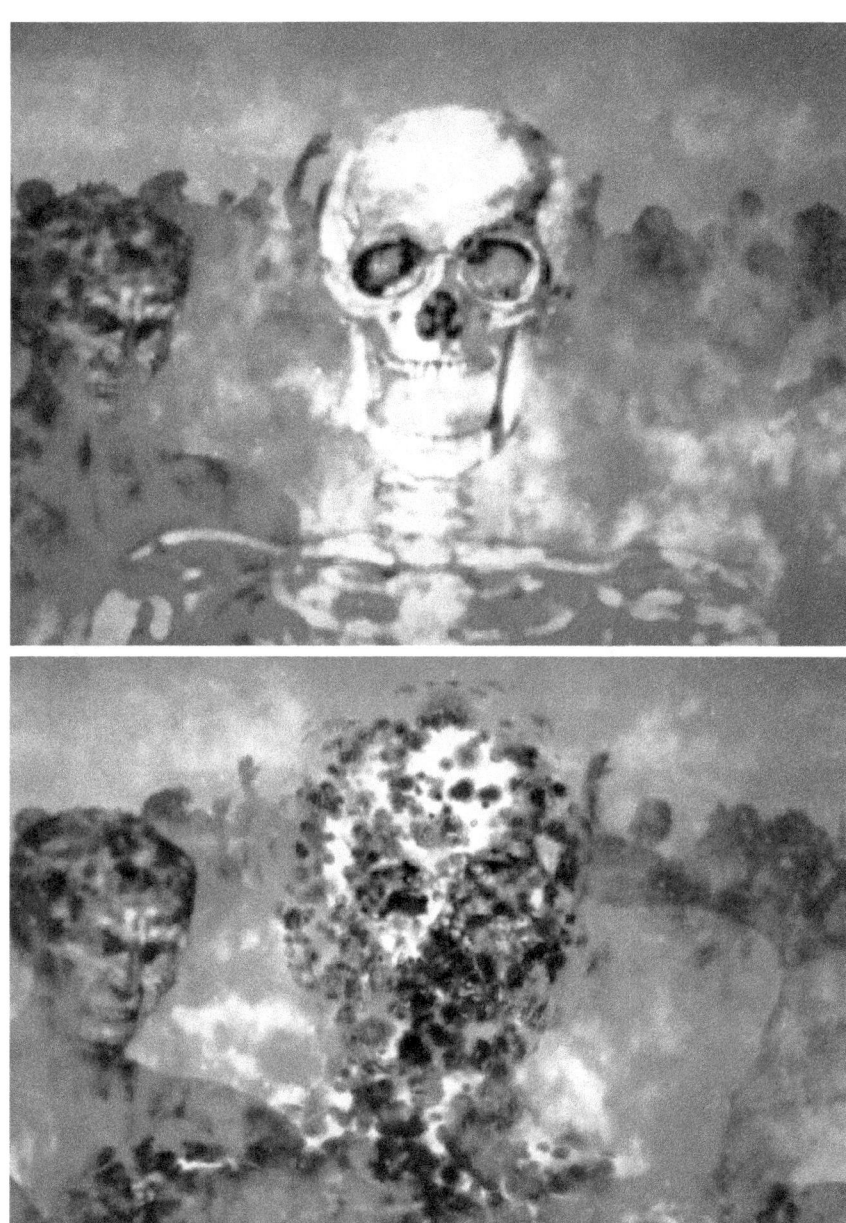

Jiwa-jiwa yang tercampak ke dalam lautan api melompat-lompat kesakitan dan menjerit dengan begitu dengan kuat. Mata mereka yang berkilauan menjadi sangat merah, otak mereka pecah dan cecair tersembur keluar.

Andaikan seseorang meminum cecair yang dicairkan daripada besi dalam satu relau bagas, organ dalamannya akan terbakar. Jiwa-jiwa yang dilemparkan ke dalam lautan belerang yang menyala-nyala tidak dapat mengeluh atau berfikir tetapi hanya ditekan oleh kesakitan.

"Orang miskin itu meninggal lalu dibawa oleh malaikat ke sisi Abraham di Syurga. Orang kaya itu pun meninggal dan dikebumikan. Di alam maut dia sangat menderita. Apabila dia memandang ke atas, dia nampak Abraham jauh di sana dengan Lazarus di sisinya.
'Bapa Abraham,' seru orang kaya itu, 'kasihanilah saya. Suruhlah Lazarus mencelupkan jarinya ke dalam air dan membasahkan lidah saya, kerana saya sengsara di dalam api ini!' Tetapi Abraham menjawab, 'Ingatlah, anakku, seumur hidupmu kamu sudah mendapat segala yang baik, sedangkan Lazarus mendapat segala yang buruk. Tetapi sekarang Lazarus seronok di sini, sebaliknya kamu menderita sengsara. Selain itu, ada pula jurang yang dalam di antara kamu dan kami, sehingga orang dari sini tidak dapat ke sana dan orang dari sana tidak dapat ke mari!' 'Jika demikian, Bapa Abraham,' kata orang kaya itu, 'saya memohon supaya bapa menyuruh Lazarus pergi ke rumah ayah saya. Saya mempunyai lima orang saudara. Biarlah Lazarus pergi memberikan amaran kepada mereka, supaya setidak-tidaknya mereka tidak akan datang ke tempat penderitaan ini.' Abraham berkata kepadanya, 'Tidakkah mereka mempunyai Kitab Musa dan Kitab Nabi-Nabi yang memberikan amaran kepada mereka? Sepatutnya mereka mendengarkan amaran kitab-kitab itu!' Tetapi orang kaya itu menjawab, 'Hal itu tidak cukup, Bapa Abraham. Jika ada seorang bangkit daripada kematian lalu datang kepada mereka, tentu mereka akan bertaubat daripada dosa.' Tetapi Abraham berkata kepadanya, 'Jika mereka tidak mendengarkan ajaran Musa dan nabi-nabi, mereka tidak akan percaya sekalipun ada orang bangkit daripada kematian.'"

Lukas 16: 22-31

NERAKA

Dr. Jaerock Lee

NERAKA oleh Dr. Jaerock Lee
Diterbit oleh Urim Books (Presiden: Kyungtae Noh)
235-3, Guro-dong 3, Guro-gu, Seoul, Korea
www.urimbooks.com

Hakcipta terpelihara. Buku ini atau bahagian-bahagiannya tidak boleh dihasilkan dalam sebarang bentuk, disimpan dalam satu sistem perolehan kembali, atau disiarkan dalam sebarang bentuk atau dengan apa-apa cara, elektronik, mekanikal, salinan foto, rakaman dan sebagainya, tanpa kebenaran bertulis terlebih dahulu daripada penerbit.

Semua petikan adalah daripada Alkitab Berita Baik, terbitan The Bible Society of Malaysia.

Hak cipta © 2012 oleh Dr. Jaerock Lee
ISBN: 978-89-7557-622-5
Hak Cipta Terjemahan © 2011 oleh Dr. Esther K. Chung. Digunakan dengan izin.

Diterbitkan sebelum ini dalam bahasa Korea oleh Urim Books pada tahun 2002

Edisi Pertama: Jun 2012

Disunting oleh Dr. Geumsun Vin
Direka bentuk oleh Biro Penyuntingan Urim Books
Untuk maklumat lanjut, hubungi urimbook@hotmail.com

Kata Pengantar

Saya berharap buku ini dapat menjadi seperti roti hidup yang membawa jiwa-jiwa ke Syurga yang indah dengan cara membuat mereka memahami kasih Tuhan yang ingin agar semua orang menerima keselamatan.

Pada masa kini, ketika mendengar tentang Syurga dan Neraka, kebanyakan orang akan memberikan tanggapan yang negatif dengan berkata, "Mengapa saya harus percaya kepada hal-hal seperti itu pada zaman ilmu pengetahuan ini?", "Apakah anda pernah pergi ke Syurga atau Neraka?" atau "Anda hanya dapat membuktikan hal-hal itu kalau anda sudah mati."

Terlebih dahulu, anda harus tahu bahawa ada kehidupan sesudah kematian. Anda terlewat kalau menunggu sampai anda menghembuskan nafas terakhir. Sesudah anda menghembuskan nafas terakhir di dunia ini, anda tidak akan mempunyai kesempatan lain untuk mengulang hidup anda di dunia. Yang ada hanyalah Pengadilan daripada Tuhan yang menanti anda, dan anda akan menuai apa-apa yang anda tabur di dunia ini.

Dalam seluruh Alkitab, Tuhan sudah mengungkapkan kepada kita tentang jalan keselamatan, kewujudan Syurga dan Neraka, dan Pengadilan yang akan terjadi sesuai dengan firman-Nya. Tuhan sudah menunjukkan pekerjaan-pekerjaan yang dilakukan oleh kuasa-Nya yang ajaib melalui nabi-nabi Perjanjian Lama dan Yesus.

Bahkan pada zaman sekarang, Tuhan menunjukkan kepada anda bahawa DIA hidup dan Alkitab itu benar dengan menyatakan mukjizat-mukjizat, tanda-tanda, dan pekerjaan-pekerjaan lain yang menakjubkan yang terjadi kerana kuasa-Nya seperti yang tercatat dalam Alkitab melalui pelayan-pelayan-Nya yang paling setia. Meskipun ada banyak bukti tentang pekerjaan yang dilakukan-Nya, namun banyak orang yang tidak mahu percaya. Oleh itu, Tuhan menunjukkan Syurga dan Neraka kepada anak-anak-Nya, dan mendorong mereka untuk bersaksi ke seluruh dunia tentang perkara yang sudah dilihat oleh mereka.

Tuhan yang penuh kasih juga mengungkapkan Syurga dan Neraka secara rinci kepada saya dan mendesak saya untuk menyampaikan pesan ini ke seluruh dunia kerana Kedatangan Kristus kali yang kedua sudah sangat dekat.

Kata Pengantar

Ketika menyampaikan pesan tentang pemandangan yang menyedihkan dan menjijikkan di Hades, sebuah tempat di Neraka, saya melihat banyak jemaat gementar dalam kesedihan dan menangisi jiwa-jiwa yang telah jatuh ke dalam hukuman yang mengerikan dan kejam di sana.

Jiwa-jiwa yang tidak diselamatkan tinggal di Hades hanya sehingga Pengadilan Takhta Putih Besar tiba. Sesudah Pengadilan itu, jiwa-jiwa ini akan masuk ke dalam lautan api atau lautan belerang yang menyala-nyala. Hukuman di lautan api atau lautan belerang yang menyala-nyala lebih berat daripada hukuman di Hades.

Saya menulis perkara yang dinyatakan Tuhan kepada saya melalui pekerjaan Roh Kudus berdasarkan firman Tuhan dalam Alkitab. Buku ini boleh dikatakan sebagai pesan tentang kasih yang tulus daripada Tuhan Bapa kita yang ingin menyelamatkan sebanyak mungkin orang daripada dosa dengan terlebih dahulu memberitahu mereka tentang kesengsaraan yang tidak pernah berakhir di Neraka.

Tuhan telah menyerahkan Anak-Nya sendiri mati di salib untuk menyelamatkan semua manusia. DIA juga ingin menghalang agar tidak ada satu jiwa pun masuk ke Neraka yang mengerikan itu. Tuhan menganggap satu jiwa lebih berharga daripada seluruh dunia. Oleh yang demikian, DIA sangat bergembira dan bersukacita bersama bala tentera Syurga dan malaikat-malaikat apabila ada satu orang yang diselamatkan dalam iman.

Saya memberikan semua kemuliaan kepada Tuhan yang telah memimpin saya untuk menerbitkan buku ini. Saya berharap anda akan memahami hati Tuhan yang tidak ingin kehilangan walau satu jiwa pun pergi ke Neraka, dan anda akan mendapat iman yang benar. Saya juga mendorong anda agar rajin mengkhabarkan Injil kepada semua orang yang sedang berlari menuju Neraka.

Saya berterima kasih kepada Urim Books dan stafnya, termasuklah Geumsun Vin, Pengarah Bahagian Editorial. Saya juga berterima kasih kepada Biro Terjemahan. Saya berharap semua pembaca akan menyedari kenyataan bahawa benar-benar ada kehidupan kekal sesudah kematian dan ada Pengadilan, serta menerima keselamatan yang sempurna.

Jaerock Lee

Pendahuluan

Berdoa agar banyak orang dapat mengerti penderitaan di Neraka, bertaubat, berpaling dari jalan kematian, dan diselamatkan.

Roh Kudus mengilhami Pendeta Dr. Jaerock Lee, Gembala Senior Gereja Manmin Joong-ang untuk mengetahui kehidupan sesudah kematian dan Neraka yang mengerikan. Kami telah menyusun pesan-pesan yang disampaikannya dan pada saat ini menerbitkan buku *Neraka* supaya banyak orang dapat mengetahui Neraka dengan jelas dan benar. Saya memberikan semua kemuliaan kepada Tuhan dan bersyukur kepada-Nya.

Pada masa ini, banyak orang yang sangat ingin tahu tentang kehidupan sesudah kematian, tetapi kita tidak mungkin mendapat jawapannya dengan kemampuan kita yang terbatas. Buku ini memberikan gambaran tentang *Neraka* dengan jelas dan mudah difahami, yang sebahagiannya sudah diungkapkan kepada kita melalui Alkitab. Buku ini terdiri daripada sembilan bab.

Bab 1, "Adakah Syurga dan Neraka Benar-benar Ada?" menggambarkan struktur Syurga dan Neraka secara keseluruhan. Melalui perumpamaan orang kaya dan Lazarus yang miskin dalam Lukas 16, dijelaskan tentang Pangkuan Abraham – tempat penantian jiwa orang-orang dari Perjanjian Lama yang diselamatkan, dan Hades – tempat penyeksaan jiwa orang-orang yang tidak diselamatkan.

Bab 2, "Keselamatan bagi Orang-orang yang Tidak Pernah Mendengar Injil" membincangkan tentang pengadilan oleh hati nurani. Bab ini juga menggambarkan kriteria khusus tentang pengadilan terhadap banyak perkara: janin-janin yang tidak sempat dilahirkan kerana aborsi dan keguguran, anak-anak yang baharu lahir sehingga umur lima tahun, dan anak-anak berumur enam tahun sehingga menjelang remaja.

Bab 3, "Hades dan Identiti Utusan-utusan Neraka" menghuraikan satu tempat penantian di Hades. Orang-orang yang telah meninggal dunia akan tinggal di tempat penantian di Hades selama tiga hari dan kemudian dihantar ke tempat-tempat yang berbeza berdasarkan besarnya dosa mereka, dan diseksa dengan kejam di sana sehingga tibanya Pengadilan Takhta Putih Agung. Dalam bab ini, juga dijelaskan tentang identiti roh-roh jahat yang memerintah Hades.

Bab 4, "Hukuman di Hades untuk Anak-anak yang Tidak Diselamatkan" memberikan kesaksian bahawa sesetengah anak yang belum matang tidak dapat membezakan antara yang benar dan yang salah, ternyata tidak menerima keselamatan. Pelbagai jenis hukuman dikenakan kepada anak-anak yang dikategorikan berdasarkan kelompok usia: hukuman untuk janin-janin dan anak-anak yang masih menyusu, anak kecil yang baharu belajar berjalan, anak-anak berumur tiga sampai lima tahun, dan anak-anak berumur enam hingga dua belas tahun.

Bab 5, "Hukuman untuk Orang-orang yang Sudah Melewati Usia Remaja" menjelaskan hukuman-hukuman yang dijatuhkan terhadap orang-orang yang sudah melebihi usia remaja. Hukuman untuk sesiapa yang melebihi usia 13 tahun dibahagikan kepada empat tahap berdasarkan besarnya dosa mereka. Semakin besar dosa seseorang, semakin berat hukuman yang diterimanya.

Bab 6, "Hukuman kerana Menghina Roh Kudus", mengingatkan para pembaca seperti yang tertulis dalam Alkitab bahawa ada dosa-dosa tertentu yang tidak dapat diampuni yang membuatkan anda tidak dapat bertaubat. Bab ini menerangkan

pelbagai jenis hukuman melalui contoh-contoh yang terperinci.
Bab 7, "Keselamatan pada Masa Kesusahan Besar" mengingatkan kita bahawa kita sedang hidup pada akhir zaman dan Kedatangan Tuhan sudah sangat dekat. Bab ini menjelaskan secara rinci hal yang akan terjadi pada waktu Kedatangan Kristus, dan bahawa orang-orang yang tertinggal pada Masa Kesusahan Besar hanya dapat menerima keselamatan dengan mati syahid. Bab ini juga mendorong anda untuk mempersiapkan diri sebagai pengantin Tuhan Yesus sehingga dapat ikut serta dalam Perjamuan Kahwin Tujuh Tahun, dan tidak tertinggal pada waktu Pengangkatan.

Bab 8, "Hukuman di Neraka Sesudah Pengadilan Besar" menghuraikan Pengadilan pada akhir Masa Seribu Tahun, tentang jiwa-jiwa yang tidak diselamatkan akan dipindahkan dari Hades ke Neraka, pelbagai jenis hukuman yang dijatuhkan kepada mereka, dan nasib roh-roh jahat termasuklah hukuman-hukuman yang diterima oleh mereka.

Bab 9, "Mengapakah Tuhan yang Penuh Kasih Harus Menciptakan Neraka?" menjelaskan kasih Tuhan yang berlimpah dan terus mengalir, yang ditunjukkan melalui pengorbanan Anak-Nya yang tunggal. Bab terakhir ini menjelaskan sebab

Tuhan yang penuh kasih harus membuat Neraka.
Buku ini juga mendorong anda untuk memahami kasih Tuhan yang ingin semua orang menerima keselamatan dan berjaga-jaga di dalam iman. Buku ini diakhiri dengan desakan kepada anda untuk membawa sebanyak mungkin orang ke jalan keselamatan.

Tuhan penuh belas kasihan dan pengampunan, dan DIA ialah kasih itu sendiri. Pada saat ini, dengan hati seorang bapa yang menantikan kepulangan anaknya yang hilang itu, Tuhan sangat rindu menanti semua orang yang terhilang untuk bertaubat daripada dosa-dosa mereka dan menerima keselamatan.

Oleh itu, saya sangat berharap agar banyak orang di seluruh dunia akan mengerti dan mengetahui bahawa *Neraka* yang mengerikan itu benar-benar ada, dan segera berpaling kepada Tuhan. Saya juga berdoa dalam nama Yesus Kristus agar semua orang yang percaya dalam Tuhan sedar dan berjaga-jaga, dan membawa sebanyak mungkin orang ke Syurga.

Geumsun Vin,
Pengarah Bahagian Editorial

Daftar Isi

Kata Pengantar

Pendahuluan

Bab 1 –

Adakah Syurga dan Neraka Benar-benar Ada? • 1

Syurga dan Neraka Benar-benar Ada
Perumpamaan tentang Orang Kaya dan Lazarus yang Miskin
Struktur Syurga dan Neraka
Pangkuan Abraham dan Firdaus
Hades, Tempat Penantian Menuju Neraka

Bab 2 –

Keselamatan bagi Orang-orang yang Tidak Pernah Mendengar Injil • 27

Pengadilan Hati Nurani
Bayi-bayi yang Tidak Sempat Dilahirkan kerana Aborsi atau Keguguran
Anak-anak dari Kelahiran sampai Umur Lima Tahun
Anak-anak dari Umur Enam Tahun sampai Menjelang Remaja
Adakah Adam dan Hawa Diselamatkan?
Apakah yang Terjadi pada Kain, Pembunuh Pertama?

Bab 3 –

Hades dan Identiti Utusan-utusan Neraka • 65

Utusan-utusan Neraka yang Membawa Orang-orang ke Hades
Tempat Penantian Menuju Dunia Roh-roh Jahat
Hukuman yang Berbeza-beza di Hades untuk Dosa yang Berlainan
Lucifer Si Penguasa Hades
Identiti Utusan-utusan Neraka

Bab 4 –

Hukuman di Hades untuk Anak-anak yang Tidak Diselamatkan • 85

Janin dan Bayi-bayi yang Masih Menyusu
Anak-anak yang Baru Belajar Berjalan
Anak-anak yang Sudah Dapat Berjalan dan Bertutur
Anak-anak dari Umur Enam sampai Dua Belas Tahun
Orang Muda yang Mengejek Nabi Elisa

Bab 5 –

Hukuman untuk Orang-orang yang Sudah Melewati Usia Remaja • 105

Hukuman Tingkat Pertama
Hukuman Tingkat Kedua
Hukuman Terhadap Firaun
Hukuman Tingkat Ketiga
Hukuman Terhadap Pontius Pilatus
Hukuman Terhadap Saul, Raja Pertama Israel
Hukuman Tingkat Keempat Terhadap Yudas Iskariot

Bab 6 –

Hukuman kerana Menghina Roh Kudus • 155

Penderitaan di dalam Periuk Berisi Cairan Mendidih
Mendaki Jurang yang Tegak Lurus
Mulut yang Dihanguskan dengan Besi yang Membara
Mesin Penyeksa yang Sangat Besar
Diikat pada Batang Pohon

Bab 7 –

Keselamatan pada Masa Kesusahan Besar • 189

Kedatangan Kristus dan Pengangkatan
Tujuh Tahun Masa Kesusahan Besar
Mati Syahid pada Masa Kesusahan Besar
Kedatangan Kristus yang Kedua Kali dan Masa Seribu Tahun
Mempersiapkan Diri Menjadi Pengantin yang Cantik bagi Tuhan

Bab 8 –

Hukuman di Neraka Sesudah Pengadilan Besar • 219

Jiwa-jiwa yang Tidak Diselamatkan Masuk ke Neraka Sesudah Pengadilan
Lautan Api dan Lautan Belerang yang Menyala-nyala
Mereka yang Tetap Tinggal di Hades walaupun Sesudah Pengadilan
Roh-roh Jahat Dipenjarakankan di Jurang Maut
Di Manakah Setan-setan Akan Berakhir?

Bab 9 –

Mengapakah Tuhan yang Penuh Kasih Harus Menciptakan Neraka? • 257

Kesabaran dan Kasih Tuhan
Mengapakah Tuhan yang Penuh Kasih Harus Menciptakan Neraka?
Tuhan Ingin Semua Orang Menerima Keselamatan
Mengkhabarkan Berita Baik dengan Keberanian

Bab 1

Adakah Syurga dan Neraka Benar-benar Ada?

Syurga dan Neraka Benar-benar Ada

Perumpamaan tentang Orang Kaya dan Lazarus yang Miskin

Struktur Syurga dan Neraka

Pangkuan Abraham dan Firdaus

Hades, Tempat Penantian Menuju Neraka

"Jawab Yesus: 'Kepadamu diberi karunia untuk mengetahui rahasia Kerajaan Sorga, tetapi kepada mereka tidak.'"
- Matius 13:11 -

"Dan jika matamu menyesatkan engkau, cungkillah, karena lebih baik engkau masuk ke dalam Kerajaan Allah dengan bermata satu dari pada dengan bermata dua dicampakkan ke dalam neraka."
- Markus 9:47 -

Sebahagian besar orang di sekitar kita takut akan kematian dan hidup dalam ketakutan dan kekhuatiran tentang kehilangan hidup mereka. Meskipun demikian, mereka tidak mencari Tuhan kerana tidak percaya kepada kehidupan sesudah kematian. Selain itu, banyak orang yang mengaku iman mereka dalam Kristus juga tampaknya tidak hidup dalam iman. Oleh sebab kebodohan, mereka meragui dan tidak percaya kepada kehidupan sesudah kematian, sekalipun dalam Alkitab Tuhan sudah mengungkapkan kehidupan sesudah kematian, Syurga, dan Neraka.

Kehidupan sesudah kematian ialah sebuah dunia rohani yang tidak tampak. Oleh yang demikian, manusia tidak dapat memahaminya melainkan Tuhan memberitahu mereka. Seperti yang ditulis berulang-ulang dalam Alkitab, Syurga dan Neraka benar-benar ada. Itulah sebabnya Tuhan menunjukkan Syurga dan Neraka kepada banyak manusia di seluruh dunia dan memerintahkan mereka agar mengkhabarkannya sampai ke setiap penjuru bumi.

"Syurga dan Neraka benar-benar ada."

"Syurga ialah tempat yang indah dan mengagumkan sedangkan Neraka ialah tempat yang buruk dan mengerikan yang tidak dapat anda bayangkan. Saya mendorong anda untuk percaya adanya kehidupan sesudah kematian."

"Andalah yang memutuskan sama ada anda akan masuk ke Syurga atau ke Neraka. Agar tidak masuk ke Neraka, anda harus segera bertaubat daripada semua dosa dan menerima Yesus Kristus."

"Neraka benar-benar ada. Di sana, jiwa-jiwa menderita dalam

nyala api untuk selama-lamanya. Syurga juga benar-benar ada. Anda dapat tinggal di Syurga untuk selama-lamanya."

Tuhan yang penuh kasih sudah menjelaskan kepada saya tentang Syurga sejak bulan Mei 1984. DIA juga sudah mulai menjelaskan tentang Neraka secara rinci sejak bulan Mac 2000. DIA memerintahkan saya untuk mengkhabarkan perkara yang sudah saya ketahui tentang Syurga dan Neraka ke seluruh dunia supaya tidak ada seorang pun yang akan dihukum di lautan api atau di lautan belerang yang menyala-nyala itu.

Pada suatu kali, Tuhan menunjukkan kepada saya satu jiwa yang sedang menderita dan meratap dengan penyesalan yang mendalam di Hades, tempat semua orang yang ditentukan untuk masuk ke Neraka menanti dalam kesengsaraan. Jiwa orang tersebut tidak mahu menerima Tuhan meskipun mendapat banyak kesempatan untuk mendengar Injil sehingga akhirnya dia masuk ke Neraka sesudah kematiannya.

Berikut ialah pengakuannya:

Aku menghitung hari-hari.

Aku menghitung, menghitung, dan terus menghitung tetapi tidak pernah berakhir.

Seharusnya kuterima Yesus Kristus ketika mereka menceritakan DIA kepadaku.

Apa yang harus kulakukan sekarang?

Tidak ada gunanya penyesalan yang mendalam itu sekarang.
Aku tidak tahu apa yang harus kulakukan sekarang.
Aku ingin bebas daripada penderitaan ini

tetapi aku tidak tahu apa yang harus kulakukan.

Aku menghitung satu hari, dua hari, dan tiga hari.
Tetapi sekalipun kuhitung hari-hari dengan cara ini,
Sekarang kutahu tidak ada gunanya.
Hatiku hancur.
Apa yang harus kulakukan? Apa yang harus kulakukan?
Bagaimana aku dapat bebas daripada penderitaan berat ini?
Apa yang harus kulakukan, oh jiwaku yang malang?
Bagaimana aku akan bertahan?

Syurga dan Neraka Benar-benar Ada

Ibrani 9:27 menyatakan bahawa *"Semua orang mesti mati satu kali, dan setelah itu dihakimi oleh Tuhan."* Semua orang ditakdirkan untuk mati dan sesudah mereka menghembuskan nafas yang terakhir, mereka masuk ke Syurga atau Neraka sesudah Pengadilan.

Tuhan menginginkan setiap orang masuk ke Syurga kerana DIA penuh kasih. Tuhan menyiapkan Yesus Kristus sebelum permulaan zaman dan membuka pintu keselamatan apabila waktunya sudah tiba. Tuhan tidak ingin satu jiwa pun masuk ke Neraka.

Roma 5:7-8 menyatakan bahawa *"Susahlah orang yang mahu mati bagi orang yang mentaati agama. Mungkin ada orang yang bersedia mati bagi orang yang baik hati. Tetapi Tuhan telah menunjukkan betapa besarnya kasih-Nya kepada* kita, kerana Kristus mati bagi kita semasa kita masih berdosa." Sesungguhnya Tuhan menunjukkan kasih-Nya kepada kita dengan memberikan Anak-Nya yang tunggal.

Pintu keselamatan terbuka luas sehingga sesiapa yang menerima Yesus Kristus sebagai Juruselamat peribadinya akan diselamatkan dan masuk ke Syurga. Walau bagaimanapun, sebahagian besar orang tidak mempedulikan Syurga atau Neraka sekalipun mereka sudah mendengar tentang hal itu, malahan segelintir antara mereka menganiaya orang yang mengkhabarkan Injil.

Fakta yang paling menyedihkan ialah orang yang mengaku percaya kepada Tuhan masih mengasihi dunia dan melakukan dosa kerana mereka sebenarnya tidak mempunyai harapan tentang Syurga dan tidak takut akan Neraka.

Kesaksian daripada saksi Tuhan dan Alkitab

Syurga dan Neraka terdapat dalam dunia roh yang benar-benar wujud. Alkitab berulang-ulang kali menyebut tentang kewujudan Syurga dan Neraka. Orang-orang yang pernah ke Syurga atau Neraka ialah saksinya. Sebagai contoh, di dalam Alkitab, Tuhan menceritakan tentang kengerian Neraka agar kita tidak masuk ke sana sesudah kematian, sebaliknya memperoleh kehidupan yang kekal di Syurga.

Jika tanganmu menyebabkan kamu berdosa, potonglah tangan itu! Lebih kamu hidup tanpa sebelah tangan daripada kamu dengan kedua-dua belah tangan masuk ke dalam Neraka, ke dalam api yang kekal. Di sana ulat tidak dapat mati dan api tidak pernah padam. Jika kakimu menyebabkan berdosa, potonglah kaki itu! Lebih baik kamu hidup tanpa sebelah kaki daripada kamu dengan kedua-dua belah kaki dibuang ke dalam Neraka. Di sana ulat tidak dapat mati dan api tidak pernah padam. Jika matamu menyebabkan kamu berdosa, cungkillah mata itu! Lebih baik kamu menikmati Dunia Baru Tuhan dengan hanya sebelah mata, daripada kamu dengan kedua-dua belah mata dibuang ke dalam Neraka. Di sana ulat tidak dapat mati dan api tidak pernah padam. Setiap orang akan dimurnikan dengan api, sebagaimana persembahan korban dimurnikan dengan garam. (Markus 9:43-49).*

Orang yang pernah pergi ke Neraka memberikan kesaksian yang sama seperti yang dinyatakan dalam Alkitab. Di Neraka, "ulat tidak dapat mati dan api tidak pernah padam. Setiap orang akan dimurnikan dengan api."

Adalah sangat jelas bahawa ada Syurga dan Neraka sesudah kematian seperti yang tertulis dalam Alkitab. Oleh itu, anda yang ingin masuk ke Syurga haruslah hidup sesuai dengan firman Tuhan dan percaya akan kewujudan Syurga dan Neraka.

Anda tidak perlu meratap dengan penyesalan yang mendalam seperti jiwa yang mengalami penderitaan tanpa henti di Hades kerana tidak mahu menerima Tuhan sekalipun mendapat banyak kesempatan untuk mendengar Injil.

Dalam Yohanes 14:11-12, Yesus berkata, *"Percayalah kepada-Ku, bahawa Aku bersatu dengan Bapa, dan Bapa bersatu dengan Aku. Jika kamu tidak percaya kepada apa yang Aku katakan, percayalah kepada-Ku kerana perkara-perkara yang sudah Aku lakukan. Sungguh benar kata-kata-Ku ini: Sesiapa yang percaya kepada-Ku akan melakukan apa yang Aku lakukan, bahkan dia akan melakukan hal-hal yang lebih besar lagi, kerana Aku pergi kepada Bapa."*

Anda dapat mengetahui bahawa seseorang itu ialah pelayan Tuhan kalau pekerjaaan-pekerjaan yang penuh kuasa yang melampaui kemampuan manusia menyertainya, dan anda juga boleh percaya bahawa pesan yang disampaikannya adalah sesuai dengan kebenaran firman Tuhan.

Saya memberitakan Yesus Kristus, melakukan pekerjaan dengan kuasa Tuhan yang hidup ketika saya mengadakan kebaktian-kebaktian penginjilan ke seluruh dunia. Ketika saya berdoa di dalam nama Yesus Kristus, tidak terhitung banyaknya orang yang menjadi percaya dan menerima keselamatan kerana pekerjaan oleh kuasa yang mengagumkan: orang buta dapat melihat, orang bisu dapat bercakap, orang lumpuh dapat berjalan, orang mati dibangkitkan, dan sebagainya.

Dengan cara ini, Tuhan telah memanifestasikan pekerjaan-Nya yang penuh kuasa itu melalui saya. DIA juga menjelaskan tentang Syurga dan Neraka secara rinci dan mengizinkan saya mengkhabarkan ke seluruh dunia supaya sebanyak mungkin orang dapat diselamatkan.

Pada ketika ini, banyak orang ingin tahu tentang kehidupan sesudah kematian – dunia roh – tetapi adalah tidak mungkin untuk mengetahui dunia roh dengan jelas hanya dengan kekuatan manusia. Anda dapat mengetahui sebahagiannya melalui Alkitab. Namun begitu, anda dapat mengetahuinya dengan sangat jelas hanya jika Tuhan menjelaskannya kepada anda sementara anda diilhami oleh Roh Kudus yang menyelidiki segala sesuatu, bahkan hal-hal yang mendalam tentang Tuhan (1 Korintus 2:10).

Saya harap anda akan sepenuhnya percaya penerangan saya tentang Neraka yang berdasarkan ayat-ayat daripada Alkitab kerana Tuhan sendiri yang menjelaskannya kepada saya ketika saya sepenuhnya diilhami oleh Roh Kudus.

Mengapa memberikan penghakiman Tuhan dan hukuman di Neraka

Ketika saya mengkhabarkan pesan tentang Neraka, orang yang percaya dan dipenuhi Roh Kudus mendengarnya tanpa sebarang ketakutan. Namun begitu, ada orang dengan muka yang tegang dan tindak balas mengeyakan seperti "Amen" dan "Ya" dengan beransur-ansur menghilang ketika khutbah disampaikan.

Hal yang paling teruk ialah orang yang lemah imannya tidak lagi menghadiri kebaktian atau meninggalkan gereja dalam ketakutan, dan bukannya meneguhkan iman mereka dalam harapan masuk ke Syurga.

Walau bagaimanapun, saya harus menjelaskan tentang Neraka kerana saya mengetahui hati Tuhan. Tuhan sangat bimbang akan manusia yang menuju ke Neraka masih hidup dalam kegelapan, dan berkompromi dengan gaya hidup duniawi sekalipun ada segelintir antara mereka mengaku percaya kepada Yesus Kristus.

Oleh itu, saya akan menjelaskan tentang Neraka secara terperinci agar anak-anak Tuhan tinggal dalam terang dan meninggalkan kegelapan. Tuhan mahu anak-anak-Nya bertaubat dan masuk ke Syurga sekalipun mereka mungkin berasa takut dan tidak selesa ketika mendengar tentang Pengadilan Tuhan dan hukuman di Neraka.

Perumpamaan tentang Orang Kaya dan Lazarus yang Miskin

Dalam Lukas 16:19-31, orang kaya dan Lazarus masuk ke dunia orang mati sesudah meninggal dunia. Situasi dan keadaan tempat kedua-dua orang itu tinggal adalah sangat berbeza.

Orang kaya itu mengalami seksaan yang sangat berat dalam nyala api sementara Lazarus berada di pangkuan Abraham. Kedua-dua tempat itu dipisahkan oleh sebuah jurang yang sangat dalam dan tidak dapat diseberangi. Mengapa?

Dalam zaman Perjanjian Lama, pengadilan Tuhan dilakukan menurut hukum Taurat. Orang kaya itu menerima hukuman dalam nyala api kerana dia tidak percaya kepada Tuhan sekalipun dia hidup dalam kemewahan di dunia. Sebaliknya Lazarus yang miskin dapat menikmati istirehat yang kekal kerana dia percaya kepada Tuhan walaupun tubuhnya penuh dengan kudis dan berharap dapat makan sisa makanan yang terjatuh daripada meja orang kaya itu.

Kehidupan sesudah kematian dan Pengadilan Tuhan

Dalam Perjanjian Lama, kita mendapati nenek moyang iman kita termasuklah Yakub dan Ayub mengatakan bahawa mereka akan turun ke dunia orang mati setelah meninggal (Kej. 37:35; Ayub 7:9). Korah dan pengikutnya yang telah menentang Musa "terjatuh hidup-hidup ke dalam dunia orang mati" kerana murka Tuhan (Bilangan 16:33).

Dalam Perjanjian Lama juga disebut tentang "Hades" atau "Hades yang paling bawah" kerana dunia orang mati terbahagi kepada dua bahagian: pangkuan Abraham yang merupakan bahagian Syurga, dan Hades yang merupakan bahagian Neraka. Oleh yang demikian, kita tahu bahawa nenek moyang iman kita seperti Yakub dan Ayub serta Lazarus yang miskin itu pergi ke pangkuan Abraham yang merupakan bahagian Syurga, sedangkan Korah dan orang kaya itu pergi ke Hades yang merupakan bahagian Neraka.

Demikian juga, pasti ada kehidupan sesudah kematian dan semua orang ditentukan untuk pergi ke Syurga atau ke Neraka mengikut pengadilan Tuhan. Saya menyeru anda supaya percaya kepada Tuhan agar anda akan diselamatkan dan tidak masuk ke Neraka.

Struktur Syurga dan Neraka

Alkitab menggunakan pelbagai nama untuk menyebut Syurga atau Neraka, malahan anda akan mengetahui bahawa Syurga dan Neraka tidak berada di tempat yang sama. Dengan kata lain, Syurga disebut sebagai "Pangkuan Abraham", "Firdaus", atau "Yerusalem Baru". Hal ini kerana Syurga, sebagai tempat tinggal jiwa yang diselamatkan, dibahagikan kepada banyak tempat yang berlainan. Anda dapat tinggal lebih dekat kepada takhta Tuhan di Yerusalem Baru sehingga ke tahap anda dapat melihat Tuhan. Selain itu, anda dapat masuk ke Kerajaan Ketiga Syurga, Kerajaan Kedua Syurga, atau Kerajaan Pertama Syurga menurut ukuran iman anda. Mereka yang sekadar selamat akan masuk ke Firdaus.

Tempat tinggal untuk jiwa-jiwa yang tidak diselamatkan disebut sebagai "Hades", "lautan api", "lautan belerang yang menyala-nyala" atau "Jurang Maut" (jurang tidak berdasar). Sama seperti Syurga yang dibahagikan kepada banyak tempat, Neraka juga dibahagikan kepada banyak tempat kerana tempat tinggal setiap jiwa adalah berbeza antara satu sama lain bergantung kepada ukuran perbuatan jahat mereka di dunia.

Struktur Syurga dan Neraka

Bayangkan bentuk sebutir belian (◇) untuk memahami struktur Syurga dan Neraka dengan lebih baik. Jika bentuk itu dibelah dua, ada segitiga (△) dan segitiga terbalik (▽). Setiga mewakili Syurga dan segitiga terbalik mewakili Neraka.

Bahagian puncak segi tiga itu ialah Yerusalem Baru, manakala bahagian yang paling bawah ialah Pangkuan Abraham. Dengan kata lain, di atas Pangkuan Abraham ialah Firdaus, Kerajaan Pertama Syurga, Kerajaan Kedua Syurga, Kerajaan Ketiga Syurga, dan Yerusalem Baru. Namun begitu, anda tidak boleh membayangkan Kerajaan-Kerajaan itu seperti tingkat pertama, kedua dan ketiga sebuah bangunan di dunia ini. Dalam dunia roh, adalah tidak mungkin untuk membuat garis batas wilayah seperti di dunia ini untuk menerangkan bentuknya. Saya menerangkan dengan cara seperti ini hanya supaya orang yang masih hidup memahami Syurga dan Neraka dengan lebih jelas.

Puncak segi tiga ini ialah Yerusalem Baru, sedangkan bahagian yang paling rendah ialah Pangkuan Abraham. Dengan kata lain, semakin tinggi anda naik segi tiga itu, anda akan menemui Kerajaan Syurga yang semakin baik.

Pada bentuk yang satu lagi, segi tiga terbalik, bahagian yang paling tinggi dan paling luas ialah Hades. Semakin anda ke bawah, semakin dalam bahagian Neraka yang anda masuki. Jurang Maut yang disebut dalam Kitab Lukas dan Wahyu merujuk kepada bahagian paling dalam di Neraka.

Pada segi tiga Syurga, ukurannya mengecil ketika anda naik dari dasar ke puncaknya – dari Firdaus ke Yerusalem Baru. Bentuk ini menunjukkan kepada anda bahawa jumlah orang yang masuk ke Yerusalem Baru secara relatif sedikit jika dibandingkan dengan jumlah orang yang masuk ke Firdaus, Kerajaan Tingkat Pertama atau Kedua. Hal ini kerana hanya orang yang mencapai kekudusan dan kesempurnaan melalui pengudusan hati dan mengikut hati Tuhan Bapa sahaja yang dapat masuk ke Yerusalem Baru.

Seperti yang dapat anda lihat pada segi tiga terbalik, secara relatif sedikit orang yang masuk ke bahagian Neraka yang lebih dalam kerana hanya mereka yang hati nuraninya sudah gelap dan yang sudah melakukan kejahatan paling buruk sahaja yang dilemparkan ke tempat itu. Jumlah orang yang melakukan dosa-dosa yang relatif ringan lebih banyak dan mereka masuk ke bahagian Neraka yang lebih tinggi dan lebih luas.

Oleh yang demikian, anda dapat membayangkan bahawa Syurga dan Neraka itu berbentuk seperti berlian. Namun begitu, anda tidak harus membuat kesimpulan bahawa Syurga berbentuk segi tiga dan Neraka berbentuk seperti segi tiga terbalik.

Jurang yang tidak terseberangi di antara Syurga dan Neraka

Ada sebuah jurang yang besar di antara segi tiga (Syurga) dan segi tiga terbalik (Neraka). Syurga dan Neraka tidak berdekatan satu sama lain. Kedua-duanya dipisahkan oleh jarak yang tidak terukur.

Tuhan telah menetapkan sempadan yang sangat jelas supaya jiwa-jiwa di Syurga dan Neraka tidak dapat saling menyeberang. Hanya dalam hal khusus yang diizinkan oleh Tuhan, mereka mungkin dapat melihat dan berbicara satu sama lain seperti yang dilakukan oleh orang kaya itu dan Abraham.

Antara dua segi tiga simetri itu ada sebuah jurang yang besar. Orang-orang tidak dapat datang dan pergi dari Syurga ke Neraka, atau sebaliknya. Namun begitu, jika Tuhan mengizinkan, orang-orang di Syurga dan Neraka dapat melihat, mendengar, dan berbicara antara satu sama lain di dalam roh meskipun jaraknya sangat jauh.

Mungkin anda dapat memahami hal ini dengan mudah kalau anda ingat cara kita dapat berbicara dengan orang-orang di bahagian dunia yang lain melalui telefon, bahkan berbicara secara berhadapan muka melalui satelit kerana pantasnya kemajuan dan perkembangan ilmu pengetahuan dan teknologi.

Sekalipun ada jurang yang besar di antara Syurga dan Neraka, orang kaya itu dapat melihat Lazarus beristirehat di Pangkuan Abraham dan dia berbicara kepada Abraham di dalam roh dengan izin Tuhan.

Pangkuan Abraham dan Firdaus

Secara tepatnya, Pangkuan Abraham bukanlah sebahagian daripada Syurga, tetapi dapat dianggap sebagai sebahagian daripada Syurga, sedangkan Hades adalah sebahagian daripada Neraka. Fungsi Pangkuan Abraham dari Perjanjian Lama hingga Perjanjian Baru sudah berubah.

Pangkuan Abraham pada masa Perjanjian Lama

Pada masa Perjanjian Lama, jiwa-jiwa yang diselamatkan menanti di Pangkuan Abraham. Abraham, bapa orang beriman, berkuasa terhadap Pangkuan Abraham sehingga Alkitab menyebut bahawa Lazarus berada di pangkuan Abraham.

Namun begitu, sejak kebangkitan dan kenaikan Tuhan Yesus Kristus, jiwa-jiwa yang diselamatkan tidak lagi tinggal di Pangkuan Abraham, melainkan dipindahkan ke Firdaus dan di pangkuan Tuhan. Itulah sebabnya Yesus berkata, "pada hari ini kamu akan bersama-sama Aku di Firdaus" kepada salah seorang penjahat yang bertaubat dan menerima Yesus sebagai Juruselamatnya ketika Dia disalibkan (Lukas 23:43).

Adakah Yesus dengan segera pergi ke Firdaus setelah penyaliban-Nya? Surat 1 Petrus 3:19 mengatakan bahawa *"Dia (Yesus) pergi mengisytiharkan berita daripada Allah kepada roh-roh yang dipenjarakan."* Daripada ayat ini, anda dapat mengetahui bahawa Yesus mengkhabarkan Injil kepada semua jiwa yang akan diselamatkan yang sedang menanti di Pangkuan Abraham. Saya akan membicarakan hal ini secara rinci dalam

Bab 2.

Yesus mengkhabarkan Injil selama tiga hari di Pangkuan Abraham dan membawa jiwa-jiwa yang akan diselamatkan ke Firdaus ketika Dia bangkit dan naik ke Syurga. Pada saat ini, Yesus sedang mempersiapkan satu tempat bagi kita di Syurga seperti yang dikatakannya, *"Aku akan pergi menyediakan tempat untuk kamu"* (Yohanes 14:2).

Firdaus pada masa Perjanjian Baru

Sesudah Yesus membuka lebar-lebar pintu keselamatan, jiwa-jiwa yang diselamatkan tidak lagi berada di Pangkuan Abraham. Mereka tinggal di pinggir Firdaus, Tempat Penantian sebelum masuk ke Syurga, sehingga akhir masa penuaian manusia. Kemudian, sesudah Pengadilan Takhta Putih Besar, mereka akan masuk ke tempat masing-masing di Syurga menurut ukuran iman peribadi dan akan tinggal di sana selama-lamanya.

Pada masa Perjanjian Baru, semua jiwa yang diselamatkan sedang menanti di Firdaus. Segelintir orang mungkin tertanya-tanya adakah mungkin begitu banyak orang tinggal di Firdaus kerana tidak terhitung banyaknya orang yang sudah dilahirkan sejak Adam. "Pendeta Lee! Bagaimana mungkin orang sebanyak itu tinggal di Firdaus? Saya fikir Firdaus tidak cukup besar untuk menampung semua orang sekalipun tempat itu luas."

Sistem solar tempat bumi menjadi bahagiannya hanya seperti titik kecil kalau dibandingkan dengan satu sistem galaksi. Dapatkah anda membayangkan betapa besarnya sistem galaksi itu? Namun begitu, satu sistem galaksi hanyalah satu titik kecil kalau dibandingkan dengan seluruh alam semesta. Dapatkah anda membayangkan betapa luasnya seluruh alam semesta?

Selain itu, alam semesta yang sangat besar tempat kita hidup hanyalah satu daripada alam semesta yang tidak terhitung banyaknya, dan luas seluruh alam semesta jauh melampaui imaginasi kita. Dengan demikian, jika anda tidak mungkin mengukur luasnya alam semesta fizikal, bagaimana mungkin anda memahami luasnya Syurga di dalam alam roh?

Firdaus itu sendiri sangat luas melampaui yang dapat kita bayangkan. Jarak dari tempat yang terdekat dengan Kerajaan Pertama ke Firdaus tidak terukur. Dapatkah anda sekarang membayangkan betapa luasnya Firdaus itu?

Jiwa-jiwa Mendapat Pengetahuan Rohani di Firdaus

Walaupun Firdaus ialah tempat penantian menuju Syurga, namun itu bukan tempat yang sempit atau membosankan. Tempat itu sangat indah dan tidak dapat dibandingkan dengan pemandangan paling menakjubkan di dunia ini.

Jiwa-jiwa yang menanti di Firdaus mendapatkan pengetahuan rohani daripada beberapa orang nabi. Mereka belajar tentang Tuhan dan Syurga, hukum rohani, dan pengetahuan rohani lain yang diperlukan. Tidak ada batas bagi pengetahuan rohani. Belajar di sana sama sekali berbeza dengan belajar di dunia ini. Belajar di sana tidak sulit ataupun membosankan. Semakin banyak mereka belajar, semakin banyak anugerah dan sukacita yang diterima oleh mereka.

Mereka yang mempunyai hati yang murni dan lembut dapat memperoleh banyak pengetahuan rohani melalui komunikasi dengan Tuhan sekalipun di dunia ini. Anda juga dapat memahami banyak hal melalui ilham Roh Kudus ketika melihat segala perkara dengan mata rohani anda. Anda dapat mengalami kuasa rohani daripada Tuhan bahkan di dunia ini kerana anda dapat memahami hukum iman yang rohani dan jawapan Tuhan terhadap doa anda sehingga tahap anda menyucikan hati anda.

Betapa bahagia dan gembiranya anda ketika mempelajari hal-hal rohani dan mengalaminya di dunia ini. Bayangkan betapa lebih bahagia dan lebih bersukacita anda apabila anda memperoleh pengetahuan rohani yang lebih dalam di Firdaus di dalam Syurga.

Di manakah nabi-nabi itu tinggal? Adakah mereka tinggal di Firdaus? Tidak. Jiwa-jiwa yang memenuhi syarat untuk masuk ke Yerusalem Baru tidak menunggu di Firdaus, tetapi terus ke Yerusalem Baru, melakukan pekerjaan Tuhan di sana.

Abraham telah menjaga Pangkuan Abraham sebelum Yesus disalibkan. Namun begitu, sesudah kebangkitan dan kenaikan Yesus, Abraham masuk ke Yerusalem Baru kerana dia telah menyelesaikan tugasnya di Pangkuan Abraham. Di manakah Musa dan Elia sementara Abraham berada di Pangkuan Abraham? Mereka tidak berada di Firdaus, tetapi mereka sudah ada di Yerusalem Baru kerana sudah memenuhi syarat untuk masuk ke Yerusalem Baru (Matius 17:1-3).

Pangkuan Abraham pada Masa Perjanjian Baru

Mungkin anda pernah menonton filem tentang jiwa seseorang yang serupa dengan tubuh fizikalnya terpisah daripada tubuhnya sesudah kematian dan mengikuti malaikat-malaikat dari Syurga atau utusan-utusan dari Neraka. Sebenarnya, satu jiwa yang diselamatkan itu dibawa ke Syurga oleh dua malaikat berjubah putih sesudah jiwanya terpisah daripada tubuhnya ketika dia mati. Orang yang mengetahui hal ini tidak akan terkejut sekalipun jiwanya terpisah daripada tubuhnya ketika dia mati, sebaliknya orang yang tidak mengetahui hal ini akan terkejut kalau melihat seorang yang sama seperti dirinya, terpisah daripada tubuhnya.

Jiwa yang terpisah daripada tubuh fizikal akan berasa sangat aneh dan janggal pada mulanya. Keadaannya sangat berbeza daripada sebelumnya kerana sekarang dia mengalami perubahan-perubahan besar. Dahulu dia hidup di dunia tiga dimensi, tetapi sekarang di dunia empat dimensi.

Jiwa yang terpisah itu tidak terasa berat tubuhnya dan mungkin cenderung untuk melayang-layang kerana tubuhnya terasa sangat ringan. Itulah sebabnya diberikan beberapa waktu untuk mempelajari hal-hal dasar untuk menyesuaikan diri dengan dunia rohani. Oleh itu, jiwa-jiwa yang diselamatkan pada masa Perjanjian Baru tinggal sementara dan menyesuaikan diri dengan dunia roh di Pangkuan Abraham sebelum masuk ke Firdaus.

Hades, Tempat Penantian Menuju Neraka

Bahagian yang paling atas dari Neraka ialah Hades. Ketika orang turun lebih rendah di dalam Neraka, ada lautan api, lautan belerang yang menyala-nyala, dan Jurang Maut, bahagian yang paling dalam di Neraka. Jiwa-jiwa yang tidak diselamatkan sejak permulaan zaman belum masuk ke Neraka, tetapi masih di Hades.

Banyak orang mengaku pernah pergi ke Neraka. Saya dapat mengatakan bahawa mereka sebenarnya melihat adegan-adegan penyeksaan di Hades. Hal itu kerana jiwa-jiwa yang tidak diselamatkan dipenjarakankan di bahagian yang berbeza-beza di Hades menurut besarnya dosa-dosa dan kejahatan mereka dan akhirnya akan dilemparkan ke lautan api atau lautan belerang yang menyala-nyala sesudah Pengadilan Takhta Putih Besar.

Penderitaan Jiwa-jiwa yang Tidak Diselamatkan di Hades

Dalam Lukas 16:24 dikatakan bahawa penderitaan yang ditimpakan kepada orang kaya yang tidak diselamatkan di Hades, digambarkan dengan baik. Dalam penderitaannya, orang kaya itu meminta setitis air, katanya *"Bapa Abraham, 'kasihanilah saya. Suruhlah Lazarus mencelupkan jarinya ke dalam air dan membasahkan lidah saya, kerana saya sengsara di dalam api ini."*

Bagaimana mungkin jiwa-jiwa tidak sangat ketakutan dan

gementar padahal mereka terus-menerus diseksa di tengah-tengah jeritan penderitaan jiwa-jiwa lain dalam api yang menyala-nyala bahkan tanpa harapan kematian di Neraka, "ulat tidak dapat mati dan api tidak pernah padam"?

Utusan-utusan Neraka yang sangat kejam menyeksa jiwa-jiwa dalam kegelapan yang pekat, Hades. Seluruh tempat itu penuh darah dan berbau busuk kerana mayat-mayat yang membusuk sehingga sukar untuk bernafas. Namun begitu, hukuman di Hades itu tidak setanding dengan hukuman di Neraka.

Mulai Bab 3 saya akan membicarakan secara rinci disertai contoh-contoh khusus tentang betapa mengerikan Hades dan pelbagai hukuman yang tidak tertahankan di dalam lautan api dan belerang yang menyala-nyala.

Jiwa-jiwa yang Tidak Diselamatkan Berasa Penuh Kesal di Hades

Dalam Lukas 16:27-30, orang kaya itu tidak percaya akan kewujudan Neraka, tetapi dia menyedari kebodohannya dan berasa sangat kesal di tengah-tengah api sesudah kematiannya. Orang kaya itu memohon kepada Abraham agar mengutus Lazarus untuk memperingatkan saudara-saudaranya supaya mereka tidak masuk ke Neraka.

Saya memohon supaya bapa menyuruh Lazarus pergi ke rumah ayah saya. Saya mempunyai lima orang saudara. Biarlah Lazarus pergi memberikan amaran kepada mereka, supaya setidak-tidaknya mereka tidak akan datang ke tempat penderitaan ini ... Jika ada seorang bangkit daripada kematian lalu datang kepada mereka, tentu mereka akan bertaubat daripada dosa.

Apa yang akan dikatakan orang kaya itu kepada saudara-saudaranya jika dia diberi kesempatan untuk berbicara kepada mereka? Tentu dia akan berkata, "Saya tahu pasti Neraka itu benar-benar ada. Tolonglah, pastikan kalian hidup sesuai dengan firman Tuhan dan tidak masuk ke Neraka kerana Neraka itu tempat yang sangat mengerikan dan dahsyat."

Sekalipun dalam penderitaan dan kesengsaraan yang tidak berkesudahan, orang kaya itu sangat ingin menyelamatkan saudara-saudaranya supaya mereka tidak masuk ke Neraka. Daripada hal tersebut, jelas bahawa dia memiliki hati yang relatif baik. Bagaimana pula dengan orang-orang pada zaman sekarang?

Pada suatu kali, Tuhan menunjukkan kepada saya sepasang suami isteri yang diseksa di Neraka kerana telah meninggalkan Tuhan dan gereja. Di Neraka, mereka saling menyalahkan, saling mengutuk, saling membenci, dan bahkan ingin agar yang lain dijatuhkan hukuman yang lebih berat.

Orang kaya itu ingin saudara-saudaranya diselamatkan kerana hatinya baik. Namun begitu, anda harus ingat bahawa anda tidak dapat memperoleh keselamatan hanya dengan berkata, "Aku percaya."

Manusia ditetapkan untuk mati dan akan masuk ke Syurga atau ke Neraka sesudah kematiannya. Oleh itu, anda tidak patut menjadi orang bodoh tetapi menjadi orang yang sungguh-sungguh percaya.

Orang yang Bijaksana Menyiapkan Dirinya untuk Kehidupan Sesudah Kematian

Orang-orang yang bijaksana dengan sungguh-sungguh menyiapkan diri untuk kehidupan sesudah kematian, sedangkan kebanyakan orang berusaha keras untuk mendapatkan dan membina kehormatan, kekuasaan, kekayaan, kemakmuran, dan umur panjang di dunia ini.

Orang-orang yang bijaksana menyimpan kekayaan mereka di Syurga sesuai dengan firman Tuhan kerana tahu benar bahawa mereka tidak dapat membawa apa-apa pun ke kubur mereka.

Anda mungkin pernah mendengar kesaksian orang-orang yang tidak dapat menemui rumah mereka di Syurga ketika ke sana walaupun mereka percaya kepada Tuhan dan hidup dalam Kristus. Anda dapat memiliki rumah yang besar dan indah di Syurga jika anda rajin menyimpan kekayaan anda di Syurga sementara anda hidup sebagai anak Tuhan yang sangat disayangi di dunia ini!

Anda benar-benar diberkati dan bijaksana kerana berjuang untuk memiliki dan mempertahankan iman yang kukuh untuk masuk ke Syurga yang indah serta rajin menyimpan upah anda di Syurga di dalam iman untuk mempersiapkan diri sebagai pengantin Tuhan yang akan segera datang kembali.

Apabila seseorang mati, orang itu tidak dapat mengulang kehidupannya lagi. Oleh itu, percayalah dan ketahuilah bahawa

Syurga dan Neraka itu ada. Selain itu, dengan mengetahui bahawa jiwa-jiwa yang tidak diselamatkan akan mengalami seksaan yang sangat berat di Neraka, anda harus memberitakan Syurga dan Neraka kepada setiap orang yang anda temui dalam kehidupan ini. Bayangkan betapa Tuhan akan sangat senang terhadap anda!

Mereka yang mengkhabarkan kasih Tuhan, yang ingin membawa semua orang ke jalan keselamatan, akan diberkati dalam kehidupan ini dan akan bersinar seperti matahari di Syurga.

Saya berharap anda mempercayai Tuhan yang hidup yang menghakimi dan memberi upah kepada anda, dan berusaha menjadi anak Tuhan yang sungguh-sungguh. Saya berdoa di dalam nama Tuhan agar anda membawa sebanyak mungkin orang kembali kepada Tuhan dan keselamatan, dan sangat bersukacita di dalam Tuhan.

Bab 2

Keselamatan bagi Orang-orang yang Tidak Pernah Mendengar Injil

Pengadilan Hati Nurani

Bayi-bayi yang Tidak Sempat Dilahirkan kerana Aborsi atau Keguguran

Anak-anak dari Kelahiran sampai Umur Lima Tahun

Anak-anak dari Umur Enam Tahun sampai Menjelang Remaja

Adakah Adam dan Hawa Diselamatkan?

Apakah yang Terjadi pada Kain, Pembunuh Pertama?

"*Apabila bangsa-bangsa lain yang tidak memiliki hukum Taurat oleh dorongan diri sendiri melakukan apa yang dituntut hukum Taurat, maka, walaupun mereka tidak memiliki hukum Taurat, mereka menjadi hukum Taurat bagi diri mereka sendiri. Sebab dengan itu mereka menunjukkan, bahwa isi hukum Taurat ada tertulis di dalam hati mereka dan suara hati mereka turut bersaksi dan pikiran mereka saling menuduh atau saling membela.*"
- Roma 2:14-15 -

"*Firman TUHAN kepadanya: 'Sekali-kali tidak! Barangsiapa yang membunuh Kain akan dibalaskan kepadanya tujuh kali lipat.' Kemudian TUHAN menaruh tanda pada Kain, supaya ia jangan dibunuh oleh barangsiapapun yang bertemu dengan dia.*"
- Kejadian 4:15 -

Tuhan membuktikan kasih-Nya kepada kita dengan memberikan Anak-Nya yang tunggal, Yesus Kristus untuk disalibkan demi keselamatan semua manusia.

Ibu bapa mengasihi anak-anak mereka yang masih kecil dan mereka ingin anak-anak tersebut menjadi dewasa untuk mengerti hati mereka dan berkongsi sukacita dan kesedihan.

Demikian juga, Tuhan ingin semua manusia diselamatkan. Tambahan lagi, Tuhan ingin anak-anak-Nya menjadi cukup dewasa dalam iman untuk mengenal hati Tuhan Bapa dan berkongsi kasih yang mendalam dengan-Nya. Itulah sebabnya dalam 1 Timotius 2:4 rasul Paulus menulis bahawa Tuhan *"mahu semua orang diselamatkan serta mengetahui ajaran benar."*

Anda harus tahu bahawa Tuhan menunjukkan Neraka dan dunia roh secara rinci kerana dalam kasih-Nya, Tuhan ingin semua manusia menerima keselamatan dan menjadi dewasa penuh dalam iman.

Dalam bab ini, saya akan menjelaskan secara rinci kemungkinan keselamatan bagi orang-orang yang mati tanpa mengetahui tentang Yesus Kristus.

Pengadilan Hati Nurani

Banyak orang yang tidak percaya kepada Tuhan mengakui setidak-tidaknya kewujudan Syurga dan Neraka, tetapi mereka tidak dapat masuk ke Syurga hanya kerana mengakui Syurga dan Neraka.

Seperti yang dikatakan Yesus dalam Yohanes 14:6 *"Akulah jalan untuk mengenal Allah dan untuk mendapat hidup. Tidak seorang pun dapat datang kepada Bapa kecuali melalui Aku."* Anda dapat diselamatkan dan masuk Syurga hanya melalui Yesus Kristus.

Bagaimanakah anda dapat diselamatkan? Dalam Roma 10:9-10 rasul Paulus menunjukkan kepada kita satu cara untuk memperoleh keselamatan yang utuh:

> *Jika kamu mengaku di hadapan orang bahawa "Yesus itu Tuhan," dan kamu sungguh-sungguh percaya bahawa Allah sudah membangkitkan Yesus daripada kematian, kamu akan diselamatkan. Kerana kita sungguh-sungguh percaya, kita diterima oleh Allah sebagai orang yang sudah berbaik semula dengan-Nya. Kerana kita mengakui Yesus di hadapan orang, kita diselamatkan.*

Andaikan ada sesetengah orang tidak mengetahui tentang Yesus Kristus. Dengan demikian, mereka tidak mengaku, "Yesus adalah Tuhan". Mereka juga tidak percaya kepada Yesus Kristus dengan hati mereka. Jadi adakah benar mereka semua tidak dapat diselamatkan?

Sangat banyak orang yang hidup sebelum Yesus datang ke dunia ini, bahkan pada masa Perjanjian Baru, ada orang yang mati tanpa pernah mendengar Injil. Dapatkah orang-orang itu diselamatkan?

Bagaimana nasib orang yang meninggal pada usia sangat

muda sehingga tidak cukup dewasa atau bijaksana untuk mengakui iman mereka? Bagaimana dengan anak-anak yang tidak sempat dilahirkan yang meninggal kerana aborsi atau keguguran? Adakah mereka harus pergi ke Neraka kerana tidak percaya kepada Yesus Kristus? Tidak, tidak begitu.

Tuhan yang penuh kasih membuka pintu keselamatan untuk setiap orang dalam keadilan-Nya melalui "pengadilan hati nurani".

Mereka yang mencari Tuhan dan hidup dengan hati nurani yang baik

Roma 1:20 menyatakan bahawa *"Sejak Allah menciptakan dunia, sifat-sifat Allah yang tidak kelihatan, baik kuasa-Nya yang kekal mahupun keadaan-Nya sebagai Allah, dapat difahami oleh manusia melalui segala yang sudah diciptakan-Nya. Oleh itu manusia sama sekali tidak mempunyai dalih untuk membela diri."* Itulah sebabnya orang yang berhati baik percaya akan kewujudan Tuhan dengan melihat benda yang telah diciptakan.

Menurut Pengkhutbah 3:11, Tuhan telah menetapkan kekekalan di dalam hati manusia. Jadi, orang yang baik mencari Tuhan secara semula jadi dan secara samar-samar percaya akan kehidupan sesudah kematian. Orang yang baik takut akan Syurga dan berusaha menjalani kehidupan dengan baik dan benar sekalipun mereka mungkin tidak pernah mendengar Injil. Oleh itu, mereka hidup sesuai dengan kehendak dewa-dewa mereka sampai pada tahap tertentu. Seandainya mereka telah mendengar Injil, mereka tentu sudah menerima Tuhan dan masuk ke Syurga.

Atas sebab ini, Tuhan mengizinkan jiwa orang-orang baik ini tinggal di Pangkuan Abraham sebagai jalan untuk membawa mereka ke Syurga sampai Yesus mati di kayu salib. Sesudah Yesus disalibkan, Tuhan membawa mereka kepada keselamatan melalui darah Yesus dengan membiarkan mereka mendengar Injil.

Mendengar Injil di Pangkuan Abraham

Alkitab menyatakan kepada kita bahawa Yesus mengkhabarkan Injil di Pangkuan Abraham sesudah Dia mati di kayu salib.

Seperti yang dikatakan dalam 1 Petrus 3:19 *"[Yesus] pergi mengisytiharkan berita daripada Allah kepada roh-roh yang dipenjarakankan."* Yesus mengkhabarkan Injil kepada jiwa-jiwa di Pangkuan Abraham supaya mereka juga dapat diselamatkan melalui darh-Nya.

Setelah mendengar Injil, orang-orang yang belum mendengarnya pada masa hidup mereka akhirnya mendapat kesempatan untuk mengetahui tentang Yesus Kristus dan diselamatkan.

Tuhan tidak memberi nama lain kecuali Yesus Kristus untuk membawa manusia kepada keselamatan (Kisah Rasul-Rasul 4:12). Bahkan ketika masa Perjanjian Baru, orang yang tidak mendapat kesempatan mendengar Injil diselamatkan melalui pengadilan hati nurani. Mereka tinggal di Pangkuan Abraham selama tiga hari untuk mendengar Injil dan kemudian masuk ke Syurga. Orang-orang yang hati nuraninya sudah kotor tidak pernah mencari Tuhan dan hidup dalam dosa, serta menuruti hawa nafsu mereka. Mereka tidak mahu percaya kepada Injil sekalipun sudah mendengarnya. Sesudah kematian, mereka akan dihantar ke Hades untuk menjalani hukuman dan akhirnya masuk ke Neraka sesudah Pengadilan Takhta Putih Besar.

Pengadilan hati nurani

Seseorang tidak mungkin mengadili hati nurani orang lain dengan tepat kerana manusia biasa tidak dapat membaca hati orang lain dengan tepat. Namun begitu, Tuhan Yang Maha Kuasa dapat mengetahui hati setiap orang dan memberikan pengadilan yang adil.

Roma 2:14-15 menjelaskan tentang pengadilan hati nurani. Orang yang baik tahu perkara yang baik dan jahat kerana hati nurani memberitahu mereka tentang tuntutan hukum Taurat.

Orang bukan Yahudi tidak mempunyai Taurat, tetapi apabila mereka dengan kemahuan sendiri melakukan apa yang diperintahkan oleh Taurat, hal itu menunjukkan bahawa mereka mengetahui apa yang patut dan yang tidak patut dilakukan, walaupun mereka tidak mempunyai Taurat. Kelakuan mereka menunjukkan bahawa apa yang diperintahkan oleh Taurat tertulis di dalam hati mereka. Hati nurani mereka pun membuktikan hal itu, kerana fikiran mereka kadangkala menyalahkan dan kadangkala membenarkan perbuatan mereka.

Orang-orang yang baik tidak mengikuti jalan yang jahat, tetapi mengikuti jalan yang baik dalam kehidupan mereka. Dengan demikian, menurut pengadilan hati nurani, mereka tinggal di Pangkuan Abraham selama tiga hari dan dalam tempoh itu mereka akan mendengar Injil dan diselamatkan.

Laksamana Soonshin Lee* ialah contoh orang yang hidup dalam kebaikan hati nuraninya (*Laksamana Lee ialah pemimpin tertinggi Angkatan Laut Dinasti Chosun di Korea pada abad ke-16). Laksamana Lee hidup dalam kebenaran sekalipun dia tidak mengenal Yesus Kristus. Dia selalu setia kepada rajanya, negaranya, dan orang-orang yang dilindunginya. Dia baik dan setia kepada ibu bapanya dan mengasihi adik-beradiknya. Dia tidak pernah mendahulukan kepentingan sendiri berbanding kepentingan orang-orang lain, dan tidak pernah mencari kehormatan, kekuasaan, ataupun kekayaan. Dia hanya melayani dan mengorbankan dirinya untuk orang sekeliling dan bangsanya.

Anda tidak dapat menemui kejahatan di dalam dirinya. Laksamana Lee dibuang negeri tanpa mengeluh atau berniat membalas dendam kepada musuhnya ketika dia difitnah. Dia tidak menggerutu kepada raja bahkan ketika raja, yang telah mengusirnya ke pembuangan, memerintahkannya untuk bertempur di medan perang. Sebaliknya, dia berterima kasih kepada raja dengan sepenuh hatinya, mengatur pasukannya lagi, dan bertempur dalam peperangan dengan mempertaruhkan nyawanya. Dia juga meluangkan waktu untuk berdoa kepada tuhannya sambil berlutut kerana dia mengakui kewujudan Tuhan. Bagaimana mungkin Tuhan tidak membawanya ke Syurga?

Orang-orang yang tidak berada di bawah pengadilan hati nurani

Adakah orang-orang yang telah mendengar Injil, tetapi tidak percaya kepada Tuhan dapat berada di bawah pengadilan hati nurani?

Anggota-anggota keluarga anda tidak dapat berada di bawah pengadilan hati nurani sekiranya mereka tidak menerima Injil bahkan sesudah mendengarnya daripada anda. Cukup adil mereka tidak diselamatkan kerana mereka menolak Injil walaupun sudah mendapat banyak kesempatan untuk mendengarnya.

Bagaimanapun, anda harus terus mengkhabarkan Berita Baik dengan tekun kerana sekalipun orang-orang cukup jahat untuk masuk ke Neraka, anda akan memberi mereka lebih banyak kesempatan untuk menerima keselamatan melalui usaha anda.

Setiap anak Tuhan berhutang dalam hal Injil dan berkewajiban untuk mengkhabarkannya. Tuhan akan menanyai anda pada Hari Pengadilan sekiranya anda tidak pernah mengkhabarkan Injil kepada keluarga anda, termasuk ibu bapa, adik-beradik, saudara-mara, dan sebagainya. "Mengapa kamu tidak menginjili ibu bapa dan adik-beradikmu?" "Mengapa kamu tidak menginjili anak-anakmu?" "Mengapa kamu tidak menginjili kawan-kawanmu?"

Oleh itu, anda harus mengkhabarkan Berita Baik ini kepada orang lain, siang dan malam, sekiranya anda benar-benar memahami kasih Tuhan yang mengorbankan Anak Tunggal-Nya, dan sekiranya anda benar-benar memahami kasih-Nya yang telah mati di kayu salib bagi kita.

Menyelamatkan jiwa-jiwa ialah cara yang sebenarnya untuk memuaskan rasa haus Tuhan yang berseru di kayu salib, "Aku haus," dan untuk membayar harga darah Tuhan.

Bayi-bayi yang Tidak Sempat Dilahirkan kerana Aborsi atau Keguguran

Bagaimana dengan nasib bayi-bayi yang meninggal kerana keguguran sebelum mereka sempat dilahirkan? Sesudah kematian jasmani, roh manusia ditentukan untuk pergi ke Syurga atau ke Neraka kerana roh manusia sekalipun masih sangat muda, tidak dapat dimusnahkan.

Roh diberikan kepada janin sesudah lima bulan kehamilan

Bilakah roh diberikan kepada janin? Roh tidak diberikan kepada janin sehinggalah bulan keenam kehamilan.

Menurut sains perubatan, sesudah lima bulan kehamilan, organ-organ pendengaran, mata dan kelopak mata janin berkembang. Bahagian otak yang mengaktifkan fungsi otak besar juga terbentuk pada usia lima sampai enam bulan kehamilan.

Ketika janin berumur enam bulan, roh diberikan kepadanya dan ia mulai mendapat bentuk manusia. Janin tidak pergi ke Syurga atau Neraka ketika ia gugur sebelum diberi roh kerana janin yang tanpa roh disamakan keadaannya seperti binatang.

Pengkhutbah 3:21 menyatakan *"Siapakah dapat memastikan bahawa roh manusia naik ke atas dan roh binatang turun ke bawah bumi?"* "Roh manusia" di sini menunjukkan perkara yang digabungkan bersama roh manusia yang diberikan oleh Tuhan dan yang membawa manusia untuk mencari Tuhan dan jiwanya yang membuatkannya dapat berfikir dan mentaati Firman Tuhan. "Roh binatang" hanya merujuk kepada jiwa, iaitu sistem yang membuatkannya dapat bertindak dan berfikir.

Dosa aborsi sama beratnya seperti dosa pembunuhan

Jadi, adakah seseorang tidak berdosa sekiranya menggugurkan janin yang berumur kurang lima bulan kerana janin itu belum memiliki roh? Anda tidak boleh melakukan dosa dengan menggugurkan janin, walaupun janin itu belum diberi roh. Hanya Tuhan yang berhak mengatur kehidupan manusia.

Penulis Mazmur 139:15-16 mengatakan bahawa *"Ketika tulang-tulangku dijadikan, dan dirangkaikan dengan teliti di dalam rahim ibuku, ketika aku tumbuh di sana secara rahsia,*

Engkau tahu bahawa aku di sana. Engkau melihat aku semasa aku dalam kandungan ibuku. Jangka masa hidupku sudah ditetapkan dan dicatat di dalam kitab-Mu, bahkan sebelum satu hari pun bermula."

Tuhan yang penuh kasih mengenali setiap anda sebelum anda dibentuk di dalam rahim ibu anda. Dia juga mempunyai fikiran dan rencana-rencana yang indah untuk anda dan menuliskannya dalam buku-Nya. Itulah sebabnya manusia, sebagai ciptaan Tuhan, tidak dapat mengendalikan kehidupan janin, sekalipun janin itu belum berumur lima bulan.

Menggugurkan janin sama seperti melakukan pembunuhan kerana anda melanggar kekuasaan Tuhan yang menentukan kehidupan, kematian, berkat, dan kutuk. Di samping itu, bagaimana anda berani berkeras mengatakan bahawa hal itu dosa yang tidak bermakna padahal anda membunuh anak anda sendiri?

Balasan dosa dan pengadilan

Dalam mana-mana situasi dan betapa sulit pun, seharusnya anda tidak melanggar kekuasaan Tuhan terhadap kehidupan manusia. Selain itu, tidak wajar anda menggugurkan anak demi kepentingan anda. Anda harus sedar bahawa anda akan menuai berdasarkan apa-apa yang anda tabur dan membayar atas perbuatan anda.

Perkara lebih serius sekiranya anda menggugurkan janin sesudah berusia enam bulan atau lebih. Hal itu sama seperti anda membunuh orang dewasa kerana roh sudah diberikan kepadanya. Aborsi membentuk satu tembok besar dosa yang menghalangi anda dan Tuhan. Akibatnya, anda akan mengalami penderitaan yang berpunca daripada pelbagai pencubaan dan masalah. Secara beransur-ansur, akibat tembok besar dosa itu, anda terpisah daripada Tuhan sekiranya anda tidak membereskan dosa anda, dan akhirnya anda akan terlalu jauh untuk dapat kembali.

Orang-orang yang tidak percaya kepada Tuhan akan dihukum. Semua jenis pencubaan dan masalah akan ditimpakan kepada mereka apabila mereka melakukan pengguguran janin kerana perkara itu merupakan pembunuhan. Pencubaan dan masalah selalu menyertai mereka kerana Tuhan tidak dapat melindungi dan memalingkan wajah-Nya apabila mereka tidak merobohkan tembok dosa itu.

Merobohkan tembok dosa

Tuhan memberikan perintah-Nya bukan untuk menghukum manusia, melainkan untuk menyatakan kehendak-Nya, membawa kepada pertaubatan, dan menyelamatkan mereka.

Tuhan juga mengizinkan anda memahami hal-hal yang berkaitan dengan aborsi ini supaya anda tidak melakukan dosa tersebut dan dapat menghancurkan tembok dosa itu dengan bertaubat daripada dosa-dosa anda pada masa lalu.

Sekiranya anda pernah melakukan aborsi, pastikan anda sungguh-sungguh bertaubat dan merobohkan tembok dosa anda dengan memberikan korban perdamaian. Dengan demikian, pencubaan dan masalah akan lenyap kerana Tuhan tidak lagi mengingat dosa-dosa anda.

Berat dosa aborsi adalah berbeza-beza. Sebagai contoh, sekiranya anda menggugurkan janin yang anda kandung akibat diperkosa, dosa anda adalah relatif ringan. Sekiranya sepasang suami isteri menggugurkan janin yang tidak diingini oleh mereka, dosa mereka adalah lebih berat.

Sekiranya anda tidak menginginkan anak kerana pelbagai alasan, anda seharusnya menyerahkan anak di dalam rahim anda kepada Tuhan dalam doa. Dalam hal seperti ini, anda seharusnya melahirkan anak anda sekiranya Tuhan tidak mengabulkan doa anda.

Hal anak yang digugurkan

Enam bulan sesudah kehamilan, janin, walaupun telah diberi roh, tidak dapat berfikir, memahami, atau mempercayai sesuatu atas kehendaknya sendiri. Oleh yang demikian, Tuhan menyelamatkan sebahagian besar janin yang meninggal dalam tempoh ini tanpa memperhitungkan iman mereka atau iman ibu bapa mereka.

Perhatikan bahawa saya mengatakan "sebahagian besar" – bukan "semua" janin kerana pada hal yang jarang terjadi, ada janin yang tidak diselamatkan.

Janin dapat mewarisi sifat semula jadi yang jahat sejak kehamilan sekiranya ibu bapa atau nenek moyangnya sangat menentang Tuhan dan menimbun kejahatan demi kejahatan. Dalam hal ini, janin itu tidak dapat diselamatkan.

Sebagai contoh, janin seorang tukang sihir atau ibu bapa jahat yang mengutuk dan hanya mengharapkan yang buruk untuk orang lain seperti Hee-bin Jang* dalam sejarah Korea (*Nyonya Jang ialah gundik Raja Sook-jong pada akhir abad ke-17, yang kerana cemburu, mengutuk sang Ratu). Oleh kerana dibakar oleh api cemburu, dia mengutuk saingannya dengan menusuk potretnya menggunakan anak panah. Anak-anak daripada ibu bapa yang jahat seperti itu tidak dapat diselamatkan kerana mewarisi sifat jahat ibu bapa mereka.

Ada juga orang yang sangat jahat antara mereka yang mengaku percaya. Orang-orang seperti itu menentang, memberikan penilaian yang salah, mengadili, dan menghalang pekerjaan Roh Kudus. Dalam perasaan cemburu, mereka juga berusaha membunuh orang yang memuliakan nama Tuhan. Sekiranya anak-anak daripada ibu bapa seperti ini gugur, mereka tidak dapat diselamatkan.

Dengan pengecualian hal yang jarang terjadi, sebahagian besar anak yang tidak sempat dilahirkan akan diselamatkan. Namun begitu, mereka tidak dapat masuk ke Syurga, bahkan tidak juga ke Firdaus kerana mereka tidak diproses dalam kehidupan di dunia. Mereka tinggal di Pangkuan Abraham walaupun sesudah Pengadilan Takhta Putih Besar.

Tempat yang kekal untuk bayi-bayi yang tidak dilahirkan, tetapi diselamatkan

Janin-janin yang digugurkan enam bulan atau sesudahnya pada masa kehamilan, berada di Pangkuan Abraham seperti selembar kertas kosong kerana tidak pernah diproses dalam kehidupan di dunia ini. Oleh itu, mereka akan tinggal di Pangkuan Abraham dan mengenakan tubuh yang sesuai untuk jiwa mereka pada masa kebangkitan.

Mereka mengenakan tubuh yang akan berubah dan bertumbuh, tidak seperti orang-orang lain yang diselamatkan yang mengenakan tubuh rohani yang kekal. Oleh itu, walaupun pada mulanya mereka dalam bentuk kanak-kanak, mereka akan bertumbuh sampai mencapai tahap tertentu.

Kanak-kanak ini, walaupun sesudah bertumbuh, tetap tinggal di Pangkuan Abraham, mengisi jiwa mereka dengan pengetahuan tentang kebenaran. Anda dapat memahami hal ini dengan mudah sekiranya anda berfikir tentang keadaan Adam sewaktu mula-mula di Taman Eden dan proses pembelajarannya.

Adam terdiri daripada roh, jiwa, dan tubuh ketika dia diciptakan sebagai manusia. Namun begitu, tubuhnya berbeza daripada tubuh rohani dan kebangkitan, dan jiwanya polos seperti bayi yang baharu lahir. Oleh itu, Tuhan memberi Adam pengetahuan rohani dengan berjalan bersamanya untuk tempoh yang lama.

Anda harus tahu bahawa Adam di Taman Eden, diciptakan tanpa kejahatan di dalam dirinya. Namun begitu, jiwa-jiwa di Pangkuan Abraham tidak sebaik Adam kerana sudah mewarisi sifat dosa ibu bapa mereka yang sudah mengalami pendidikan daripada manusia dari generasi ke generasi.

Sejak kejatuhan Adam, semua keturunannya telah mewarisi dosa asal ibu bapa mereka.

Anak-anak dari Kelahiran sampai Umur Lima Tahun

Bagaimanakah anak-anak yang berumur lima tahun ke bawah, yang belum dapat membezakan yang baik dan yang jahat serta belum mengenal iman, dapat diselamatkan? Keselamatan anak-anak pada umur ini sangat tergantung kepada iman ibu bapa mereka, khususnya ibu mereka.

Seorang anak dapat menerima keselamatan jika ibu bapanya memiliki iman untuk diselamatkan dan membesarkan anak-anak mereka di dalam iman (1 Korintus 7:14). Namun begitu, adalah tidak benar bahawa seorang anak tidak dapat diselamatkan secara mutlak hanya kerana ibu bapanya tidak beriman.

Anda dapat mengalami kasih Tuhan lagi. Kejadian 25 menunjukkan kepada kita bahawa Tuhan telah mengetahui Yakub akan lebih hebat berbanding abangnya, Esau pada masa akan datang ketika mereka berkelahi di dalam rahim ibu mereka. Tuhan Yang Maha Tahu memimpin semua anak yang meninggal sebelum umur lima tahun menurut pengadilan hati nurani. Hal ini mungkin dapat terjadi kerana Tuhan mengetahui sama ada anak-anak itu akan menerima Tuhan sekiranya mereka hidup lebih lima tahun, ketika mendengar Injil pada suatu waktu dalam hidup mereka.

Namun begitu, anak-anak yang ibu bapanya tidak beriman dan tidak lulus pengadilan hati nurani pasti masuk ke Hades di Neraka dan akan diseksa di sana.

Pengadilan hati nurani dan iman ibu bapa

Keselamatan anak-anak sangat tergantung kepada iman ibu bapa mereka. Oleh itu, ibu bapa harus mentaati kehendak Tuhan dalam membesarkan anak-anak supaya anak-anak mereka tidak berakhir di Neraka.

Pada suatu masa dahulu, ada sepasang suami isteri melahirkan seorang anak setelah berdoa dan mengucapkan janji kepada Tuhan. Namun begitu, anak itu meninggal dalam usia muda dalam suatu kemalangan jalan raya.

Saya dapat menemukan sebab kematian anak mereka ketika saya berdoa. Hal itu disebabkan oleh iman ibu bapa anak itu yang menjadi dingin dan menjauh daripada Tuhan. Anak itu tidak mendapat pendidikan di taman didikan kanak-kanak yang bergabung dengan gereja kerana ibu bapanya menjalani gaya hidup duniawi. Sesuai dengan hal tersebut, anak itu juga mulai menyanyikan lagu-lagu duniawi, bukannya lagu-lagu pujian kepada Tuhan.

Pada waktu itu, anak tersebut memiliki iman untuk menerima keselamatan, tetapi dia tidak dapat diselamatkan sekiranya dia dibesarkan di bawah pengaruh ibu bapanya. Dalam situasi ini, Tuhan, melalui kemalangan jalan raya, memanggil anak itu kepada kehidupan kekal dan memberi kesempatan kepada kedua-dua ibu bapanya untuk bertaubat. Sekiranya ibu bapa tersebut bertaubat dan kembali kepada Tuhan tanpa harus melihat anak mereka terbunuh secara ngeri, Tuhan tidak akan menggunakan cara itu.

Tanggungjawab bagi pertumbuhan kerohanian anak

Iman ibu bapa mempunyai pengaruh secara langsung terhadap keselamatan anak-anak mereka. Iman anak-anak tidak dapat bertumbuh dengan baik sekiranya kedua-dua ibu bapa mereka tidak peduli akan pertumbuhan rohani mereka dan menyerahkan pendidikan rohani anak-anak hanya kepada Sekolah Minggu.

Ibu bapa harus berdoa untuk anak-anak mereka, menyelidik sama ada mereka selalu menyembah di dalam roh dan hati yang benar, dan mengajar mereka menjalani kehidupan doa di rumah dengan menjadi contoh yang baik kepada mereka.

Saya menggalakkan semua ibu bapa untuk bangkit dalam iman mereka dan mengangkat anak-anak yang dikasihi oleh mereka di dalam Tuhan. Saya berdoa agar keluarga anda dapat menikmati kehidupan kekal bersama-sama di Syurga.

Anak-anak dari Umur Enam Tahun sampai Menjelang Remaja

Bagaimana dengan anak-anak yang berumur enam tahun sampai menjelang remaja – kira-kira dua belas tahun – dapat diselamatkan?

Anak-anak ini dapat memahami Injil ketika mendengarnya dan juga dapat memutuskan perkara yang harus dipercayai dengan kehendak dan fikiran mereka sendiri tidak secara seluruhnya, tetapi sekurang-kurangnya sampai pada tahap tertentu.

Batas umur ini tentu sahaja tidak sama bagi setiap anak kerana kemajuan dalam pertumbuhan, perkembangan, dan proses kedewasaan masing-masing adalah berbeza. Faktor yang penting adalah pada umur ini, secara normal, anak-anak dapat percaya kepada Tuhan menurut kehendak dan fikiran mereka sendiri.

Dengan iman mereka sendiri bukan iman ibu bapa mereka

Anak-anak berumur di atas enam tahun sampai dua belas tahun memiliki kematangan fikiran yang baik untuk menentukan iman mereka. Oleh itu, mereka dapat diselamatkan melalui iman mereka, dan bukan iman ibu bapa mereka.

Oleh yang demikian, anak-anak anda hanya dapat masuk Neraka sekiranya anda tidak membesarkan mereka di dalam iman sekalipun anda mempunyai iman yang kukuh. Ada anak-anak yang ibu bapanya bukan orang percaya. Dalam hal-hal seperti ini, akan lebih sukar bagi mereka untuk menerima keselamatan.

Alasan saya membezakan keselamatan anak-anak sebelum masa remaja dengan yang sudah memasuki masa remaja adalah kerana melalui kasih Tuhan yang berlimpah dan terus mengalir, pengadilan hati nurani diterapkan pada kelompok pertama.

Tuhan dapat memberi sebuah kesempatan lagi kepada anak-anak ini untuk menerima keselamatan kerana anak-anak pada usia ini tidak mengambil keputusan sepenuhnya atas kehendak dan fikiran mereka sendiri memandangkan mereka masih berada di bawah pengaruh ibu bapa.

Anak-anak yang baik menerima Tuhan ketika mendengar Injil dan menerima Roh Kudus. Mereka juga pergi ke gereja, tetapi selanjutnya tidak dapat pergi ke gereja kerana tekanan yang berat daripada ibu bapa mereka yang menyembah berhala. Bagaimanapun, pada awal masa remaja, mereka dapat memilih perkara yang benar dan perkara yang salah atas kehendak mereka sendiri tanpa melibatkan niat ibu bapa. Mereka dapat mempertahankan iman sekiranya benar-benar percaya kepada Tuhan tanpa mengira betapa berat pun tentangan dan tekanan daripada ibu bapa.

Seandainya ada seorang anak yang mati muda yang sebenarnya dia dapat memiliki iman yang kuat kalau hidup lebih lama, apakah yang akan terjadi kepadanya? Tuhan akan membawanya kepada keselamatan menurut hukum pengadilan hati nurani kerana Dia mengenal lubuk hati terdalam anak itu.

Namun begitu, seorang anak yang tidak menerima Tuhan dan tidak mengalami pengadilan hati nurani tidak akan memiliki kesempatan lagi dan pasti masuk Neraka. Di samping itu, kita dapat mengerti bahawa keselamatan orang-orang yang melebihi usia remaja sepenuhnya tergantung kepada iman mereka.

Anak-anak yang lahir dalam lingkungan yang buruk

Keselamatan seorang anak yang belum dapat menilai secara logik dan benar sangat tergantung kepada roh (sifat dasar, tenaga, atau kekuatan) ibu bapa dan nenek moyangnya. Seorang anak dapat dilahirkan dengan gangguan jiwa atau dikuasai roh-roh jahat sejak usia sangat muda kerana kejahatan dan penyembahan berhala yang dilakukan oleh nenek moyangnya. Hal itu terjadi kerana mereka berada di bawah pengaruh ibu bapa dan nenek moyang mereka.

Ulangan 5:9-10 memperingatkan kita:

> *Jangan sujud kepada berhala apa pun, atau memujanya, keranalah Akulah TUHAN, Tuhan kamu dan Aku tidak mahu disamakan dengan apa-apa pun. Aku menghukum orang yang membenci Aku. Aku juga menghukum keturunan mereka sehingga generasi yang ketiga dan keempat. Tetapi Aku menunjukkan kasih-Ku kepada beribu-ribu generasi orang yang mengasihi Aku, dan yang taat kepada hukum-Ku.*

Surat 1 Korintus 7:14 juga menyatakan bahawa *"Seorang suami yang tidak percaya kepada Kristus diterima oleh Tuhan, kerana perkahwinannya dengan isteri yang percaya kepada Kristus. Begitu juga seorang isteri yang tidak percaya kepada Kristus diterima oleh Tuhan, kerana perkahwinannya dengan suami yang percaya kepada Kristus. Jika tidak demikian halnya, anak-anak mereka akan menjadi seperti anak-anak orang yang tidak mengenal Tuhan. Sebenarnya anak-anak itu diterima oleh Tuhan."*

Demikian juga, anak-anak itu akan sangat sukar diselamatkan sekiranya ibu bapa mereka tidak hidup dalam iman.

Oleh kerana Tuhan penuh kasih, maka Dia tidak berpaling daripada mereka yang memanggil nama-Nya, sekalipun mungkin dilahirkan dengan sifat dasar yang jahat daripada ibu bapa dan nenek moyang mereka. Mereka dapat dibawa kepada keselamatan kerana Tuhan menjawab doa-doa ketika mereka bertaubat, berusaha hidup sesuai dengan firman-Nya dan memanggil nama-Nya.

Ibrani 11:6 menyatakan bahawa *"Tanpa iman, tidak seorang pun dapat menyenangkan hati Tuhan. Orang yang datang kepada Tuhan mesti percaya bahawa Tuhan wujud, dan bahawa Tuhan menganugerahi orang yang mencari-Nya."* Sekalipun orang-orang dilahirkan dengan sifat dasar yang jahat, Tuhan dapat mengubah sifat dasar mereka yang jahat menjadi baik dan membawa mereka ke Syurga ketika mereka menyenangkan Dia dengan perbuatan-perbuatan yang baik dan berkorban dalam iman.

Mereka yang tidak dapat mencari Tuhan sendiri

Sesetengah orang tidak dapat mencari Tuhan dalam iman kerana mengalami gangguan jiwa atau dikuasai roh-roh jahat. Jadi, apakah yang harus dilakukan oleh mereka?

Dalam hal yang demikian, ibu bapa atau anggota keluarga harus menunjukkan iman yang besar mewakili orang-orang ini di hadapan Tuhan. Dengan demikian, Tuhan yang penuh kasih akan membuka pintu keselamatan kerana melihat iman dan ketulusan mereka.

Ibu bapalah yang bersalah atas nasib anak mereka sekiranya anak itu mati sebelum mendapat kesempatan untuk menerima keselamatan. Oleh itu, saya mendesak anda untuk memahami bahawa hidup di dalam iman itu adalah sangat penting bukan hanya untuk ibu bapa, tetapi juga untuk anak-anak mereka.

Anda seharusnya juga memahami isi hati Tuhan yang menghargai satu jiwa lebih daripada seluruh dunia. Saya menggalakkan anda untuk mempunyai kasih yang berlimpah-limpah bukan hanya ketika menjaga anak-anak anda, tetapi juga anak-anak jiran dan saudara-saudara seiman anda.

Adakah Adam dan Hawa Diselamatkan?

Adam dan Hawa diusir ke dunia luar setelah mereka memakan buah pohon pengetahuan yang baik dan jahat dalam ketidaktaatan dan mereka tidak pernah mendengar Injil. Adakah mereka diselamatkan? Saya akan menjelaskan sama ada manusia pertama itu, Adam dan Hawa, menerima keselamatan atau tidak.

Adam dan Hawa tidak mentaati Tuhan

Pada mulanya, Tuhan menciptakan manusia pertama, Adam

dan Hawa, menurut gambaran-Nya dan sangat mengasihi mereka. Tuhan sudah menyiapkan semua supaya mereka dapat hidup dalam kelimpahan dan membawa mereka ke Taman Eden. Di sana Adam dan Hawa tidak kekurangan apa-apa pun.

Tambahan pula, Tuhan memberi Adam dan autoriti yang besar untuk memerintah semua benda di alam semesta. Adam memerintah semua makhluk hidup di bumi ini, di langit, dan di air. Iblis dan roh-roh jahat tidak berani masuk ke Taman Eden kerana taman itu dijaga dan dilindungi di bawah kepemimpinan Adam.

Sambil berjalan bersama mereka, Tuhan sendiri yang memberi pendidikan rohani kepada mereka dengan sangat lembut, seperti seorang ayah mengajar segala perkara kepada anak-anak yang dikasihinya. Adam dan Hawa tidak kekurangan apa-apa pun sebelum mereka tergoda oleh ular yang licik dan memakan buah terlarang.

Mereka merasai kematian sesuai dengan firman Tuhan bahawa mereka "pasti mati" (Kejadian 2:17). Dengan kata lain, roh mereka mati walaupun mereka hidup. Akibatnya, mereka diusir ke dunia luar, keluar dari Taman Eden yang indah. Proses kehidupan manusia dimulai di tanah yang terkutuk ini dan segala di atasnya menjadi terkutuk juga pada saat yang sama.

Adakah Adam dan Hawa diselamatkan? Sesetengah orang mungkin berfikir bahawa mereka tidak dapat menerima keselamatan kerana segala benda dikutuk dan keturunan-keturunan mereka menderita kerana ketidaktaatan mereka. Namun begitu, Tuhan yang penuh kasih telah membiarkan pintu keselamatan terbuka bahkan bagi mereka.

Pertaubatan Adam dan Hawa yang sungguh-sungguh

Tuhan mengampuni anda sekiranya anda bertaubat dengan sepenuh hati dan berpaling kepada Dia sekalipun anda tercemar oleh segala bentuk dosa asal dan dosa-dosa yang anda lakukan ketika hidup di dunia yang penuh kegelapan dan kejahatan ini. Tuhan mengampuni anda asalkan anda sungguh-sungguh bertaubat dan kembali kepada Dia sekalipun anda pernah menjadi seorang pembunuh.

Jika dibandingkan dengan orang-orang pada zaman sekarang, anda akan mengetahui bahawa Adam dan Hawa mempunyai hati yang benar-benar murni dan baik. Tambahan pula, Tuhan sendiri yang telah mengajar mereka dengan kasih yang lemah lembut untuk jangka waktu yang lama. Jadi, bagaimana mungkin Tuhan akan melempar Adam dan Hawa ke Neraka tanpa mengampuni mereka sesudah mereka bertaubat dari lubuk hati yang paling dalam?

Adam dan Hawa sangat menderita ketika harus hidup di bumi. Sewaktu di Taman Eden, mereka dapat hidup dalam damai sejahtera dan dapat memakan semua jenis buah-buahan pada bila-bila sahaja yang mereka mahu, tetapi sekarang mereka tidak dapat makan tanpa bekerja keras dan bercucuran keringat. Hawa melahirkan anak-anaknya dengan rasa yang sakit. Mereka menangis dan mengalami kesedihan yang mendalam kerana dosa-dosa mereka. Adam dan Hawa juga menyaksikan salah seorang anak lelaki mereka dibunuh oleh saudara kandungnya.

Betapa mereka merindui kehidupan di bawah perlindungan

dan kasih Tuhan di Taman Eden ketika sedang mengalami penderitaan berat di dunia ini. Ketika tinggal di Taman Eden, mereka tidak sedar akan kebahagiaan mereka dan tidak bersyukur kepada Tuhan kerana menganggap kehidupan yang berkelimpahan dan kasih Tuhan sebagai hal yang sewajarnya diterima oleh mereka.

Namun begitu, sekarang mereka dapat memahami betapa bahagia pada masa itu dan mereka bersyukur kepada Tuhan atas kasih-Nya yang terus mengalir. Akhirnya, mereka bertaubat sepenuhnya daripada dosa-dosa masa lalu mereka.

Tuhan membuka pintu keselamatan bagi mereka

Kematian adalah upah dosa, tetapi Tuhan yang penuh kasih dan keadilan mengampuni dosa orang-orang yang sungguh-sungguh bertaubat.

Tuhan yang penuh kasih mengizinkan Adam dan Hawa masuk ke Syurga setelah menerima pertaubatan mereka. Namun begitu, mereka hanya diselamatkan untuk tinggal di Firdaus kerana Tuhan juga adil. Dosa mereka – meninggalkan kasih Tuhan yang begitu besar kepada mereka – bukanlah dosa yang remeh. Adam dan Hawa harus bertanggungjawab atas kerja keras dan penderitaan manusia, rasa sakit, dan kematian keturunan-keturunan mereka kerana ketidaktaatan mereka.

Sekalipun penyediaan Tuhan telah mengizinkan Adam dan Hawa makan daripada pohon pengetahuan tentang yang baik dan yang jahat, ketidaktaatan ini telah membawa tidak terhitung banyaknya orang ke dalam penderitaan dan kematian. Oleh itu,

Adam dan Hawa tidak dapat masuk ke tempat yang lebih baik di dalam Syurga selain Firdaus dan tentu sahaja mereka tidak dapat menerima mahkota kemuliaan.

Tuhan bekerja dengan kasih dan keadilan

Mari kita berfikir tentang kasih dan keadilan Tuhan melalui kisah yang dialami oleh Rasul Paulus.

Pada awalnya, Rasul Paulus ialah pemimpin utama dalam penganiayaan terhadap orang-orang yang percaya kepada Yesus dan memenjarakan mereka ketika dia belum mengetahui Yesus dengan benar. Ketika Stefanus mati syahid dan melihat Tuhan, Paulus menyaksikan Stefanus direjam sampai mati dan membenarkan tindakannya.

Namun begitu, Paulus bertemu Tuhan dan menerima-Nya dalam perjalanan menuju ke Damsyik. Pada saat itu, Tuhan mengatakan kepadanya bahawa dia akan menjadi rasul untuk bangsa-bangsa lain dan banyak mengalami penderitaan. Sejak saat itu, Rasul Paulus sungguh-sungguh bertaubat dan mempersembahkan seluruh hidupnya untuk Tuhan. Dia dapat masuk ke Yerusalem Baru kerana menjalankan misinya dengan sukacita meskipun banyak menderita, dan cukup setia menyerahkan hidupnya kepada Tuhan.

Sudah menjadi hukum alam bahawa anda menuai apa-apa yang anda tabur di dunia ini. Begitu juga halnya di dunia roh. Anda akan menuai kebaikan sekiranya anda menabur kebaikan, dan menuai kejahatan sekiranya anda menabur kejahatan.

Seperti yang dapat anda lihat dalam hal Paulus, anda harus

menjaga hati anda, berwaspada, dan ingat bahawa pencubaan-pencubaan akan mengikuti anda kerana perbuatan-perbuatan jahat anda pada masa lalu sekalipun anda sudah diampuni dengan bertaubat secara sungguh-sungguh.

Apakah yang Terjadi pada Kain, Pembunuh Pertama?

Apakah yang terjadi kepada Kain, si pembunuh pertama, yang mati tanpa pernah mendengar Injil? Mari kita lihat adakah dia diselamatkan oleh pengadilan hati nurani atau tidak.

Kain dan Habel memberi persembahan kepada Tuhan

Adam dan Hawa melahirkan anak-anak di dunia sesudah mereka diusir dari Taman Eden: Kain, anak pertama mereka dan Habel, adiknya. Ketika sudah dewasa, mereka memberi persembahan kepada Tuhan. Kain membawa beberapa hasil tanah sebagai persembahan kepada Tuhan, tetapi Habel membawa bahagian yang lebih besar daripada beberapa anak sulung ternakannya.

Tuhan menerima Habel dan persembahannya, tetapi tidak menerima Kain dan persembahannya. Mengapakah Tuhan menerima Habel dan persembahannya?

Anda tidak boleh memberi persembahan kepada Tuhan yang tidak sesuai dengan kehendak-Nya. Menurut hukum dunia roh, anda seharusnya menyembah Tuhan dengan darah korban persembahan yang dapat mengampuni dosa. Oleh itu, pada masa Perjanjian Lama, orang-orang mempersembahkan lembu jantan atau anak domba untuk menyembah Tuhan dan pada masa Perjanjian Baru, Yesus, Anak Domba Tuhan, menjadi korban penebusan dengan mencurahkan darah-Nya.

Tuhan menerima anda dengan senang hati, menjawab doa-doa anda, dan memberkati anda ketika anda menyembah Dia di dalam roh. Korban rohani bererti menyembah Tuhan di dalam roh dan kebenaran. Tuhan tidak menerima penyembahan anda sekiranya anda tertidur atau mendengar khutbah sambil melamun pada waktu ibadah.

Tuhan hanya menerima Habel dan persembahannya

Adam dan Hawa secara semula jadi tahu dengan sangat baik tentang hukum rohani berkenaan cara mempersembahkan korban kerana Tuhan telah mengajarkan hukum itu kepada mereka dalam waktu yang lama ketika Dia berjalan bersama mereka di Taman Eden. Sudah tentu mereka pasti sudah mengajar anak-anak mereka tentang cara mempersembahkan korban yang berkenan kepada Tuhan.

Habel menyembah Tuhan dengan korban darah dalam ketaatan kepada ajaran ibu bapanya manakala Kain tidak membawa korban persembahan, melainkan membawa beberapa hasil tanahnya sebagai persembahan kepada Tuhan menurut pertimbangannya sendiri.

Berkenaan hal ini, Ibrani 11:4 mengatakan *"Kerana beriman,*

Habel mempersembahkan korban yang lebih baik daripada korban yang dipersembahkan oleh Kain kepada Allah. Dengan imannya itu, Habel diterima oleh Allah sebagai orang yang baik, oleh sebab Allah menerima persembahannya. Kerana imannya itu, Habel masih berkata-kata sampai sekarang, meskipun dia sudah meninggal."

Tuhan menerima persembahan Habel kerana secara rohani dia menyembah Tuhan dengan iman dalam ketaatan kepada kehendak-Nya. Namun begitu, Tuhan tidak menerima persembahan Kain kerana dia tidak menyembah Dia di dalam roh. Kain hanya menyembah Tuhan menurut standard dan caranya sendiri.

Kain membunuh Habel kerana iri hati

Oleh sebab melihat Tuhan hanya menerima persembahan saudaranya dan tidak menerima persembahannya, Kain menjadi sangat marah dan wajahnya muram. Akhirnya, dia menyerang Habel dan membunuhnya.

Hanya dalam satu generasi sejak manusia mulai hidup di bumi ini, ketidaktaatan mengandung iri hati, iri hati mengandung ketamakan dan kebencian, ketamakan dan kebencian melahirkan pembunuhan. Bukankah hal ini mengerikan?

Anda dapat melihat betapa cepatnya orang mencemarkan hati mereka dengan dosa setelah mereka membiarkan dosa berdiam dalam hati mereka. Itulah sebabnya anda tidak boleh membiarkan walaupun satu dosa yang remeh masuk ke dalam hati anda tetapi harus segera menyingkirkannya.

Apakah yang terjadi kepada Kain, si pembunuh pertama? Sesetengah orang mengatakan bahawa Kain tidak dapat diselamatkan kerana dia membunuh Habel, saudaranya yang benar itu.

Kain mengetahui Tuhan melalui ibu bapanya. Dibandingkan dengan orang zaman sekarang, orang pada zaman Kain mewarisi dosa asal yang relatif ringan daripada ibu bapa mereka. Kain, walaupun membunuh saudaranya kerana iri hati, juga memiliki hati nurani yang bersih.

Oleh itu, sekalipun sudah melakukan pembunuhan, Kain dapat bertaubat melalui hukuman Tuhan dan Tuhan menunjukkan belas kasihan kepadanya.

Kain diselamatkan sesudah pertaubatannya yang sungguh-sungguh

Dalam Kejadian 4:13-15, Kain merayu kepada Tuhan tentang hukuman-Nya yang terlalu berat dan memohon belas kasihannya ketika dia dikutuk dan mejadi seorang pengembara dan pelarian di bumi. Tuhan menjawab, *"Jika engkau dibunuh, maka sebagai pembalasan, tujuh orang termasuk pembunuhmu itu akan dibunuh juga"* dan Tuhan memberi tanda pada Kain supaya tidak ada orang yang dapat membunuhnya.

Anda harus menyedari betapa Kain sungguh-sungguh bertaubat sesudah membunuh adiknya. Hanya sesudah itu dia mendapat jalan untuk berkomunikasi dengan Tuhan dan Tuhan memberikan tanda sebagai bukti pengampunan-Nya. Jika Kain tersesat dan ditetapkan untuk masuk ke Neraka, mengapa Tuhan mendengar permohonan Kain, lebih-lebih lagi memberi tanda kepadanya?

Kain harus menjadi pengembara dan pelarian di bumi sebagai hukumannya kerana membunuh adiknya. Namun begitu, seperti halnya dengan Adam, Kain diselamatkan dan diizinkan hanya untuk tinggal di lingkaran luar, di Firdaus, bukan di pusatnya.

Tuhan yang adil tidak dapat mengizinkan Kain masuk ke tempat yang lebih baik di Syurga selain di Firdaus meskipun dia sudah bertaubat. Sekalipun Kain tinggal pada zaman yang lebih bersih dan tidak begitu penuh dosa dibandingkan dengan zaman sekarang, dia masih cukup jahat kerana membunuh adiknya sendiri.

Meskipun demikian, Kain dapat masuk ke tempat yang lebih baik di Syurga sekiranya dia membaiki hatinya yang jahat supaya menjadi baik dan berusaha sebaik-baiknya untuk menyenangkan Tuhan dengan segenap kekuatannya dan segenap hatinya. Sayangnya, hati nurani Kain tidak sebaik dan semurni itu.

Mengapa Tuhan tidak segera menghukum orang-orang yang jahat?

Anda mungkin mempunyai banyak pertanyaan ketika anda menjalani kehidupan yang beriman di bumi. Sesetengah orang sangat jahat, tetapi Tuhan tidak menghukum mereka. Orang-orang yang lain menderita penyakit atau mati kerana kejahatan mereka. Namun begitu, orang lain mati pada usia yang muda sekalipun mereka tampaknya sangat setia kepada Tuhan.

Sebagai contoh, Raja Saul mempunyai hati yang cukup jahat untuk berusaha membunuh Daud walaupun dia tahu Tuhan telah mengurapi Daud. Namun begitu, Tuhan membiarkan Raja Saul tidak dihukum. Akibatnya, Saul semakin menganiaya Daud.

Hal ini merupakan salah satu contoh pemeliharaan kasih Tuhan. Tuhan ingin melatih David untuk menjadikannya sebagai bejana yang besar dan akhirnya menjadikannya raja menggantikan Saul yang jahat. Itulah sebabnya Raja Saul mati ketika Tuhan sudah selesai mendisiplinkan Daud.

Demikian juga, Tuhan menghukum orang-orang dengan segera atau membiarkan mereka hidup tanpa dihukum tergantung pada masing-masing orang. Segala perkara mengandung pemeliharaan dan kasih Tuhan.

Anda seharusnya mengingini tempat yang lebih baik di Syurga

Yesus berkata, *"Akulah yang membangkitkan orang mati dan yang memberikan hidup. Sesiapa yang percaya kepada-Ku akan hidup, meskipun dia sudah mati. Orang yang hidup dan percaya kepada-Ku, tidak akan mati selama-lamanya. Adakah kamu percaya akan hal ini?"* (Yohanes 11:25-26).

Orang yang mendapat keselamatan dengan menerima Injil pasti akan dibangkitkan, mengenakan tubuh rohani, dan menikmati kemuliaan yang kekal di Syurga. Mereka yang masih hidup di bumi akan terangkat ke awan untuk bertemu dengan Tuhan di angkasa ketika Dia turun dari Syurga. Semakin anda menyerupai gambaran Tuhan, semakin baik tempat anda di Syurga.

Tentang hal ini, dalam Matius 11:12, Yesus mengatakan bahawa *"Sejak Yohanes Pembaptis mengkhabarkan beritanya sehingga saat ini, Pemerintahan Allah telah dilawan oleh orang ganas yang berusaha menguasainya dengan kekerasan."* Yesus memberi kita suatu janji lagi ketika Dia berkata, *"Anak Manusia sudah hampir tiba bersama-sama para malaikat-Nya dengan kemuliaan Bapa-Nya. Pada masa itu Dia akan membalas tiap-tiap orang menurut perbuatannya"* (Matius 16:27). Surat 1 Korintus 15:41 juga menyatakan bahawa *"Keindahan matahari lain daripada keindahan bulan. Bintang-bintang pun mempunyai keindahannya sendiri. Sebenarnya bintang-bintang pun mempunyai keindahan yang berlainan."*

Anda harus ingin akan tempat yang lebih baik di Syurga. Anda harus berusaha menjadi semakin kudus dan semakin setia dalam semua hal supaya anda diizinkan masuk ke Yerusalem Baru, tempat letaknya Takhta Tuhan. Seperti petani pada masa penuaian, Tuhan ingin membawa sebanyak mungkin orang ke satu Kerajaan Syurga yang lebih baik melalui proses manusiawi di bumi.

Anda harus mengetahui dunia rohani dengan baik supaya dapat masuk Syurga

Orang-orang yang tidak mengenal Tuhan dan Yesus Kristus adalah sukar masuk ke Yerusalem Baru sekalipun mereka diselamatkan melalui pengadilan hati nurani.

Ada orang yang tidak tahu dengan jelas akan pemeliharaan daripada proses yang dijalani manusia di dunia, hati Tuhan, dan dunia rohani sekalipun mereka sudah mendengar Injil. Oleh itu, mereka tidak tahu bahawa orang-orang yang kuatlah yang memperoleh Kerajaan Syurga, atau bahawa mereka mempunyai harapan untuk masuk ke Yerusalem Baru.

Tuhan menyuruh kita, *"Hendaklah kamu setia kepada-Ku sampai mati, dan Aku akan mengurniai kamu hidup sejati dan kekal sebagai hadiah kemenangan."* (Wahyu 2:10). Tuhan memberi upah kepada anda berlimpah-limpah di Syurga menurut apa-apa yang sudah anda tabur. Upah itu sangat berharga kerana upah itu kekal dan tetap mulia selama-lamanya.

Sekiranya anda selalu mengingat hal ini, anda dapat mempersiapkan diri anda dengan baik sebagai pengantin Tuhan seperti lima orang gadis yang bijaksana dan roh anda terpelihara sempurna.

Surat 1 Tesalonika 5:23 mengatakan *"Semoga Tuhan yang mengurniai kita kesejahteraan, menjadikan kamu sungguh-sungguh hidup khas untuk Tuhan. Semoga Tuhan menjaga roh, jiwa, dan tubuh kamu, sehingga tidak bercacat cela pada masa Tuhan kita Yesus Kristus datang kembali."*

Anda harus tekun mempersiapkan diri sebagai pengantin

Tuhan agar roh anda dapat terpelihara sempurna sebelum kedatangan-Nya kembali, atau panggilan Tuhan terhadap jiwa anda yan mungkin terjadi lebih dahulu.

Adalah tidak cukup hanya datang ke gereja pada setiap hari minggu dan mengaku "Saya percaya." Anda harus menyingkirkan semua kejahatan dan menjadi setia di segenap rumah Tuhan. Semakin anda menyenangkan Tuhan, semakin baik tempat di Syurga yang dapat anda masuki.

Saya mendorong anda untuk menjadi anak Tuhan yang benar dengan pengetahuan yang sudah anda terima ini. Di dalam nama Tuhan, saya berdoa agar anda tidak hanya berjalan bersama Tuhan di dunia ini, tetapi juga tinggal lebih dekat dengan Takhta Tuhan di Syurga selama-lamanya.

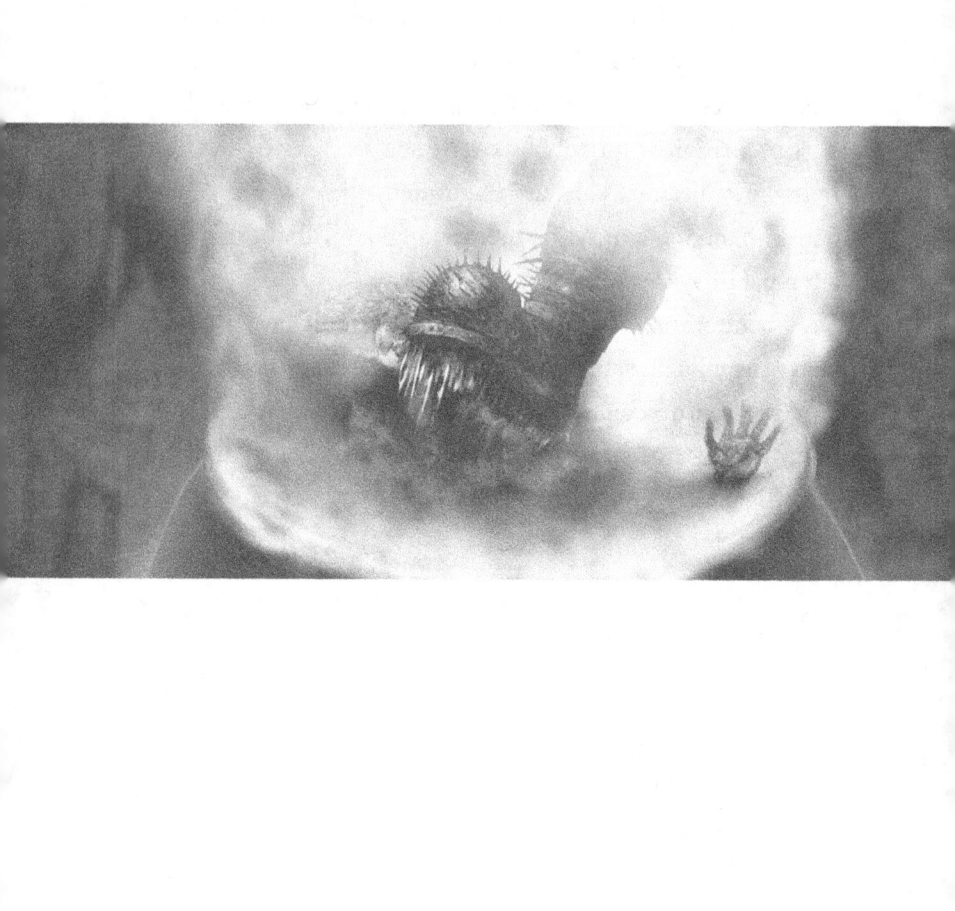

Bab 3

Hades dan Identiti Utusan-utusan Neraka

Utusan-utusan Neraka yang Membawa Orang-orang ke Hades

Tempat Penantian Menuju Dunia Roh-roh Jahat

Hukuman yang Berbeza-beza di Hades untuk Dosa yang Berlainan

Lucifer Si Penguasa Hades

Identiti Utusan-utusan Neraka

"Sebab jikalau Allah tidak menyayangkan malaikat-malaikat yang berbuat dosa tetapi melemparkan mereka ke dalam neraka dan dengan demikian menyerahkannya ke dalam gua-gua yang gelap untuk menyimpan mereka sampai hari penghakiman."
- 2 Petrus 2:4 -

"Orang-orang fasik akan kembali ke dunia orang mati, ya, segala bangsa yang melupakan Allah."
- Mazmur 9:18 -

Setiap tahun pada musim menuai, para petani bersukacita dengan harapan akan mendapat tuaian yang baik. Namun begitu, mereka tidak dapat selalu menuai gandum berkualiti nombor satu sekalipun bekerja keras hari demi hari, malam demi malam, memberi baja, mencabut rumput liar, dan sebagainya. Antara hasil tuaian akan ada gandum dengan kualiti nombor dua, nombor tiga, dan bahkan ada juga sekam.

Manusia tidak dapat memakan sekam. Selain itu, sekam tidak dikumpulkan bersama-sama gandum kerana akan merosakkan gandum. Itulah sebabnya petani mengumpulkan sekam dan membakarnya atau menggunakannya sebagai baja.

Hal yang sama dilakukan oleh Tuhan dalam kehidupan manusia di bumi. Tuhan mencari anak-anak yang benar yang juga mempunyai gambaran Tuhan yang kudus dan sempurna. Namun begitu, ada sesetengah orang yang tidak menyingkirkan dosa-dosa mereka dengan sungguh-sungguh atau orang-orang yang seluruhnya dikuasai oleh kejahatan dan kehilangan tanggungjawab sebagai manusia. Tuhan menghendaki anak-anak yang benar dan kudus tetapi DIA juga mengumpulkan di Syurga orang yang mati sebelum mereka benar-benar menyingkirkan dosa mereka selama mereka berusaha hidup dalam iman.

Pada satu sisi, Tuhan tidak melemparkan orang-orang ke Neraka yang mengerikan apabila mereka mempunyai iman sebesar biji sawi untuk mempertahankan darah Yesus Kristus meskipun tujuan asal-Nya adalah untuk memproses dan mengumpulkan anak-anak yang benar. Pada sisi yang lain, orang yang tidak percaya kepada Kristus dan menentang Tuhan sampai akhir hidupnya tidak mempunyai pilihan lain, kecuali masuk ke Neraka kerana telah memilih jalan kehancuran dengan kejahatan dalam diri mereka.

Bagaimana jiwa orang-orang yang tidak diselamatkan dibawa ke Hades dan bagaimana mereka akan dihukum di sana? Saya akan menjelaskan secara rinci tentang Hades yang merupakan sebahagian daripada Neraka dan identiti utusan-utusan Neraka.

Utusan-utusan Neraka yang Membawa Orang-orang ke Hades

Ketika orang yang diselamatkan meninggal dunia, dua malaikat datang untuk membawanya ke Pangkuan Abraham yang merupakan sebahagian daripada Syurga. Dalam Lukas 24:4, kita menemui dua malaikat sedang menunggu Yesus setelah penguburan dan kebangkitan-Nya. Ketika orang yang tidak diselamatkan pula meninggal dunia, dua utusan Neraka datang untuk membawanya ke Hades. Pada kebiasaannya, kita dapat mengetahui seseorang pada akhir hidupnya diselamatkan atau tidak dengan mengamati ekspresi wajahnya.

Sebelum kematian

Mata rohani manusia terbuka pada waktu dia akan meninggal dunia. Seseorang meninggal dunia dengan damai sambil tersenyum sekiranya dia melihat malaikat-malaikat dalam terang dan mayatnya tidak segera menjadi kaku. Sekalipun sesudah dua atau tiga hari, mayat tersebut tidak membusuk atau mengeluarkan bau busuk, dan kelihatan seperti masih hidup.

Namun begitu, betapa ngeri dan takutnya orang-orang yang tidak diselamatkan ketika melihat utusan-utusan dari Neraka dengan penampilan yang mengejutkan. Mereka meninggal dunia dalam ketakutan sehingga tidak dapat menutup mata mereka.

Sekiranya keselamatan seseorang itu tidak pasti, malaikat-malaikat dan utusan-utusan dari Neraka akan merebut jiwanya untuk membawanya ke tempat masing-masing. Itulah sebabnya seseorang sangat cemas sehingga kematiannya. Betapa takut dan cemas ketika dia melihat utusan-utusan Neraka membawa tuduhan-tuduhan terhadapnya sambil terus berkata, "Dia tidak mempunyai iman untuk diselamatkan."

Ketika orang yang lemah imannya menemui ajal, orang-orang yang imannya kuat harus menolongnya agar dia memiliki iman yang lebih besar melalui pujian dan penyembahan. Meskipun menjelang ajalnya dia baru memiliki iman, dia akan menerima keselamatan, sekalipun sekadar diselamatkan dan harus tinggal di Firdaus.

Anda dapat melihat orang menjelang kematiannya menjadi penuh damai kerana dia menerima iman untuk diselamatkan sementara orang-orang melakukan pujian dan penyembahan kepada Tuhan untuknya. Ketika orang yang kuat imannya menghadapi kematian, anda tidak perlu menolongnya bertumbuh atau untuk mempunyai iman. Adalah lebih baik anda memberinya harapan dan sukacita.

Tempat Penantian Menuju Dunia Roh-roh Jahat

Orang yang imannya sangat lemah dapat diselamatkan sekiranya dia mempunyai iman melalui pujian dan penyembahan menjelang kematiannya. Akan tetapi, apabila dia tidak diselamatkan, utusan-utusan dari Neraka akan membawanya ke tempat penantian di Hades dan dia harus menyesuaikan dirinya dengan dunia roh-roh jahat.

Sama seperti jiwa-jiwa yang diselamatkan yang mempunyai tiga hari masa penyesuaian di Pangkuan Abraham, jiwa-jiwa yang tidak diselamatkan juga tinggal selama tiga hari di tempat penantian yang seperti lubang sangat besar di Hades.

Tiga hari masa penyesuaian diri di tempat penantian

Jiwa-jiwa yang diselamatkan tinggal di tempat penantian di Pangkuan Abraham selama tiga hari, penuh dengan sorak-sorai kegirangan, damai sejahtera, dan pengharapan akan kehidupan mulia yang sudah menanti.

Situasi tempat penantian di Hades adalah berlawanan dengan situasi di Pangkuan Abraham. Jiwa-jiwa yang tidak diselamatkan akan menjalani penderitaan yang tidak tertahankan, menerima pelbagai hukuman sesuai dengan perbuatan mereka di dunia. Sebelum masuk Hades, mereka mempersiapkan diri di tempat penantian selama tiga hari untuk hidup di dunia roh-roh jahat. Tiga hari selama di tempat penantian tersebut tiada kedamaian, melainkan hanya permulaan kehidupan mereka yang penuh dengan penderitaan kekal.

Pelbagai jenis burung dengan paruh yang besar dan tajam mematuki jiwa-jiwa ini. Burung-burung itu ialah makhluk roh yang sangat buruk dan menjijikkan, tidak seperti burung-burung di dunia.

Jiwa-jiwa yang tidak diselamatkan sudah terpisah daripada tubuh mereka sehingga anda mungkin berfikir bahawa mereka tidak dapat merasakan kesakitan. Namun begitu, burung-burung ini dapat menyakiti mereka kerana burung-burung di tempat penantian ini juga makhluk roh.

Setiap kali burung-burung ini mematuki jiwa-jiwa, tubuh mereka tersiat-siat mengeluarkan darah dan kulit mereka juga terkelupas. Jiwa-jiwa ini berusaha mengelak patukan burung-burung ini, tetapi tidak dapat. Mereka hanya berjuang dan membongkok sambil terjerit-jerit. Kadang-kadang, burung-burung ini bahkan mematuk mata mereka.

Hukuman yang Berbeza-beza di Hades untuk Dosa yang Berlainan

Sesudah tiga hari tinggal di tempat penantian, jiwa-jiwa yang tidak diselamatkan dibawa ke tempat-tempat penghukuman yang berbeza di Hades menurut dosa-dosa mereka di dunia. Syurga sangat luas. Neraka juga sangat luas sehingga tidak terhitung tempat yang terpisah untuk menampung jiwa-jiwa yang tidak diselamatkan, bahkan di Hades yang hanya salah satu bahagian daripada Neraka.

Tempat hukuman yang berbeza-beza

Gambaran secara umum, Hades itu gelap dan lembap, dan jiwa-jiwa dapat merasakan panas yang menyengat di sana. Jiwa-jiwa yang tidak diselamatkan akan terus-menerus diseksa dengan pukulan, patukan, dan siatan.

Di dunia ini, sekiranya kaki atau lengan anda dipotong, anda harus hidup tanpa kaki atau lengan. Sesudah anda mati, penderitaan dan masalah anda akan lenyap bersama dengan kematian anda. Di Hades, sekiranya leher anda dipenggal, leher anda akan tumbuh lagi dengan sendirinya, bahkan sekiranya bahagian tubuh anda dipotong, tubuh anda akan segera utuh kembali. Sama seperti anda tidak dapat membelah air dengan pedang atau pisau yang paling tajam, tidak ada seksaan, patukan atau siatan terhadap tubuh anda yang dapat mengakhiri penderitaan itu.

Mata anda akan segera pulih kembali sesudah burung-burung itu mematuknya. Sekalipun anda terluka dan isi perut anda keluar, anda akan segera pulih kembali. Darah anda akan tertumpah tanpa henti sementara anda diseksa, tetapi anda tidak dapat mati di sana kerana darah itu akan segera terisi kembali. Pola seksaan yang mengerikan ini akan terus anda alami secara berulang-ulang.

Itulah sebabnya ada sungai darah yang berasal daripada pertumpahan darah jiwa-jiwa di Hades. Ingatlah bahawa roh itu kekal. Ketika roh diseksa berulang-ulang untuk selama-lamanya, penderitaannya tidak akan berakhir dan untuk selama-lamanya. jiwa-jiwa di sana memohon kematian, tetapi mereka tidak dapat mati dan tidak diizinkan mati. Oleh sebab seksaan yang kekal, Hades penuh dengan jeritan, raungan, dan bau busuk darah.

Jeritan penderitaan di Hades

Mungkin sesetengah antara anda pernah terlibat secara langsung dalam peperangan. Sekiranya belum, anda mungkin pernah melihat keadaan mengerikan yang penuh dengan jeritan dan penderitaan yang digambarkan dalam filem perang atau dokumentari sejarah. Di mana-mana tempat ada orang-orang yang terluka. Sesetengah antara mereka kehilangan kaki atau lengan mereka. Biji mata mereka terkeluar, bahkan otak mereka berhamburan. Tidak seorang pun tahu tentang masa peluru akan menghujaninya. Tempat itu penuh dengan asap meriam dan bau darah yang menyesakkan nafas, raungan, dan jeritan. Orang-orang mungkin menyebut pemandangan semacam itu sebagai "neraka di bumi".

Adegan mengerikan di Hades jauh lebih buruk daripada adegan terburuk di medan perang di dunia ini. Tambahan pula, jiwa-jiwa di Hades tidak hanya menderita kerana seksaan itu sahaja, tetapi juga ketakutan akan seksaan yang akan datang.

Seksaan itu terlalu berat sehingga mereka berusaha melarikan diri, tetapi sia-sia. Tambahan pula, perkara yang menanti mereka hanyalah api dan belerang yang menyala-nyala di Neraka yang paling dalam.

Betapa menyesalnya jiwa-jiwa itu ketika mereka melihat

belerang yang menyala-nyala di Neraka, dan berkata, "Seharusnya saya percaya ketika mereka mengkhabarkan Injil... Seharusnya saya tidak berbuat dosa...!" Namun begitu, mereka tidak ada kesempatan kedua dan tidak ada jalan keselamatan bagi mereka.

Lucifer Si Penguasa Hades

Kita tidak dapat menduga jenis dan beratnya hukuman di Hades. Sama seperti cara-cara seksaan yang berbeza-beza di dunia ini, begitu juga di Hades.

Sesetengah orang menderita kerana tubuh mereka membusuk. Yang lain mungkin menderita kerana tubuh mereka dimakan atau dikunyah atau dihisap darahnya oleh pelbagai serangga dan binatang kecil. Yang lain lagi, ditekan dengan batu-batu yang panas membara atau harus berdiri di atas pasir dengan suhu tujuh kali lebih tinggi daripada suhu di pantai atau padang gurun di dunia ini. Dalam beberapa hal, utusan-utusan Neraka itu sendiri yang menyeksa jiwa-jiwa itu. Cara-cara seksaan yang lain melibatkan air, api, serta cara dan peralatan lain yang tidak terbayangkan.

Tuhan yang penuh kasih tidak memerintah tempat ini bagi jiwa-jiwa yang tidak diselamatkan. Tuhan telah memberi kuasa kepada roh-roh jahat untuk memerintah tempat ini. Pemimpin semua roh jahat ialah Lucifer yang memerintah Hades, iaitu tempat tinggal bagi jiwa-jiwa yang tidak diselamatkan. Di tempat ini, tidak ada belas kasihan, dan Lucifer mengendalikan setiap aspek Hades.

Identiti Lucifer, pemimpin semua roh jahat

Siapakah Lucifer? Lucifer pernah menjadi pemimpin malaikat yang sangat dikasihi Tuhan dan disebut sebagai "bintang fajar" (Yesaya 14:12). Namun begitu, dia memberontak melawan Tuhan dan menjadi pemimpin roh-roh jahat.

Malaikat-malaikat di Syurga tidak berperikemanusiaan dan kehendak bebas. Oleh itu, mereka tidak dapat memilih hal-hal sesuai dengan kehendak mereka dan hanya mengikut perintah seperti robot. Namun begitu, Tuhan secara khusus memberi perikemanusiaan dan kasih kepada sesetengah malaikat. Lucifer termasuk malaikat yang mendapat hak istimewa itu. Dia diberi tanggungjawab atas muzik Syurgawi. Lucife memuji Tuhan dengan suaranya yang indah dan alat-alat muziknya dan menyenangkan DIA dengan menyanyikan kemuliaan Tuhan.

Kasih yang istimewa daripada Tuhan kepadanya membuatkan Lucifer menjadi sombong dan akhirnya memiliki keinginan untuk menjadi lebih tinggi dan lebih berkuasa daripada Tuhan. Hal ini membuatkannya memberontak terhadap Tuhan pada akhirnya.

Lucifer menentang dan memberontak terhadap Tuhan

Alkitab memberitahu kita bahawa ada sejumlah besar malaikat yang mengikuti Lucifer (2 Petrus 2:4; Yudas 1:6). Ada sangat banyak malaikat di Syurga dan kira-kira sepertiganya mengikuti Lucifer. Anda dapat membayangkan banyaknya malaikat yang bergabung dengan Lucifer. Lucifer memberontak terhadap Tuhan kerana kesombongannya.

Bagaimana mungkin ada sangat banyak malaikat yang mengikuti Lucifer? Anda dapat memahami hal ini dengan mudah sekiranya anda berfikir tentang kenyataan bahawa malaikat-malaikat hanya mentaati perintah seperti mesin dan robot.

Pertama, Lucifer mendapat sokongan beberapa pemimpin malaikat yang berada di bawah pengaruhnya, dan kemudian dia dengan mudah memenangi malaikat-malaikat yang berada di bawah para pemimpin malaikat itu.

Selain malaikat-malaikat, naga-naga dan sebahagian kerubim adalah antara makhluk roh yang juga mengikut pemberontakan Lucifer. Lucifer yang menentang Tuhan dengan pemberontakan, dikalahkan dan dicampakkan dari Syurga bersama semua pengikutnya. Kemudian mereka dipenjarakan di Jurang Maut sehingga mereka dipakai untuk "memproses" manusia.

Hai raja Babilonia, bintang fajar yang cemerlang, engkau sudah jatuh dari langit! Dahulu engkau mengalahkan bangsa-bangsa, tetapi sekarang engkau dicampakkan ke tanah. Engkau bertekad naik ke langit dan menempatkan takhtamu di atas bintang-bintang yang tertinggi. Engkau berfikir engkau dapat duduk sebagai raja di atas gunung di utara, tempat dewa-dewa berkumpul. Engkau ingin naik ke puncak awan dan menjadi seperti Yang Maha Kuasa. Tetapi sebaliknya engkau telah diturunkan sampai ke bahagian yang paling bawah di dunia orang mati. (Yesaya 14:12-15).

Keindahan Lucifer tidak tergambarkan ketika dia berada di Syurga bersama dengan kasih Tuhan yang terus mengalir. Sesudah pemberontakan itu, dia menjadi buruk dan mengerikan.

Orang-orang yang melihatnya dengan mata rohani mengatakan bahawa Lucifer itu begitu buruk sehingga anda akan berasa jijik apabila melihatnya. Dia kelihatan sangat mengerikan dengan rambutnya yang terurai kusut dengan pelbagai warna seperti merah, putih, dan kuning yang mengarah ke atas.

Pada saat ini, Lucifer membawa manusia untuk menirunya dalam cara berpakaian dan gaya rambut. Ketika manusia berdansa, mereka sangat liar, rusuh dan buruk, dan mengacung-acungkan jari mereka.

Inilah trend masa kini yang dicipta oleh Lucifer dan disebar melalui media massa dan kebudayaan. Trend ini boleh merosakkan emosi manusia dan membawa mereka kepada kekacauan. Tambahan pula, trend tersebut memperdaya manusia sehingga menjauhkan mereka daripada Tuhan bahkan menyangkal DIA.

Anak-anak Tuhan seharusnya berbeza dan tidak mengikut trend duniawi. Sekiranya anda mengikut trend duniawi, anda secara semula jadi menjauhkan kasih Tuhan daripada anda kerana trend dunia merebut hati dan fikiran anda (1 Yohanes

2:15).

Roh-roh jahat membuatkan Hades menjadi tempat yang mengerikan

Pada dasarnya Tuhan yang penuh kasih itu baik. DIA menyiapkan segala perkara bagi kita dalam hikmat-Nya, pemikiran-Nya, dan penghakiman-Nya. DIA ingin kita hidup selama-lamanya dalam kebahagiaan yang mutlak di Syurga yang indah. Lucifer pula adalah jahat. Roh-roh jahat yang menjadi pengikut Lucifer selalu memikirkan cara-cara untuk menyeksa manusia dengan lebih berat. Dalam "kebijaksanaan" mereka yang jahat, mereka menjadikan Hades sebagai tempat yang semakin mengerikan dengan mencipta segala jenis cara penyeksaan.

Di dunia ini, sepanjang sejarah, manusia mencipta pelbagai cara penyeksaan yang kejam. Ketika Korea berada di bawah pemerintahan Jepun, orang-orang Jepun menyeksa para pemimpin gerakan kemerdekaan Korea dengan menusukkan sebuah jarum buluh ke bawah kuku jari mereka atau mencabut kuku jari tangan atau jari kaki mereka satu demi satu. Mereka juga menuangkan campuran lada merah dan air ke mata dan lubang hidung para pemimpin pergerakan itu sementara mereka digantung secara terbalik. Bau daging yang terbakar memenuhi ruang penyeksaan kerana para penyeksa Jepun membakar pelbagai bahagian tubuh mereka dengan logam yang membara. Organ-organ dalaman terkeluar dari perut ketika mereka dipukul secara kejam.

Bagaimanakah orang-orang menyeksa para penjenayah dalam

sejarah Korea? Mereka memilin kaki penjenayah itu sebagai bentuk seksaan. Pergelangan kaki dan lutut penjenayah itu diikat menjadi satu dan kemudian dua tongkat disisipkan di antaranya. Tulang-tulang kaki penjenayah itu akan remuk ketika penyeksa itu memutar kedua-dua tongkat itu. Dapatkah anda membayangkan betapa sakitnya orang itu?

Kita masih dapat membayangkan seksaan kejam yang dilakukan oleh orang-orang itu. Betapa lebih kejam dan lebih mengerikan seksaan yang dilakukan oleh roh-roh jahat yang mempunyai akal dan kemampuan kuat yang jauh melebihi manusia ketika menyeksa jiwa-jiwa yang tidak diselamatkan. Mereka berasa sangat senang mengembangkan pelbagai cara penyeksaan dan membuat jiwa-jiwa yang tidak diselamatkan itu tunduk kepada mereka.

Itulah sebabnya anda harus mengetahui tentang dunia roh-roh jahat. Dengan demikian, anda dapat memerintah, mengendalikan, dan mengalahkan mereka. Anda dapat dengan mudah mengalahkan mereka ketika anda menjaga diri anda tetap kudus dan bersih tanpa meniru pola dunia ini.

Identiti Utusan-utusan Neraka

Siapakah utusan-utusan Neraka yang menyeksa jiwa-jiwa yang tidak diselamatkan di Hades? Mereka ialah malaikat-malaikat bawahan yang jatuh mengikuti pemberontakan Lucifer sebelum dunia dijadikan.

> *Ingatlah akan malaikat-malaikat yang melampaui batas kekuasaan yang telah diberikan oleh Tuhan, sehingga meninggalkan tempat kediaman mereka. Tuhan membelenggu malaikat-malaikat itu dengan rantai abadi, di tempat yang gelap di bawah bumi. Tuhan menahan mereka di situ sehingga Hari Kiamat apabila mereka akan dihukum. (Yudas 1:6).*

Malaikat-malaikat yang memberontak tidak dapat keluar ke dunia dengan bebas kerana Tuhan telah mengikat mereka dalam kegelapan sampai hari Pengadilan Takhta Putih Besar. Sesetengah orang mengatakan bahawa setan-setan ialah malaikat-malaikat yang memberontak, tetapi hal itu adalah tidak benar. Setan-setan ialah jiwa-jiwa yang tidak diselamatkan yang dilepaskan dari Hades untuk melakukan pekerjaan mereka di bawah situasi yang khusus. Saya akan menjelaskan hal ini secara rinci dalam Bab 8.

Malaikat-malaikat yang memberontak bersama Lucifer

Tuhan mengikat malaikat-malaikat yang memberontak dalam kegelapan – Neraka – untuk hari penghakiman. Oleh yang demikian, malaikat-malaikat yang memberontak tidak dapat keluar ke dunia kecuali hanya pada kesempatan-kesempatan khusus.

Mereka sangat indah sehinggalah mereka memberontak melawan Tuhan. Namun begitu, utusan-utusan dari Neraka itu tidak indah dan tidak berkilau lagi sejak mereka memberontak dan dikutuk.

Mereka kelihatan sangat mengerikan sehingga anda akan berasa jijik terhadap mereka. Penampilan mereka mirip kepada binatang-binatang yang menjijikkan seperti babi-babi yang dituliskan dalam Alkitab (Imamat 11). Mereka mempunyai susuk yang buruk dan terkutuk. Mereka juga menghiasi tubuh dengan warna-warna dan pola-pola yang aneh.

Mereka mengenakan pakaian besi dan kasut tentera. Alat-alat penyeksa yang tajam melekat erat pada tubuh mereka. Mereka sering membawa pisau, tombak, atau cambuk di tangan mereka.

Mereka bersikap ingin menguasai dan anda dapat merasakan kuasa mereka yang kuat ketika bergerak kerana mereka mempraktikkan kuasa dan autoriti yang utuh dalam kegelapan. Manusia sangat takut akan setan-setan, tetapi utusan-utusan Neraka lebih mengerikan daripada setan-setan itu.

Utusan-utusan Neraka menyeksa jiwa-jiwa

Apakah peranan utusan-utusan dari Neraka ini? Mereka dipakai untuk menyeksa jiwa-jiwa yang tidak diselamatkan kerana menguasai mereka.

Bentuk penyeksaan yang lebih tegas yang ditunjukkan oleh utusan-utusan Neraka disediakan bagi jiwa-jiwa yang menerima hukuman yang lebih berat di Hades. Sebagai contoh, utusan-utusan Neraka itu memotong-motong tubuh jiwa-jiwa itu atau mengembangkan jiwa-jiwa itu seperti belon dan menusuknya sampai pecah atau mencambuknya.

Mereka juga menyeksa manusia dengan pelbagai cara, bahkan anak-anak tidak terlepas daripada seksaan itu. Yang membuat hati kita berasa hancur ialah kenyataan bahawa utusan-utusan dari Neraka itu menikam atau memukuli anak-anak demi hiburan mereka. Oleh itu, anda harus berusaha keras untuk mencegah agar tidak satu jiwa pun masuk Neraka, tempat yang sangat kejam, mengerikan, dan buruk, yang penuh dengan kesakitan dan penderitaan yang tidak pernah berakhir.

Pada tahun 1992, saya berada di ambang kematian kerana stres dan kerja yang berlebihan. Pada saat itu, Tuhan menunjukkan kepada saya ada banyak anggota gereja saya yang mengikuti pola dunia ini. Saya sangat berharap berada bersama dengan Tuhan sebelum melihat adegan ini, tetapi saya tidak ingin lagi bersama dengan Tuhan ketika tahu banyak domba saya yang akan masuk Neraka.

Oleh itu, saya mengubah fikiran dan meminta Tuhan menyembuhkan saya. Pada saat itu juga Tuhan memberi saya kekuatan dan perkara yang menghairankan, saya dapat bangun dari tempat tidur dan sembuh secara sempurna padahal sebelumnya saya hampir mati. Kuasa Tuhan menyembuhkan saya. Oleh sebab saya banyak tahu tentang Neraka, saya dengan tekun mengkhabarkan rahsia Neraka yang diungkapkan oleh Tuhan kepada saya dengan harapan dapat menyelamatkan walaupun satu jiwa lagi.

Oleh itu, anda harus selalu berjaga-jaga dalam iman sehingga bukan hanya anda, tetapi keluarga dan saudara-mara anda juga akan diselamatkan. Di dalam nama Tuhan, saya berdoa supaya anda bertekun dalam doa dan pengkhabaran Injil.

Bab 4

Hukuman di Hades untuk Anak-anak yang Tidak Diselamatkan

Janin dan Bayi-bayi yang Masih Menyusu

Anak-anak yang Baru Belajar Berjalan

Anak-anak yang Sudah Dapat Berjalan dan Bertutur

Anak-anak dari Umur Enam sampai Dua Belas Tahun

Orang Muda yang Mengejek Nabi Elisa

"Biarlah maut menyergap mereka, biarlah mereka turun hidup-hidup ke dalam dunia orang mati! Sebab kejahatan ada di kediaman mereka, ya dalam batin mereka."
- Mazmur 55:16 -

"Elisa pergi dari sana ke Betel. Dan sedang ia mendaki, maka keluarlah anak-anak dari kota itu, lalu mencemoohkan dia serta berseru kepadanya: 'Naiklah botak, naiklah botak!' Lalu berpalinglah ia ke belakang, dan ketika ia melihat mereka, dikutuknyalah mereka demi nama TUHAN. Maka keluarlah dua ekor beruang dari hutan, lalu mencabik-cabik dari mereka empat puluh dua orang anak."
- 2 Raja-Raja 2:23-24 -

Dalam Bab 3, saya telah menggambarkan tentang pemimpin malaikat yang memberontak, Lucifer, menguasai Neraka dan malaikat-malaikat lain yang memberontak juga memerintah di bawah kepemimpinan Lucifer. Utusan-utusan Neraka menyeksa jiwa-jiwa yang tidak diselamatkan menurut dosa-dosa mereka. Secara umum, hukuman di Hades dibahagikan kepada empat tingkat. Hukuman yang paling ringan dijatuhkan kepada orang-orang yang masuk Neraka sebagai hasil daripada pengadilan hati nurani. Hukuman yang terberat dijatuhkan kepada orang-orang yang hati nuraninya seperti dicap besi membara dan yang melawan Tuhan seperti yang dilakukan oleh Yudas Iskariot yang menjual Yesus demi keuntungan peribadinya.

Dalam bab berikutnya, saya akan menjelaskan secara rinci jenis-jenis hukuman yang dijatuhkan kepada jiwa-jiwa yang tidak diselamatkan di Hades yang merupakan sebahagian daripada Neraka. Sebelum meneliti hukuman-hukuman yang dijatuhkan kepada orang-orang dewasa, saya akan berbicara tentang jenis-jenis hukuman yang dijatuhkan kepada anak-anak yang tidak diselamatkan berdasarkan kelompok umur yang berbeza.

Janin dan Bayi-bayi yang Masih Menyusu

Anak yang belum dapat berfikir juga dapat masuk ke Hades sekiranya tidak lulus dalam pengadilan hati nurani kerana sifat dasar berdosa dalam dirinya yang diwarisi daripada kedua-dua ibu bapanya yang tidak percaya. Anak itu akan menerima hukuman yang relatif ringan kerana dosanya lebih ringan apabila dibandingkan dengan dosa orang dewasa, tetapi ia masih menderita kelaparan dan kesengsaraan yang tidak terkira.

Anak-anak yang masih menyusu, menangis, dan menderita kerana kelaparan

Bayi-bayi yang sudah bercerai susu, tetapi belum dapat berjalan atau bercakap dikelompokkan secara terpisah dan dikurung di satu tempat yang luas. Mereka tidak dapat berfikir, bergerak, atau berjalan sendiri kerana bayi-bayi yang tidak diselamatkan masih mempunyai ciri-ciri dan hati nurani yang sama seperti yang dimiliki oleh mereka pada saat kematian.

Tambahan pula, mereka tidak tahu sebab mereka berada di Neraka kerana belum mempunyai apa-apa pengetahuan yang terakam dalam otak mereka. Mereka hanya menangis secara naluriah kerana kelaparan tanpa mengenal ayah dan ibu mereka. Satu utusan akan menikam perut, lengan, kaki, mata, kuku jari tangan atau kuku jari kaki mereka dengan sebuah benda tajam yang menyerupai penebuk yang kecil. Bayi itu akan menangis nyaring dan utusan Neraka hanya mentertawakannya dengan senang hati. Walaupun bayi-bayi berterusan menangis, tidak ada orang yang peduli akan bayi-bayi ini. Mereka terus menangis sampai kelelahan dan sangat menderita. Utusan-utusan Neraka kadang-kadang juga berkumpul, mengambil satu bayi, dan meniupkan bayi itu seperti belon. Kemudian, mereka akan melemparkannya, menendang, atau bermain lempar-tangkap untuk keseronokan. Betapa kejam dan menyeramkan hal ini.

Janin-janin yang ditinggalkan dan tidak mendapat kehangatan dan kenyamanan

Bagaimanakan nasib janin-janin yang mati sebelum dilahirkan? Seperti sudah saya jelaskan, sebahagian besar antara mereka diselamatkan, tetapi ada beberapa pengecualian. Sesetengah janin tidak dapat diselamatkan kerana dikandung dengan sifat dasar terburuk yang diwarisi daripada ibu bapa mereka yang dengan serius telah berpaling menentang Tuhan dan melakukan perbuatan-perbuatan yang sangat jahat. Jiwa janin-janin yang tidak diselamatkan ini juga dikurung di satu tempat yang serupa dengan tempat bayi-bayi yang telah bercerai susu.

Mereka tidak mendapat seksaan berat seperti jiwa ibu bapa kerana mereka tidak mempunyai hati nurani dan tidak melakukan dosa pada saat kematian mereka. Hukuman dan kutuk bagi mereka adalah ditinggalkan tanpa kehangatan atau kenyamanan seperti yang dirasakan oleh mereka saat berada dalam kandungan ibu.

Bentuk-bentuk tubuh di Hades

Bagaimanakah bentuk jiwa-jiwa yang tidak diselamatkan di Hades? Pada satu sisi, sekiranya seorang anak yang sudah bercerai susu meninggal dunia, dia dikurung di sana dalam bentuk anak yang sudah bercerai susu. Sekiranya janin meninggal dalam kandungan ibunya, dia dikurung di Hades dalam bentuk janin. Jiwa-jiwa yang diselamatkan di Syurga pula akan mengenakan tubuh kebangkitan baharu pada waktu kedatangan kembali Yesus Kristus walaupun mereka mempunyai bentuk yang sama seperti saat mereka di dunia. Pada waktu itu, setiap orang akan berubah ke dalam bentuk orang berumur 33 tahun yang indah seperti Tuhan Yesus dan mengenakan tubuh rohani. Orang yang pendek akan mempunyai tinggi yang optimal dan orang yang tidak mempunyai kaki atau lengan akan mendapatkan tubuh yang utuh sempurna.

Namun begitu, jiwa-jiwa yang tidak diselamatkan di Neraka tidak dapat mengenakan tubuh kebangkitan yang baharu bahkan ssesudah kedatangan Tuhan kembali. Mereka tidak dapat dibangkitkan kerana tidak mempunyai kehidupan yang diberikan oleh Yesus Kristus. Dengan demikian, keadaan tubuh mereka tetap sama seperti yang dimiliki oleh mereka pada saat kematian mereka. Wajah dan tubuh mereka pucat dan berwarna biru gelap – seperti mayat – dan rambut mereka kusut kerana kengerian Neraka. Sesetengah jiwa mengenakan pakaian compang-camping, yang lainnya hanya mengenakan beberapa potong kain, dan yang lainnya lagi tidak mengenakan apa-apa pun untuk menutup tubuh mereka.

Di Syurga, jiwa-jiwa yang diselamatkan mengenakan jubah putih yang indah dan mahkota yang bersinar-sinar. Di samping itu, cahaya dari jubah mereka dan hiasannya berbeza-beza menurut kemuliaan dan nilainya masing-masing. Di Neraka pula, penampilan jiwa-jiwa yang tidak diselamatkan berbeza-beza menurut besar dan jenis dosa mereka.

Anak-anak yang Baru Belajar Berjalan

Bayi-bayi yang baru lahir bertumbuh dan belajar berdiri, lalu belajar berjalan dan mengucapkan beberapa kata. Ketika anak-anak yang baru belajar berjalan ini meninggal dunia, hukuman apakah yang akan dijatuhkan kepada mereka?

Anak-anak yang baru belajar berjalan juga dikelompokkan di satu tempat. Mereka menderita secara naluri kerana tidak dapat berfikir secara logik atau menilai hal-hal dengan akal pada waktu mereka meninggal dunia.

Anak-anak yang baru belajar berjalan menangis mencari ibu bapa mereka dalam ketakutan yang tidak terkira

Anak-anak yang baru belajar berjalan biasanya berumur antara dua hingga tiga tahun. Oleh itu, mereka tidak menyedari kematian mereka dan tidak tahu sebab mereka berada di Neraka, tetapi mereka masih mengingati ayah dan ibu mereka. Itulah sebabnya mereka menangis terus-menerus sambil berteriak-teriak, "Ayah! Ibu! Saya mahu pulang! Mengapa saya ada di sini?"

Ketika mereka hidup di dunia, ibu mereka dengan cepat datang dan memeluk mereka, sebagai contoh pada ketika mereka jatuh dan lutut mereka terluka. Namun begitu, sekarang ibu mereka tidak datang untuk menghibur sekalipun mereka berteriak-teriak dan menjerit ketika tubuh mereka berlumuran darah. Bukankah seorang anak berteriak sambil menangis ketakutan ketika dia kehilangan ibunya di pasar raya atau di tempat-tempat umum yang lainnya?

Mereka tidak dapat menemui ibu bapa yang akan melindungi mereka daripada kengerian Neraka. Kenyataan ini sahaja sudah cukup menakutkan dan membuatkan mereka berasa ketakutan yang tidak terkira. Tambahan lagi, suara-suara yang mengancam dan suara tawa yang sangat aneh daripada utusan-utusan Neraka membuatkan bayi-bayi ini berteriak sambil menangis semakin kuat, tetapi tidak ada gunanya.

Untuk mengisi waktu, utusan-utusan Neraka menampar punggung anak-anak kecil ini, dan menginjak-injak atau mencambuk mereka. Kemudian anak-anak kecil ini, dalam ketakutan dan kesakitan, berusaha membongkok atau melarikan diri. Namun begitu, di tempat yang sangat sesak itu, mereka tidak dapat melarikan diri dan di tengah-tengah tangisan dan sedu-sedan mereka saling tersangkut dengan saling menginjak sehingga tubuh mereka menjadi terluka dan darah menggenangi seluruh tempat itu. Dalam situasi yang sangat menyedihkan ini, mereka terus menangis dan menjerit-jerit kerana merindui ibu mereka, kelaparan dan ketakutan. Keadaan seperti itu sahaja sudah merupakan "neraka" bagi bayi-bayi ini.

Anak-anak berumur dua atau tiga tahun tidak mungkin melakukan dosa dan kejahatan serius. Meskipun demikian, mereka mendapat hukuman yang mengerikan kerana dosa asal dan dosa-dosa mereka. Jadi, betapa mengerikan hukuman di Neraka bagi orang-orang dewasa yang melakukan dosa-dosa yang lebih serius daripada anak-anak?

Bagaimanapun, sesiapa sahaja dapat dibebaskan daripada

hukuman Neraka hanya sekiranya dia mahu menerima Yesus Kristus yang mati di kayu salib dan menebus kita, dan hidup di dalam terang. Dia dapat masuk ke Syurga kerana telah diampuni daripada dosa-dosa masa lalunya, masa sekarang, dan masa yang akan datang.

Anak-anak yang Sudah Dapat Berjalan dan Bertutur

Anak-anak kecil yang mulai dapat berjalan dan mengucapkan sepatah dua kata akan berlari dan dapat berbicara dengan baik ketika mereka mencapai umur tiga tahun. Apakah jenis-jenis hukuman yang akan diterima oleh anak-anak kecil yang berumur tiga sampai lima tahun ini di Hades?

Utusan-utusan Neraka mengejar mereka dengan tombak

Anak-anak berumur tiga sampai lima tahun dipisahkan di tempat yang gelap dan luas dan tinggal di sana untuk dihukum. Mereka berlari sekuat-kuat tenaga agar dapat menghindari utusan-utusan Neraka yang mengejar mereka dengan tombak bermata tiga.

Tombak bermata tiga ialah tombak dengan tiga mata tombak di hujungnya. Utusan-utusan Neraka mengejar jiwa anak-anak ini, menikam mereka dengan tombak seperti seorang pemburu menikam mangsanya. Akhirnya, anak-anak ini sampai ke satu jurang, dan mereka melihat jauh di bawah jurang itu ada air mendidih seperti lahar gunung berapi yang aktif. Pada mulanya, anak-anak ini ragu-ragu untuk melompat, tetapi mereka terpaksa melompat ke dalam air yang mendidih itu untuk menghindari kejaran para utusan Neraka. Mereka tidak mempunyai pilihan yang lain.

Berjuang untuk keluar dari air yang mendidih

Anak-anak dapat mengelak tikaman tombak di tangan utusan-utusan Neraka, tetapi mereka sekarang berada di dalam air yang mendidih. Dapatkah anda membayangkan betapa sakitnya mereka? Anak-anak berjuang untuk mengeluarkan wajah mereka dari air yang mendidih kerana air itu masuk ke dalam hidung dan mulut mereka. Ketika utusan-utusan Neraka melihat hal ini, mereka mengejek anak-anak itu dengan berkata, "Seronok, bukan?" atau "Wah, ini sangat menyenangkan!" Kemudian, utusan-utusan Neraka itu berteriak, "Siapa yang membuat anak-anak ini masuk ke Neraka? Mari bawa ibu bapa mereka ke jalan kematian yang membawa mereka ke sini kalau mereka mati, dan mereka akan melihat anak-anak mereka menderita dan diseksa!"

Pada saat itu, anak-anak yang berjuang untuk melarikan diri dari air yang mendidih itu ditangkap dengan sebuah jala yang besar seperti ikan yang ditangkap dengan jala dan dilemparkan kembali ke tempat mereka sebelum melarikan diri. Pada waktu itu, proses yang menyakitkan dari larian untuk menghindari utusan-utusan Neraka yang mengejar mereka dengan tombak dan lompatan mereka ke dalam air yang mendidih terjadi berulang-ulang kali tanpa henti.

Anak-anak ini baru berumur tiga sampai lima tahun. Oleh itu, mereka belum dapat berlari dengan baik. Namun begitu, mereka berusaha berlari secepat mungkin untuk menghindari kejaran para utusan Neraka yang membawa tombak dan membuatkan mereka melompat ke dalam jurang. Mereka melompat ke dalam air mendidih dan sekali lagi berjuang untuk keluar dari sana. Kemudian mereka ditangkap dengan sebuah jala besar dan dikembalikan ke tempat itu semula. Rutin ini terus berulang tanpa ada akhirnya. Betapa menyedihkan dan tragis perkara ini!

Pernahkah jari anda terkena seterika panas atau periuk panas? Kalau pernah, anda dapat merasakan betapa panas dan menyakitkan hal itu. Sekarang, bayangkan seluruh tubuh anda ditenggelamkan ke dalam air yang mendidih, atau anda direndam di dalam air mendidih sebuah periuk yang sangat besar. Memikirkannya sahaja sudah menyakitkan dan menakutkan.

Kalau anda pernah mengalami luka terbakar, anda akan ingat betapa sangat sakit rasanya. Anda juga akan ingat daging anda yang berwarna merah, bau daging yang terbakar, dan bau yang memualkan daripada sel-sel mati yang membusuk dalam daging yang terbakar itu.

Sekalipun bahagian yang terbakar itu sembuh, kesan luka yang buruk selalunya masih ada. Sebahagian besar orang mengalami kesulitan untuk berhubungan dengan orang-orang yang mempunyai kesan luka seperti itu. Kadang-kadang, bahkan anggota keluarga mangsa tidak dapat makan bersama mereka. Sepanjang tempoh perubatan, pesakit itu mungkin tidak tahan dengan luka yang terbuka dari daging yang terbakar itu, dan dalam situasi yang paling berat, pesakit akan mengalami gangguan jiwa atau membunuh diri kerana berasa sangat kesakitan dan menderita atas proses perubatan itu. Sekiranya seseorang anak menderita luka bakar, hati ibu bapanya juga terasa kepedihannya.

Namun begitu, luka bakar yang terburuk di dunia ini masih tidak dapat dibandingkan dengan hukuman yang diterima oleh jiwa anak-anak kecil yang tidak diselamatkan di Neraka, yang mengalaminya berulang-ulang dan tidak akan berakhir. Besarnya penderitaan dan kejamnya hukuman-hukuman di Neraka yang ditimpakan kepada anak-anak ini, jauh melampaui yang dapat kita bayangkan.

Tidak ada tempat untuk melarikan diri atau bersembunyi daripada hukuman

Anak-anak terus berusaha melarikan diri daripada utusan-utusan Neraka yang mengejar mereka dengan membawa tombak bermata tiga, lalu mereka terjatuh dari tepi jurang ke dalam air yang mendidih. Mereka sepenuhnya tenggelam di dalam air yang mendidih. Air yang mendidih itu melekat di tubuh seperti lahar yang kental dan berbau busuk. Tambahan pula, cairan mendidih yang lekit dan menjijikkan itu masuk ke lubang hidung dan mulut mereka sementara mereka berusaha keluar dari kolam air didih itu. Hal ini tidak dapat dibandingkan dengan kejadian luka bakar di dunia ini, betapa pun parahnya.

Anak-anak ini tidak kebal terhadap perasaan sakit sekalipun mereka telah berulang-ulang kali diseksa tanpa henti. Mereka tidak dapat menjadi gila, tidak dapat pengsan untuk melupakan rasa sakit itu sedikit pun. Mereka juga tidak dapat membunuh diri untuk menghindari rasa sakit di Neraka. Betapa menyedihkan!

Begitulah anak-anak yang berumur tiga, empat, atau lima tahun mengalami penderitaan di Hades sebagai hukuman atas dosa-dosa mereka. Dapatkah anda membayangkan jenis dan beratnya hukuman yang dijatuhkan kepada orang-orang yang lebih dewasa di bahagian-bahagian lain di Neraka?

Anak-anak dari Umur Enam sampai Dua Belas Tahun

Apakah hukuman yang akan diterima oleh anak-anak berumur enam sampai dua belas tahun yang tidak diselamatkan?

Terkubur di sungai darah

Sejak dunia diciptakan, tidak terhitung banyaknya jiwa yang tidak diselamatkan yang telah mengalirkan darah mereka sementara diseksa dengan kejam di Hades. Betapa banyak darah yang dicurahkan mereka khususnya kerana lengan dan kaki mereka pulih kembali dengan segera sesudah dipotong.

Banyaknya darah yang tercurah itu sampai cukup untuk

membentuk satu sungai darah kerana hukuman mereka terus berulang tanpa henti meskipun darah yang keluar sudah melimpah-ruah. Di dunia ini, sesudah suatu peperangan besar atau pembunuhan besar-besaran, darah korban membentuk sebuah kolam kecil atau sungai kecil. Dalam keadaan seperti itu, udara berbau busuk, dan segala jenis serangga yang berbahaya berkerumun dan menimbulkan wabak penyakit.

Di Hades di Neraka, tidak ada kolam kecil atau sungai kecil tetapi yang ada ialah sungai darah yang lebar dan dalam. Anak-anak berumur enam sampai dua belas tahun dihukum di tepi sungai itu dan dikuburkan di sana. Semakin serius dosa yang dilakukan oleh mereka, mereka akan dikuburkan semakin dekat dengan sungai dan semakin dalam dikuburkan.

Menggali tanah

Anak-anak yang jauh dari sungai darah tidak dikuburkan di tanah. Namun begitu, mereka sangat kelaparan sehingga terus menggali tanah yang keras dengan tangan, mencari sesuatu untuk dimakan. Mereka terus menggali dengan sia-sia sampai kehilangan kuku dan hujung-hujung jari mereka menjadi pendek dan gemuk. Jari-jari mereka hilang sampai setengah daripada ukuran jari normal dan berlumuran darah, bahkan tulang-tulang di jari-jari mereka kelihatan. Akhirnya, telapak tangan dan jari-jari mereka rosak. Meskipun sudah mengalami penderitaan seperti ini, anak-anak ini terpaksa terus menggali dengan harapan tipis dapat berjumpa makanan.

Sekiranya anda semakin dekat dengan sungai itu, anda

dengan mudah dapat melihat bahawa anak-anak itu semakin jahat. Semakin jahat anak-anak itu, mereka ditempatkan semakin dekat dengan sungai. Mereka saling berkelahi untuk menggigit daging yang lain kerana sangat kelaparan sementara bahagian tubuh mereka dari pinggang sampai ke bawah terkubur di dalam tanah.

Anak-anak yang paling jahat dihukum di tepi-tepi sungai dan terkubur di tanah sampai batas leher. Orang-orang di dunia ini akhirnya akan mati kalau mereka terkubur di tanah sampai ke leher kerana darah tidak dapat mengalir ke seluruh tubuh. Kenyataan bahawa mereka tidak dapat mati bermaksud penderitaan yang tidak berakhir bagi jiwa-jiwa yang tidak diselamatkan yang dihukum di Neraka.

Mereka menderita kerana bau busuk sungai itu. Segala jenis serangga yang berbahaya seperti nyamuk atau lalat dari sungai menggigit wajah mereka, tetapi mereka tidak dapat menghalaunya kerana dikubur di tanah. Akhirnya, wajah mereka menjadi bengkak-bengkak sehingga ke tahap tidak dapat dikenali lagi.

Anak-anak yang menyedihkan: menjadi mainan utusan-utusan Neraka

Hal ini sama sekali bukan pengakhiran bagi penderitaan anak-anak itu. Gegendang telinga mereka menjadi rosak kerana suara tawa kuat utusan-utusan Neraka yang sedang beristirehat di tepi sungai dan berbual sesama sendiri. Sambil beristirehat, mereka juga menginjak-injak atau duduk di atas kepala anak-

anak yang dikubur di tanah.

Pakaian dan sepatu mereka dilengkapi dengan benda-benda yang paling tajam. Dengan demikian, kepala anak-anak itu menjadi remuk, wajah mereka tercabik-cabik, dan rambut mereka tertarik bergumpal-gumpal ketika utusan-utusan Neraka menginjak-injak atau duduk di atas mereka. Di samping itu, utusan-utusan Neraka juga mengelar wajah anak-anak itu atau memijak kepala anak-anak itu di bawah kaki mereka. Betapa kejamnya hukuman ini!

Mungkin anda bertanya, "Adakah mungkin anak-anak pada usia sekolah tadika melakukan dosa yang cukup besar untuk menerima hukuman sekejam itu?" Tidak kira betapa muda pun anak-anak itu, mereka mempunyai dosa asal dan dosa-dosa yang sengaja dilakukan oleh mereka. Hukum rohani yang mengatakan bahawa "kematian adalah upah dosa" secara universal diterapkan kepada setiap orang tanpa mengira usia.

Orang Muda yang Mengejek Nabi Elisa

Kitab 2 Raja-raja 2:23-24 menggambarkan sebuah peristiwa Nabi Elisa melakukan perjalanan mendaki dari Yerikho ke Betel. Ketika nabi itu sedang dalam perjalanan, beberapa anak muda datang dari kota dan mengejeknya. Mereka berkata, "Hai botak, pergi dari sini!" Oleh kerana tidak tahan lagi, Elisa akhirnya mengutuk anak-anak itu. Dua ekor beruang betina keluar dan "mencabik-cabikkan tubuh empat puluh dua daripada budak-budak itu". Menurut anda, apakah yang terjadi kepada empat puluh dua anak di Hades?

Dikubur sampai ke leher

Dua ekor beruang betina mencabik-cabik empat puluh dua orang anak itu. Dapatkah anda membayangkan banyaknya anak yang telah mengikuti dan mengejek nabi itu? Elisa ialah seorang nabi yang melakukan banyak pekerjaan yang penuh kuasa daripada Tuhan. Dengan perkataan lain, Elisa tidak akan mengutuk mereka kalau mereka hanya mengejeknya dengan beberapa kata.

Mereka terus mengikutinya dan mengejeknya dengan berkata, "Hai botak, pergi dari sini!" Di samping itu, mereka melemparinya dengan batu dan menusuk-nusuknya dengan tongkat. Nabi Elisa tentunya telah menasihati dan menegur mereka terlebih dahulu, namun akhirnya mengutuk mereka kerana terlalu jahat untuk diampuni.

Peristiwa ini terjadi beberapa ribu tahun lalu ketika hati nurani dan kejahatan belum sebesar pada zaman sekarang. Anak-anak itu tentunya cukup jahat untuk mengejek dan mempermainkan seorang nabi tua seperti Elisa, yang melakukan pekerjaan penuh kuasa daripada Tuhan.

Di Hades, anak-anak ini dihukum berdekatan sungai darah sementara mereka juga dikubur sampai ke leher. Mereka menderita sesak nafas kerana bau busuk sungai itu, dan segala jenis serangga berbahaya mengigiti mereka. Di samping itu, mereka diseksa secara kejam oleh utusan-utusan Neraka.

Ibu bapa harus mendidik anak-anak mereka

Bagaimana perilaku anak-anak pada zaman sekarang? Sesetengah mereka membiarkan teman-teman mereka di tengah udara luar yang dingin, merampas upah mereka atau wang makan tengah hari mereka, memukul mereka, bahkan mencucuh dengan puntung rokok – mereka melakukannya kerana tidak menyukai teman-teman mereka. Sesetengah anak bahkan membunuh diri kerana tidak tahan lagi dengan perlakuan kejam yang terus-menerus. Anak-anak yang lain membentuk kumpulan tertentu, padahal mereka masih di sekolah rendah, bahkan mereka membunuh orang dan meniru tingkah laku penjahat yang terkenal.

Oleh itu, ibu bapa seharusnya mendidik anak-anak agar mereka tidak meniru pola dunia ini, sebaliknya membimbing mereka untuk menjalani kehidupan yang beriman dan takut akan Tuhan. Betapa menyesal anda kelak apabila anda masuk ke Syurga dan melihat anak-anak anda diseksa di Neraka. Memikirkannya sahaja sudah menakutkan.

Anda harus membesarkan anak-anak anda yang terkasih supaya hidup dalam iman dan menurut kebenaran. Sebagai contoh, anda harus mengajar mereka untuk tidak berbicara atau berlari-larian selama ibadah berlangsung, tetapi berdoa dan memuji Tuhan dengan segenap hati, fikiran, dan jiwa mereka. Bayi-bayi yang tidak dapat mengerti perkara yang dikatakan oleh ibu mereka, tidur dengan tenang tanpa menangis selama ibadah sekiranya ibu mereka mendoakan dan membesarkan mereka dalam iman. Bayi-bayi ini juga akan mendapat upah di Syurga atas perilaku mereka.

Anak-anak berumur tiga sampai empat tahun dapat menyembah Tuhan dan berdoa jika ibu bapa mengajari mereka dalam menjadikannya berdisiplin diri. Tingkat kedalaman doa mungkin berbeza-beza tergantung pada umur anak-anak. Ibu bapa dapat mengajari anak-anak mereka untuk menambah waktu doa sedikit demi sedikit, misalnya dari lima minit menjadi sepuluh minit, kemudian tiga puluh minit, satu jam, dan seterusnya.

Betapa muda pun umur anak-anak, sekiranya ibu bapa mengajarkan firman Tuhan menurut umur dan tingkat pemahaman mereka, dan mendorong mereka untuk hidup sesuai dengan firman Tuhan, anak-anak akan sering berusaha lebih untuk taat kepada firman-Nya dan hidup dengan cara yang menyenangkan-Nya. Mereka juga akan bertaubat dan mengakui dosa-dosa mereka dengan menitiskan air mata ketika Roh Kudus bekerja dalam diri mereka.

Saya mendorong anda untuk mengajar kepada anak-anak dengan jelas tentang Yesus Kristus dan membimbing mereka bertumbuh dalam iman.

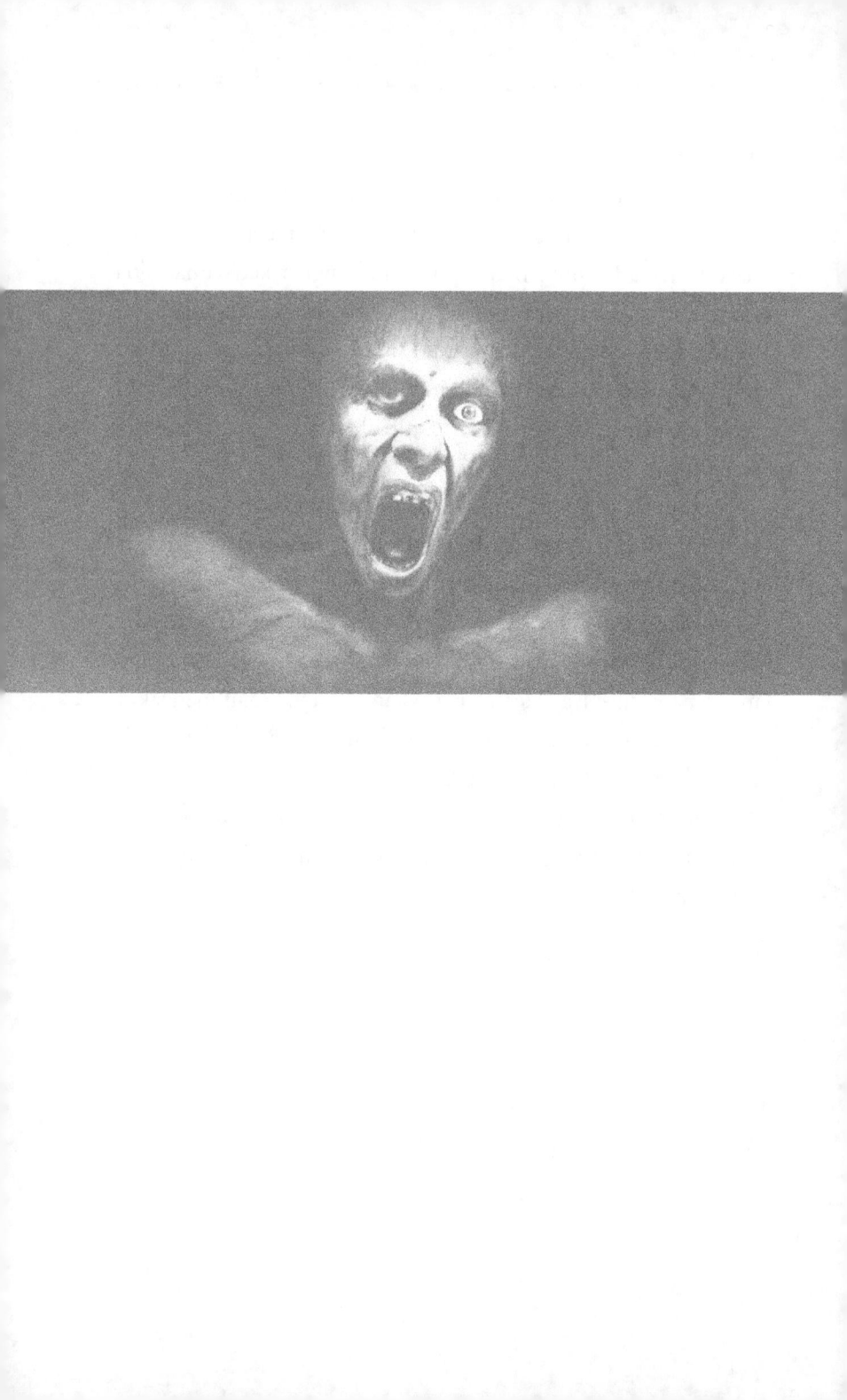

Bab 5

Hukuman untuk Orang-orang yang Sudah Melewati Usia Remaja

Hukuman Tingkat Pertama
Hukuman Tingkat Kedua
Hukuman Terhadap Firaun
Hukuman Tingkat Ketiga
Hukuman Terhadap Pontius Pilatus
Hukuman Terhadap Saul, Raja Pertama Israel
Hukuman Tingkat Keempat Terhadap Yudas Iskariot

"Ke dunia orang mati sudah diturunkan kemegahanmu dan bunyi gambus-gambusmu; ulat-ulat dibentangkan sebagai lapik tidurmu, dan cacing-cacing sebagai selimutmu."
- Yesaya 14:11 -

"Sebagaimana awan lenyap dan melayang hilang, demikian juga orang yang turun ke dalam dunia orang mati tidak akan muncul kembali."
- Ayub 7:9 -

Sesiapa pun yang masuk ke Syurga akan menerima upah dan kemuliaan yang berbeza-beza menurut perbuatan masing-masing dalam kehidupan ini. Di Hades, orang menerima hukuman yang berbeza-beza menurut perbuatan jahat mereka dalam kehidupan ini. Orang-orang di Neraka mengalami penderitaan kekal, dan beratnya berbeza-beza tergantung pada perbuatan mereka. Seseorang manusia sama ada masuk ke Syurga atau Neraka, menuai apa-apa yang ditaburnya.

Semakin banyak dosa anda, semakin dalam bahagian Neraka yang akan anda masuki, dan semakin besar dosa anda, semakin berat juga penderitaan yang akan anda alami di Neraka. Berat hukuman yang diterima tergantung pada seberapa besar seseorang bertentangan dengan hati Tuhan, atau dengan perkataan lain, seberapa banyak seseorang menyerupai sifat dasar Lucifer yang berdosa.

Galatia 6:7-8 *"Janganlah tipu diri sendiri. Tidak seorang pun dapat memperbodohkan Tuhan. Seseorang akan menuai apa yang ditanamnya. Jika seorang menanam menurut tabiat manusianya, dia akan menuai kematian. Tetapi jika dia menanam menurut pimpinan Roh Tuhan, dia akan menuai hidup sejati dan kekal daripada Roh Tuhan."* Oleh yang demikian, anda pasti akan menuai apa-apa yang anda tabur.

Apakah hukuman yang diterima oleh orang-orang yang mati sesudah melewati usia remaja di Hades? Dalam bab ini, saya akan membicarakan empat tingkat hukuman di Hades yang dijatuhkan ke atas jiwa-jiwa sesuai dengan perbuatan mereka dalam kehidupan ini. Sebagai catatan, anda harus mengerti bahawa saya tidak dapat memberikan gambaran yang terperinci kerana hal itu akan menakutkan anda.

Hukuman Tingkat Pertama

    Sesetengah jiwa dipaksa berdiri di atas pasir yang tujuh kali lebih panas daripada pasir di padang gurun atau pantai di dunia ini. Mereka tidak dapat melepaskan diri daripada penderitaan itu kerana seolah-olah mereka terdampar di tengah padang gurun yang sangat luas.

    Pernahkah anda berjalan di atas pasir yang panas membara, dengan bertelanjang kaki, pada suatu hari yang panas pada musim panas? Anda tidak akan dapat menahan kesakitan sekalipun anda mencubanya hanya untuk sepuluh atau lima belas minit. Pasir di negara-negara tropika di dunia jauh lebih panas. Ingatlah bahawa pasir di Hades tujuh kali lebih panas daripada pasir yang terpanas di dunia ini.

    Semasa ziarah saya ke Tanah Suci bukan dengan menaiki bas elektrik, sebaliknya saya cuba berlari di jalan beraspal menuju Laut Mati. Saya mulai berlari cepat bersama dua orang penziarah lain yang menemani saya dalam perjalanan itu. Pada mulanya tidak terasa sakit, tetapi kira-kira separuh perjalanan, saya merasakan kedua-dua tapak kaki saya seperti terbakar. Walaupun kami ingin melarikan diri daripada penderitaan itu, tidak ada tempat untuk melepaskan diri; pada kedua-dua sisi jalan terbentang padang batu kerikil yang sama panasnya.

    Akhirnya, kami berlari sampai ke hujung jalan itu. Di sana kami dapat membenamkan kaki ke dalam air yang dingin di sebuah kolam renang terdekat. Untunglah tidak ada antara kami yang mengalami luka bakar. Hal ini berlangsung hanya kira-kira sepuluh minit, dan hal itu sudah cukup untuk mendatangkan rasa sakit yang tidak tertanggung. Bayangkan, sekiranya anda dipaksa berdiri selama-lamanya di atas pasir yang tujuh kali lebih panas daripada pasir mana-mana pun di dunia. Betapapun panas pasir tersebut yang tidak tertanggung, tiada kemungkinan hukuman akan diringankan atau berakhir. Namun begitu, ini ialah hukuman yang paling ringan di Hades.

Ada jiwa lain yang diseksa dengan cara yang berbeza. Dia dipaksa berbaring di atas sebuah batu yang berat, yang telah dipanaskan sampai membara, dan menerima hukuman dipanggang selama-lamanya di sana. Gambarannya sama seperti daging yang dipanggang di atas sebuah alat pemanggang yang sangat panas. Kemudian, batu yang lain yang juga sudah dipanaskan sampai membara dijatuhkan ke atas tubuhnya, meremukkan dia dan segala yang ada di bawahnya. Bayangkan pakaian yang anda seterika: papan seterika itu ibarat batu tempat pakaian – jiwa yang dihukum itu – terbaring, dan seterika itu ialah batu kedua yang menekan pakaian itu.

Rasa panas ialah satu bahagian daripada seksaan; tubuh yang diremukkan ialah bahagian yang lain. Anggota-anggota tubuh hancur oleh tekanan di antara kedua-dua batu itu. Tekanan itu cukup kuat untuk menghancurkan tulang-tulang rusuk dan organ-organ dalaman. Ketika tengkorak diremukkan, bola mata melompat keluar dan semua cairan di dalam tengkorak itu menyembur keluar.

Bagaimana penderitaan itu dapat digambarkan? Walaupun

dia ialah jiwa yang tidak mempunyai tubuh jasmani, dia masih dapat merasakan dan mengalami penderitaan yang luar biasa seperti ketika masih hidup. Sekarang dia berada dalam penderitaan kekal. Bersama dengan jeritan jiwa-jiwa lainnya yang sedang diseksa, jiwa ini, terjebak dalam ketakutan dan kengeriannya sendiri, meratap dan berteriak, "Bagaimana saya dapat terlepas daripada seksaan ini?"

Hukuman Tingkat Kedua

Melalui kisah orang kaya dan Lazarus yang miskin dalam Lukas 16:19-31, sekilas kita dapat melihat keadaan yang menyedihkan di Hades. Dengan kuasa Roh Kudus, saya telah mendengar ratapan seorang lelaki yang diseksa di Hades. Dengan mendengar pengakuan berikut, saya berdoa agar anda akan terjaga dari "tidur" rohani anda.

Aku diseret ke sana ke mari
tetapi tidak pernah berakhir.
Aku berlari dan terus berlari, tetapi tidak pernah berakhir.
Tidak kutemu tempat untuk sembunyi.
Aku dikuliti di tempat ini,
penuh dengan bau yang sangat busuk.
Serangga-serangga menggigit dagingku.
Aku cuba berlari dan terus berlari menghindari mereka,
namun aku tetap berada di tempat yang sama.
Mereka masih menggigit dan memakan tubuhku;

mereka menghisap darahku.
Aku gementar dalam ketakutan dan kengerian.
Apa yang harus kulakukan?

Tolonglah, kumohon kepadamu,
Biarkan orang-orang tahu apa yang sedang terjadi padaku.
Katakan kepada mereka seksaan yang kualami
supaya mereka tidak akan berakhir di tempat ini.
Sungguh aku tidak tahu apa yang harus kulakukan.
Di dalam ketakutan dan kengerian,
aku hanya dapat mengerang.
Tidak ada gunanya mencari perlindungan.
Mereka mencakar belakangku.
Mereka menggigit lengan-lenganku.
Mereka mengulitiku.
Mereka memakan otot-ototku.
Mereka menghisap darahku.
Ketika ini berakhir,
aku akan dilemparkan ke dalam lautan api.
Apa yang dapat kulakukan?
Apa yang harus kulakukan?

Walaupun aku tidak percaya kepada Yesus sebagai Juruselamatku,
Kufikir aku mempunyai hati nurani yang baik.
Sehingga aku terlempar ke Hades,
tidak pernah kusedari aku telah melakukan sangat banyak dosa!

NERAKA

Sekarang, aku hanya dapat menyesal dan terus menyesal
atas segala yang telah kulakukan.

Tolong, pastikan
Tidak akan ada lagi orang-orang sepertiku.
Banyak orang di sini, yang ketika hidup,
Berfikir mereka menjalani kehidupan yang baik.
Namun, mereka semua ada di sini.
Banyak yang mengaku percaya dan berfikir
mereka hidup sesuai dengan kehendak Tuhan
juga berada di sini,
dan mereka diseksa lebih kejam daripada aku.

Kuharap aku dapat melupakan penderitaan ini
Walau hanya sekejap, tetapi tidak dapat.
Aku tidak dapat beristirehat sekalipun aku memejamkan mataku.
Ketika kubuka mataku,
Tidak ada yang tampak dan tidak ada yang nyata.
Sementara aku terus berlari ke sana ke mari,
Aku masih berada di tempat yang sama.
Apa yang dapat kulakukan?
Apa yang harus kulakukan?
Kumohon, pastikanlah
tidak ada orang lain yang akan
mengikuti langkahku!

Jiwa ini ialah orang yang relatif baik jika dibandingkan

dengan banyak orang yang lain di Hades. Dia memohon kepada Tuhan untuk membiarkan orang-orang tahu perkara yang sedang terjadi padanya. Sekalipun dalam seksaan yang ekstrem ini, dia risau akan jiwa-jiwa yang mungkin berakhir di sana. Cara orang kaya ketika memohon agar saudara-saudaranya diperingatkan supaya mereka tidak "datang ke tempat penderitaan ini", sama seperti jiwa ini yang juga memohon kepada Tuhan (Lukas 16).

Hukuman Terhadap Firaun

Firaun, raja Mesir yang menentang Musa, menerima hukuman tingkat kedua, tetapi berat hukumannya hampir kepada hukuman tingkat ketiga.

Kejahatan apakah yang dilakukan Firaun semasa hidupnya sehingga dia layak menerima hukuman ini? Mengapa dia dimasukkan ke Hades?

Ketika bangsa Israel ditindas sebagai hamba, Musa dipanggil oleh Tuhan untuk membawa umat-Nya keluar dari Mesir dan memimpin mereka memasuki Tanah Perjanjian di Kanaan. Musa pergi menghadap Firaun dan memintanya agar membiarkan bangsa Israel meninggalkan Mesir. Namun begitu, kerana melihat keuntungan daripada kerja paksa, Firaun tidak mengizinkan bangsa Israel pergi.

Melalui Musa, Tuhan mengirimkan Sepuluh Bencana kepada Firaun, para pegawai, dan rakyatnya. Air Sungai Nil berubah menjadi darah. Katak-katak, nyamuk, dan lalat memenuhi negeri itu. Di samping itu, Firaun dan rakyatnya mendapat bencana atas ternakan mereka, bisul, hujan batu, belalang, dan kegelapan. Setiap kali mereka menderita kerana satu bencana, Firaun berjanji kepada Musa akan membiarkan bangsa Israel meninggalkan Mesir, hanya supaya bencana itu berhenti.

Setiap kali sesudah Musa berdoa kepada Tuhan dan DIA menjauhkan bencana itu dari negerinya, Firaun melanggar janji-janjinya dan berulang kali mengeraskan hatinya. Akhirnya Firaun membiarkan bangsa Israel pergi, hanya sesudah setiap anak sulung di Mesir dibunuh, mulai daripada pewaris takhtanya sampai ke anak sulung hamba-hambanya, dan juga semua anak sulung ternakan di negeri itu.

Namun begitu segera sesudah bencana berakhir, Firaun sekali lagi mengubah fikirannya. Dia dan tenteranya mulai mengejar bangsa Israel, yang sedang berkhemah dekat Laut Merah. Bangsa Israel sangat ketakutan dan berseru-seru kepada Tuhan. Musa mengangkat tongkatnya dan menghulurkan tangannya ke Laut Merah. Kemudian, mukjizat terjadi. Oleh kuasa Tuhan, Laut Merah terbelah menjadi dua. Bangsa Israel melintasi Laut Merah di tanah yang kering dan orang-orang Mesir mengikuti mereka masuk ke Laut Merah.

Ketika sekali lagi Musa menghulurkan tangannya ke laut dari seberang Laut Merah, *"Air kembali dan menutupi semua kereta kuda dan pemandu kereta kuda, serta segenap tentera Mesir yang mengejar orang Israel ke tengah laut; tiada seorang pun tentera Mesir yang terselamat"* (Keluaran 14:28).

Dalam Alkitab, banyak raja bangsa-bangsa lain mempunyai sifat dasar yang baik, mereka percaya dan menyembah Tuhan.

Namun begitu, Firaun mempunyai hati yang keras, sekalipun dia telah sepuluh kali menyaksikan kuasa Tuhan. Akibatnya, Firaun mengalami malapetaka seperti kematian anak sulung yang akan mewarisi takhtanya, kehancuran pasukan tentera, dan kemiskinan di negaranya.

Pada zaman sekarang, orang-orang mendengar tentang Tuhan Yang Maha Kuasa dan secara langsung menyaksikan kuasa-Nya. Namun begitu, mereka mengeraskan hati seperti yang dilakukan oleh Firaun. Mereka tidak menerima Yesus sebagai Juruselamat peribadi. Tambahan lagi, mereka tidak mahu bertaubat daripada dosa-dosa mereka. Apakah yang akan terjadi kepada mereka kalau mereka terus menjalani hidup seperti itu? Pada akhirnya, mereka akan menerima tingkat hukuman yang sama seperti Firaun di Hades.

Apakah yang terjadi kepada Firaun di Hades?

Firaun dikurung di tempat pembentungan air

Firaun dikurung di dalam sebuah kolam pembentungan air yang berbau busuk. Tubuhnya diikat di sebuah kolam sehingga dia tidak dapat bergerak. Dia tidak sendirian, tetapi ada banyak jiwa lain yang dikurung di sana kerana tingkat dosa yang sama.

Kenyataan bahawa dia pernah menjadi raja tidak membuatnya mendapat layanan yang lebih baik di Hades. Memandangkan dia pernah berada di kedudukan yang berkuasa, sombong, dilayani oleh orang-orang lain, dan hidup dalam kelimpahan, utusan-utusan Neraka mengejek dan menyeksa Firaun dengan lebih kejam lagi.

Kolam tempat Firaun diletakkan tidak sahaja penuh dengan air kotor. Adakah anda pernah melihat tubuh-tubuh yang membusuk dan mengotori air atau saluran pembentungan? Bagaimana dengan pelabuhan tempat kapal-kapal berlabuh? Tempat-tempat semacam itu penuh dengan bahan bakar, sampah, dan bau busuk. Kelihatan seperti tidak mungkin ada kehidupan dalam lingkungan semacam itu. Sekiranya anda mencelupkan tangan ke dalam air itu, anda pasti akan khuatir kulit anda tercemar oleh semua elemen yang menjijikkan di dalam air itu.

Firaun mendapati dirinya di dalam penjara ini. Selain itu, kolam tersebut penuh dengan serangga yang merayap tidak terhitung banyaknya. Serangga-serangga ini menyerupai larva, tetapi saiznya jauh lebih besar.

Serangga-serangga menggigiti bahagian-bahagian tubuh yang lebih lunak

Serangga-serangga ini mendekati jiwa-jiwa yang dipenjarakan di dalam kolam itu dan mulai mengunggis bahagian-bahagian tubuh mereka yang lebih lunak. Serangga-serangga mengunyah mata, dan melalui rongga mata serangga-serangga itu memasuki tengkorak dan mulai mengunggis otak. Dapatkah anda membayangkan betapa sakitnya hal ini? Akhirnya serangga-serangga mengunggis segala-galanya dari kepala sampai hujung kaki. Dengan apakah kita dapat membandingkan penderitaan ini?

Bukankah kalau mata dimasuki debu sahaja sudah menyakitkan? Betapa jauh lebih menyakitkan ketika serangga-serangga mengunggis mata kita. Adakah anda fikir dapat menahan rasa sakit ketika serangga-serangga ini mengorek seluruh tubuh anda?

Sekarang, bayangkan sebatang jarum ditusukkan ke bawah kuku jari anda atau ke hujung-hujung jari anda. Serangga-serangga ini terus menguliti tubuh dan perlahan-lahan mengupas otot-otot sampai tulang-tulang kelihatan. Serangga-serangga ini tidak akan berhenti di belakang tangan anda. Serangga-serangga dengan cepat naik ke lengan dan bahu anda, dan turun ke dada, perut, kaki, dan punggung anda. Jiwa-jiwa yang dipenjarakan ini merasakan seksaan dan kesakitan akibatnya.

Serangga-serangga berulang-ulang menggigiti organ-organ dalaman

Sebahagian besar perempuan, ketika melihat larva, berasa takut apatah lagi menyentuhnya. Bayangkan sekarang banyak serangga merayap yang jauh lebih besar daripada larva menyengat jiwa-jiwa yang dihukum itu. Mula-mula, serangga-serangga itu menembus tubuh mereka dan naik melalui perut mereka. Kemudian, serangga-serangga itu mulai mengunyah daging dalam isi perut. Serangga-serangga itu menghisap cairan daripada otak mereka. Selama waktu itu, jiwa-jiwa yang dihukum tidak dapat melawan, tidak dapat bergerak, dan tidak dapat melarikan diri daripada serangga-serangga mengerikan ini.

Serangga-serangga itu terus mengunggis tubuh mereka sedikit demi sedikit, sementara jiwa-jiwa itu melihat bahagian-bahagian tubuh mereka dikunyah. Sekiranya kita mengalami seksaan seperti ini sepuluh minit sahaja, kita akan menjadi gila.

Salah seorang daripada jiwa-jiwa di tempat malang ini ialah Firaun, yang menentang Tuhan dan pelayan-Nya, Musa. Dia mengalami penderitaan yang tidak tertanggung dalam keadaan sedar sepenuhnya, dengan jelas menyaksikan dan merasakan bahagian-bahagian tubuhnya dikunyah dan dikikis.

Sesudah serangga-serangga itu menggigiti tubuh, adakah itu pengakhiran seksaan? Tidak. Tidak lama kemudian, bahagian-bahagian tubuh yang terkikis dan dikunyah itu utuh kembali, dan serangga-serangga menyerbu tubuh jiwa-jiwa itu lagi, mengunyah semua bahagiannya. Seksaan ini tidak pernah berhenti dan tidak pernah berakhir. Penderitaan itu tidak pernah berkurangan dan jiwa itu tidak pernah menjadi terbiasa – tidak akan menjadi kebal – terhadap seksaan itu.

Begitulah dunia roh bekerja. Di Syurga, sekiranya anak-anak Tuhan memakan buah dari satu pohon, buah di pohon itu akan utuh kembali. Begitu pula di Hades, seberapa sering atau seberapa banyak serangga mengunggis bahagian-bahagian tubuh anda, setiap bahagian tubuh anda akan segera utuh kembali sesudah dihancurkan.

Sekalipun orang yang menjalani kehidupan dengan jujur dan tulus

Antara orang-orang yang jujur, ada yang tidak mahu menerima Yesus dan Injil. Dari luar mereka tampaknya baik dan terhormat, tetapi mereka tidak baik dan terhormat sekiranya dilihat dari sudut pandangan kebenaran.

Galatia 2:16 mengingatkan kita bahawa *"orang berbaik*

semula dengan Tuhan kerana percaya kepada Yesus Kristus, dan bukan kerana mengikut Taurat. Kami pun percaya kepada Yesus Kristus, supaya kami berbaik semula dengan Tuhan melalui iman kami, bukan kerana kami mengikut Taurat."
Orang yang benar ialah orang yang dapat diselamatkan kerana nama Yesus Kristus. Sesudah itu barulah semua dosanya dapat diampuni melalui imannya kepada Yesus Kristus. Tambahan pula, jika dia percaya kepada Yesus Kristus, dia akan mentaati firman Tuhan.

Meskipun ada banyak bukti bahawa Tuhan menciptakan alam semesta dan menunjukkan mukjizat-mukjizatnya dan kuasa-Nya melalui pelayan-pelayan-Nya, sekiranya masih ada orang menyangkal Tuhan Yang Maha Kuasa, dia ialah orang jahat yang mempunyai hati nurani yang keras.

Dari sudut pandangannya sendiri, dia mungkin telah menjalani kehidupan yang jujur. Namun begitu, sekiranya dia tetap menolak Yesus sebagai Juruselamat peribadinya, dia pasti akan masuk ke Neraka. Oleh sebab mereka telah menjalani kehidupan yang baik dan jujur dibandingkan dengan orang-orang jahat yang melakukan dosa-dosa dan mengikuti keinginan-keinginan jahat, mereka akan menerima hukuman tingkat pertama atau kedua di Hades.

Antara orang yang meninggal dunia tanpa mendapat kesempatan untuk percaya kepada Injil, sekiranya mereka tidak lulus dalam pengadilan hati nurani, sebahagian besar antara mereka menerima hukuman tingkat pertama atau kedua. Jiwa yang menerima hukuman tingkat ketiga atau keempat di Hades, tentunya jauh lebih jahat daripada yang lain.

Hukuman Tingkat Ketiga

Hukuman tingkat ketiga dan keempat disediakan untuk mereka yang berbalik menentang Tuhan, yang hati nuraninya tercemar, menghina Roh Kudus, dan mengganggu pembangunan dan perluasan Kerajaan Tuhan. Tambahan pula, sesiapa pun yang menganggap gereja Tuhan "sesat" tanpa bukti yang sah juga menerima hukuman tingkat ketiga dan keempat.

Sebelum menyelidik hukuman tingkat ketiga di Hades, marilah kita meneliti secara singkat pelbagai bentuk seksaan yang dilakukan oleh manusia di dunia.

Seksaan kejam buatan manusia

Ketika hak asasi manusia belum diterapkan dalam kehidupan sehari-hari, tidak terhitung banyaknya jenis hukuman fizikal yang dirancang dan dijalankan, termasuk pelbagai bentuk seksaan dan hukuman mati.

Sebagai contoh, di Eropah pada Abad Pertengahan, para pengawal penjara membawa seseorang tahanan ke ruang bawah tanah untuk dipaksa mengaku. Di sepanjang jalan menuju ruang bawah tanah, tahanan itu terlihat noda-noda darah di lantai dan di ruangan itu, dia dapat melihat pelbagai peralatan yang digunakan dan disiapkan untuk menyeksa. Dia terdengar jeritan yang bergema di seluruh bangunan itu, yang membuatnya ketakutan.

Salah satu cara penyeksaan yang paling umum adalah dengan menaruh jari-jari tangan dan kaki tahanan atau sesiapa yang diseksa, ke dalam jeruji besi yang kecil. Jeruji itu diketatkan sampai jari-jari tangan dan kakinya remuk. Kemudian, kuku jari-jari tangan dan kakinya dicabut satu demi satu sementara jeruji besi itu diketatkan sedikit demi sedikit.

Sekiranya tahanan itu tidak mahu mengaku, dia akan digantung dengan kedua-dua lengannya dibengkok ke belakang dan tubuhnya dipilin ke segala arah. Dalam seksaan ini, ada penderitaan tambahan, iaitu tubuhnya diangkat ke udara dan dijatuhkan ke lantai dengan ketinggian yang berbeza-beza. Yang terburuk, sebuah besi berat diikatkan ke pergelangan kaki tahanan itu, sementara dia masih tergantung. Berat besi itu cukup untuk memisahkan otot-otot dan tulang-tulang di dalam tubuh tahanan itu. Sekiranya tahanan itu masih belum mahu mengaku, cara-cara penyeksaan yang lebih buruk dan lebih mengerikan akan digunakan.

Tahanan itu akan didudukkan di sebuah kerusi yang khusus dirancang untuk penyeksaan. Bahagian sandaran dan kaki-kaki kerusi itu dipasang penggerudi-penggerudi kecil. Setelah melihat benda yang mengerikan ini, tahanan akan berusaha melarikan diri, tetapi pengawal penjara yang jauh lebih besar dan lebih kuat pasti mengembalikannya ke kerusi. Dengan segera, tahanan itu merasakan penggerudi-penggerudi itu menghunjam tubuhnya.

Jenis penyeksaan lain adalah dengan menggantung suspek atau tahanan dengan kepala di bawah. Setelah satu jam, darah akan memenuhi kepalanya, pembuluh-pembuluh darah di dalam otaknya pecah, dan darah menyembur dari otaknya melalui mata, hidung, dan telinganya. Dia tidak dapat melihat, menghidu, atau mendengar lagi.

Pada ketika lain, seorang suspek akan dipaksa memakai sepatu besi yang membara dengan kaki telanjang. Kemudian, penyeksa itu akan mencungkil dagingnya yang terbakar atau memotong lidah tahanan atau membakar langit-langit di mulutnya dengan penyepit besi yang membara. Sekiranya tahanan dihukum mati, dia akan dilemparkan ke jeruji seperti roda, yang dirancang untuk menghancurkan tubuh menjadi berkeping-keping. Putaran yang cepat akan memutuskan anggota-anggota tubuh orang itu sementara dia masih hidup dan sedar. Kadang-kadang mereka dihukum mati dengan menuangkan cairan timah ke dalam lubang hidung dan lubang telinganya.

Oleh sebab mengetahui mereka tidak akan dapat menahan seksaan itu, banyak tahanan sering merasuah penyeksa dan pengawal penjara supaya mereka dihukum mati dengan cepat dan tanpa seksaan.

Ini ialah beberapa cara penyeksaan yang dirancang oleh manusia. Jenis penyeksaan yang dapat dibayangkan oleh manusia sahaja sudah cukup mengerikan. Oleh itu, anda dapat membayangkan seksaan yang dijalankan oleh utusan-utusan Neraka. Di bawah kepemimpinan Lucifer yang tegas, hukuman itu tentunya jauh lebih mengerikan daripada semua bentuk seksaan yang pernah dirancang manusia. Utusan-utusan Neraka tidak mempunyai belas kasihan dan hanya berasa senang mendengar jiwa-jiwa yang menangis dan menjerit-jerit ketakutan di Hades. Mereka selalu berusaha mendapatkan teknik-teknik penyeksaan yang lebih kejam dan lebih menyakitkan untuk menyeksa jiwa-jiwa ini.

Adakah anda cukup kuat untuk masuk ke Neraka? Adakah anda cukup kuat untuk melihat orang-orang yang anda kasihi, keluarga, dan teman-teman anda berada di Neraka? Semua orang Kristian harus sedar akan tugas mereka untuk menyebarkan dan mengkhabarkan Injil dan berusaha sedaya upaya mungkin untuk menyelamatkan sekalipun hanya satu jiwa agar tidak masuk ke Neraka.

Secara tepatnya, apakah hukuman tingkat ketiga itu?

i) Seksaan yang dijalankan oleh utusan-utusan Neraka

Satu jiwa di Hades diikat pada sebatang pohon, dan dagingnya dipotong kecil-kecil sedikit demi sedikit. Mungkin anda dapat membandingkannya dengan memotong daging untuk membuat sashimi. Satu utusan Neraka yang mengenakan topeng yang buruk dan mengerikan menyiapkan semua peralatan yang diperlukan untuk penyeksaan. Peralatan ini termasuk pelbagai alat dari belati kecil sampai kapak. Kemudian, utusan Neraka mengasah alat-alat itu dengan batu. Alat-alat itu tidak perlu ditajamkan kerana senjata tajam di Hades akan selalu tajam. Tujuan mengasah alat-alat itu adalah untuk membuatkan jiwa yang sedang menanti semakin takut diseksa.

Menghiris daging bermula dari hujung-hujung jari

Ketika jiwa mendengar alat-alat ini berlaga dan ketika utusan-utusan Neraka mendekatinya dengan senyum menyeringai, betapa takutnya dia!
"Pisau itu akan menghiris dagingku...
Kapak itu akan segera memotong anggota tubuhku...
Apa yang harus kulakukan?
Bagaimana dapat kutahan penderitaan itu?"

Ketakutan sahaja membuatkannya rasa tercekik. Jiwa itu masih teringat dirinya terikat erat pada satu batang pohon. Semakin dia berusaha melepaskan diri daripada pohon itu, semakin ketat tali itu mengikat tubuhnya. Utusan Neraka mendekatinya dan mulai menghiris dagingnya, bermula dari hujung jarinya. Sepotong daging yang berlumuran darah jatuh ke tanah. Kuku jari-jari tercabut dan tidak lama kemudian, jari-jari itu akan habis terpotong. Utusan Neraka menghiris dagingnya dari jari-jari, sampai ke pergelangan tangan, dan sampai ke bahu. Yang tinggal pada tangannya hanyalah tulang-tulangnya. Kemudian, utusan Neraka beralih ke betis dan paha.

Sampai organ-organ dalaman kelihatan

Utusan Neraka mulai menghiris bahagian perut jiwa. Ketika organ-organ dalaman perutnya tampak, dia menarik organ-organ itu dan melemparkannya. Dia mengambil dan merobek organ-organ lainnya dengan peralatan tajam itu.

Sampai pada tahap ini, jiwa dalam keadaan sedar dan melihat seluruh proses itu: dagingnya yang dipotong dan isi perutnya yang dilemparkan keluar. Bayangkan sekiranya seseorang mengikat anda, memotong bahagian-bahagian tubuh anda mulai dari belakang tangan, sedikit demi sedikit, masing-masing sebesar ukuran kuku. Ketika pisau itu menyentuh anda, darah segera mengalir dan penderitaan segera bermula, dan tidak ada kata yang dapat mengungkapkan ketakutan anda. Di Hades, ketika anda menerima hukuman tingkat ketiga ini, bukan hanya sebahagian dari tubuh anda, melainkan seluruh kulit tubuh anda dari kepala sampai ke hujung kaki, dan semua isi perut anda dikeluarkan satu demi satu.

Sekali lagi gambarannya seperti *sashimi*, sejenis makanan Jepun yang terdiri daripada ikan mentah. Tukang masak hanya memisahkan tulang-tulang dan kulitnya. Dia menghiris dagingnya setipis mungkin. Makanan itu disajikan dalam bentuk ikan yang masih hidup. Ikan itu tampaknya masih hidup dan anda dapat melihat insangnya bergerak-gerak. Tukang masak restoran tidak mempunyai belas kasihan terhadap ikan itu kerana sekiranya dia berbelas kasihan dia tidak dapat melakukan pekerjaannya.

Oleh itu, tetaplah membawa ibu bapa, suami atau isteri, keluarga, dan teman-teman anda dalam doa. Sekiranya mereka tidak diselamatkan dan masuk Neraka, mereka akan menderita penyeksaan dikuliti dan tulang-tulang mereka dikikis oleh utusan-utusan Neraka yang tidak berbelas kasihan. Sebagai orang Kristian, sudah menjadi tugas kita untuk mengkhabarkan Berita Baik kerana pada Hari Pengadilan, Tuhan akan meminta pertanggungjawaban kita atas orang-orang yang tidak kita bawa ke Syurga.

Menusuk biji mata jiwa itu

Kali ini utusan Neraka mengambil sebuah gerudi dan bukan pisau. Jiwa itu sudah tahu perkara yang akan terjadi kepada dirinya kerana bukan pertama kalinya dia mengalami perkara ini; dia telah diseksa dengan cara ini ratusan dan ribuan kali sejak dia dibawa ke Hades. Utusan Neraka mendekati jiwa dan menusuk matanya dalam-dalam dengan sebuah gerudi dan meninggalkan gerudi di dalam rongga matanya untuk sementara. Betapa takutnya jiwa itu ketika dia melihat gerudi semakin mendekatinya. Rasa sakit kerana tusukan gerudi pada mata tidak dapat diungkapkan dengan kata-kata.

Adakah itu pengakhiran daripada penyeksaan? Tidak. Wajah jiwa itu masih ada. Utusan Neraka sekarang menghiris pipinya, hidungnya, dahinya, dan seluruh wajahnya. Dia tidak lupa menguliti telinga, bibir dan lehernya. Lehernya, ketika dipotong sedikit demi sedikit menjadi semakin tipis sampai ke tulangnya. Hal ini mengakhiri satu bahagian daripada seksaan, tetapi hanya menandakan permulaan satu seksaan yang baharu.

Jiwa malahan tidak dapat menjerit atau menangis

Tidak lama kemudian, bahagian-bahagian tubuh yang sudah dipotong itu utuh kembali, seolah-olah tidak pernah terjadi apa-apa. Sementara tubuh pulih kembali, ada satu saat yang singkat rasa sakit dan penderitaan berhenti. Namun begitu, jeda ini hanya mengingatkan jiwa akan seksaan yang lebih banyak lagi yang sudah menantinya, dan dia segera mulai gementar dalam ketakutan yang tidak terkawal. Sementara dia sedang menantikan seksaan, bunyi asahan itu terdengar kembali. Dari waktu ke waktu, utusan Neraka sangat mengerikan yang memandang jiwa dengan menyeringai seram. Utusan Neraka sudah siap dengan satu seksaan yang baharu. Seksaan yang berat dimulai lagi. Adakah anda sanggup menanggung hal ini? Tidak ada bahagian daripada tubuh anda yang menjadi kebal terhadap alat-alat penyeksa atau penderitaan yang terus-menerus.

Seorang suspek atau satu tahanan yang akan diseksa tahu bahawa perkara yang menantinya hanya akan berlangsung untuk waktu yang singkat, tetapi dia masih gementar kerana ketakutan yang luar biasa. Bayangkan sekiranya utusan Neraka dengan topeng babi yang buruk mendekati anda dengan membawa pelbagai peralatan di tangannya, melaga-lagakan alat-alat itu satu sama lain. Seksaan akan berulang tanpa akhir: daging yang dihiris-hiris, organ-organ dalaman yang direnggut keluar, mata yang ditusuk, dan banyak hal lain lagi yang akan terus berlangsung.

Oleh itu, seseorang jiwa di Hades tidak dapat menjerit atau memohon kehidupan, belas kasihan, kekejaman yang dikurangkan, atau apa-apa pun yang lain daripada utusan Neraka. Jeritan yang melengking dari jiwa-jiwa yang lain, tangisan memohon belas kasihan, dan bunyi alat-alat penyeksa berlaga mengelilingi jiwa. Sejurus sesudah jiwa melihat satu utusan Neraka mendatanginya, dia menjadi pucat tanpa dapat mengeluarkan suara. Tambahan pula, dia sudah tahu bahawa dia tidak dapat membebaskan dirinya daripada penderitaan itu sampai tiba waktunya dilempar ke lautan api sesudah Pengadilan Takhta Putih Besar pada akhir zaman (Wahyu 20:11). Seringai utusan Neraka hanya menambahkan penderitaan yang sudah ada.

ii) Meniup tubuh seperti belon

Sesiapa pun yang masih mempunyai hati nurani akan berasa bersalah sekiranya menyakiti hati orang lain. Begitu juga, betapa pun seseorang membenci orang lain pada masa lalu, sekiranya dia melihat orang itu menderita, akan muncul perasaan belas kasihan sementara kebencian itu mereda, setidak-tidaknya untuk seketika.

Namun begitu, sekiranya hati nurani seseorang telah hangus oleh besi panas, dia tidak peduli terhadap penderitaan orang lain, dan untuk mencapai tujuannya sendiri dia mungkin bersedia melakukan perbuatan-perbuatan yang lebih kejam lagi.

Orang-orang diperlakukan seperti sampah

Selama Perang Dunia Kedua, di Jerman, di bawah pemerintahan Nazi, Jepun, Itali, dan negara-negara lain yang diktator, tidak terhitung jumlahnya manusia hidup yang diguna sebagai objek bagi eksperimen-eksperimen yang dahsyat dan rahsia. Mereka menggantikan tikus, kelinci, dan binatang-binatang lain yang lazim diguna.

Sebagai contoh, untuk mengetahui reaksi orang yang sihat, tempoh dia akan bertahan terhadap pelbagai agen penyakit, gejala-gejala bagi pelbagai penyakit, maka sel-sel kanser dan virus-virus lain dipindahkan. Untuk mendapatkan maklumat yang paling tepat, mereka sering membelah perut atau tengkorak orang yang masih hidup. Untuk menentukan reaksi orang biasa terhadap suhu dingin atau panas yang tinggi, mereka secara tepat mengurangi suhu ruangan atau dengan cepat menaikkan suhu bekas air tempat manusia eksperimen itu dipenjarakan.

Sesudah manusia eksperimen itu memenuhi tujuan mereka, orang-orang ini sering dibiarkan mati dalam penderitaan. Mereka tidak peduli akan nilai atau penderitaan orang-orang ini.

Betapa kejamnya ketika tawanan perang atau orang-orang lain yang tidak berkuasa yang dijadikan bahan eksperimen ini melihat bahagian-bahagian tubuh mereka dipotong-potong, tanpa rela tubuh mereka dimasuki pelbagai sel dan agen penyakit yang berbahaya, dan secara harfiah melihat diri mereka mati?

Bagaimanapun, jiwa-jiwa di Hades menghadapi cara-cara hukuman yang lebih kejam daripada mana-mana pun eksperimen yang diterapkan pada tubuh manusia yang hidup. Sebagai manusia yang telah diciptakan segambar dan serupa dengan Tuhan, tetapi juga kehilangan kemuliaan dan nilai, jiwa-jiwa di Hades diperlakukan seperti sampah.

Seperti kita tidak berbelas kasihan pada sampah, para utusan Neraka juga tidak berbelas kasihan pada jiwa-jiwa. Para utusan Neraka tidak berasa bersalah atau kasihan akan mereka, dan tidak pernah ada hukuman yang cukup.

Tulang-tulang yang remuk dan kulit yang pecah

Oleh hal yang demikian, utusan-utusan Neraka melihat jiwa-jiwa hanya sebagai mainan. Mereka akan menggelembungkan tubuh jiwa-jiwa dan menendangnya ke sana ke mari.

Sulit untuk membayangkan pemandangan ini: Bagaimana tubuh manusia yang panjang dan rata dapat menggelembung seperti bola? Apa yang akan terjadi kepada organ-organ di dalamnya? Ketika organ-organ dalaman dan paru-paru itu digelembung, tulang-tulang rusuk dan tulang punggung yang melindungi organ-organ ini akan remuk satu demi satu, bahagian demi bahagian. Puncak daripada semua ini adalah rasa sakit yang tidak tertahankan dan terus-menerus kerana kulit yang pecah.

Utusan-utusan Neraka mempermainkan tubuh jiwa-jiwa yang menggelembung yang tidak diselamatkan di Hades, dan ketika sudah bosan, mereka menusuk perut jiwa-jiwa itu dengan tombak tajam. Seperti belon yang sebelumnya menggelembung, ketika ditusuk, belon itu menjadi robek sehingga darah dan kepingan-kepingan kulit mereka berhamburan ke semua arah.

Namun begitu, dalam waktu yang singkat, tubuh jiwa-jiwa ini utuh kembali dan ditempatkan lagi ke tempat awal hukuman itu. Bukankah hal ini sangat kejam? Ketika mereka masih hidup di dunia, jiwa-jiwa ini dikasihi oleh orang-orang lain, menikmati status sosial yang baik, atau setidak-tidaknya dapat menuntut hak-hak asasi manusia.

Sesudah berada di Hades, mereka tidak mempunyai hak untuk menuntut dan diperlakukan seperti batu kerikil di tanah; kewujudan mereka tidak ada harganya.

Pengkhutbah 12:13-14 mengingatkan kita:

Inilah kesimpulan daripada semuanya: Hormatilah

Tuhan, dan taatilah segala perintah-Nya, kerana bagi maksud itulah manusia diciptakan. Tuhan akan mengadili semua perbuatan kita, yang baik, yang jahat, mahupun yang tersembunyi.

Menurut penghakiman-Nya, jiwa-jiwa ini telah direndahkan dan menjadi mainan para utusan Neraka. Oleh itu, kita harus berwaspada kalau-kalau kita gagal menjalankan "kewajiban setiap orang", iaitu takut akan Tuhan dan berpegang pada perintah-perintah-Nya sehingga kita tidak lagi menjadi jiwa yang berharga yang segambar dengan Tuhan sebaliknya kita menjadi sasaran hukuman paling kejam di Hades.

Hukuman Terhadap Pontius Pilatus

Pada waktu kematian Yesus, Pontius Pilatus ialah gabenor Roma di wilayah Yudea, yang sekarang ini dikenali sebagai Palestin. Sejak menjejakkan kakinya di Hades, dia telah menerima hukuman tingkat ketiga, yang termasuk hukuman cambuk. Untuk alasan khusus apakah Pontius Pilatus diseksa?

Meskipun mengetahui bahawa Yesus adalah benar

Oleh sebab Pilatus ialah gabenor Yudea, keizinannya diperlukan untuk menyalibkan Yesus. Sebagai penguasa muda kerajaan Roma, Pilatus bertanggungjawab mengawasi seluruh wilayah Yudea, dan dia mempunyai banyak mata-mata di pelbagai tempat di seluruh wilayah itu yang bekerja untuknya. Oleh hal yang demikian, Pilatus tahu benar mukjizat-mukjizat yang tidak terhitung banyaknya yang dilakukan Yesus, pesan-Nya tentang kasih, penyembuhan orang sakit yang dilakukan-Nya, khutbah-Nya tentang Tuhan, dan perkara-perkara lain seumpamanya, ketika Yesus menyampaikan Injil ke seluruh wilayah tempat DIA dan Pilatus tinggal. Tambahan pula, daripada laporan mata-mata yang telah diterimanya, Pilatus dapat menyimpulkan bahawa Yesus ialah orang baik yang tidak bersalah.

Selain itu, Pilatus berusaha mencari cara untuk membebaskan Yesus kerana dia sedar bahawa orang-orang Yahudi sangat ingin membunuh Yesus. Namun begitu, Pilatus juga yakin akan berlaku huru-hara yang besar di wilayahnya sekiranya dia tidak mempedulikan orang-orang Yahudi. Akhirnya Pilatus menyerahkan Yesus untuk disalibkan atas permintaan orang-orang Yahudi. Sekiranya huru-hara berlaku di wilayah kekuasaannya, tanggungjawab yang berat itu akan mengancam nyawa Pilatus.

Pada akhirnya, hati nurani Pilatus yang pengecut menentukan nasibnya sesudah kematian. Cara para tentera Roma mencambuk Yesus atas perintah Pilatus sebelum DIA disalibkan juga dialami oleh Pilatus dalam hukumannya di Hades: cambukan para utusan Neraka yang tidak pernah berakhir.

Pilatus dicambuk setiap kali namanya disebut

Beginilah cara Yesus dicambuk. Cambuk itu terbuat daripada potongan-potongan logam atau tulang yang diikatkan pada hujung tali kulit yang panjang. Setiap kali cambukan, tali itu akan melilit tubuh Yesus, tulang-tulang dan potongan-potongan logam pada hujungnya akan mencabik daging-Nya. Sekali tarik, daging tercabut daripada tubuh tersebut, dan meninggalkan luka yang dalam dan besar.

Seperti itu juga, setiap kali orang-orang menyebut namanya di dunia ini, di Hades, utusan-utusan Neraka mencambuk Pilatus. Ketika ibadah berlangsung, banyak orang Kristian mengucapkan Pengakuan Imam Rasul. Setiap kali bahagian "menderita di bawah pemerintahan Pontius Pilatus" disebutkan, dia dicambuk. Ketika ratusan dan ribuan orang menyebutkan namanya bersama-sama pada saat yang sama, jumlah cambukan dan kuatnya ayunan cambuk itu meningkat secara dramatis. Kadang-kadang, utusan-utusan Neraka yang lain berkumpul mengelilingi Pilatus untuk saling membantu mencambuknya.

Walaupun tubuh Pilatus telah terkoyak-koyak dan berlumuran darah, utusan-utusan Neraka terus mencambuk seolah-olah sedang saling bersaing. Cambukan itu mencabik-cabik daging Pilatus sampai tulang-tulangnya kelihatan.

Lidahnya dipotong untuk selama-lamanya

Ketika diseksa, Pilatus terus-menerus berteriak, "Tolonglah, jangan menyebut namaku! Setiap kali namaku disebut, aku menderita." Namun begitu, tidak ada suara yang keluar daripada mulutnya. Lidahnya telah dipotong kerana dengan lidah itu dia menghukum Yesus untuk disalibkan. Ketika anda sedang kesakitan, menjerit dan berteriak meminta tolong dapat meringankan sedikit rasa sakit. Bagi Pilatus, pilihan itu tidak tersedia.

Ada sesuatu yang berbeza tentang Pilatus. Bagi jiwa-jiwa lain di Hades, ketika pelbagai bahagian tubuh tercabik, terpotong, atau terbakar, bahagian-bahagian tubuh itu tumbuh utuh kembali dengan sendirinya. Namun begitu, lidah Pilatus telah dicabut untuk selama-lamanya sebagai lambang kutukan. Sekalipun dia terus-menerus memohon supaya orang-orang tidak menyebut namanya, namanya akan terus disebut sampai Hari Pengadilan. Semakin sering namanya disebut, semakin berat penderitaan yang dialaminya.

Pilatus melakukan dosa dengan sengaja

Ketika Pilatus menyerahkan Yesus untuk disalibkan, "dia mengambil air lalu membasuh tangan di hadapan orang ramai. Dia berkata, *"Aku tidak bertanggungjawab terhadap kematian orang ini! Kamulah yang bertanggungjawab!"* (Matius 27:24). Reaksi orang-orang Yahudi yang lebih bersemangat daripada sebelumnya untuk membunuh Yesus, menjawab Pilatus, *"Kami dan keturunan kami bertanggungjawab terhadap kematiannya!"* (Matius 27:25).

Apakah yang terjadi kepada orang-orang Yahudi setelah Yesus disalibkan? Mereka dibunuh secara besar-besaran ketika kota Yerusalem dikuasai dan dihancurkan oleh Jeneral Roma, Titus, pada tahun 70. Sejak saat itu, mereka terserak ke seluruh dunia dan ditindas di negeri-negeri yang bukan tanah air mereka. Semasa Perang Dunia Kedua, mereka dipaksa tinggal di kem-kem tahanan di Eropah, di tempat lebih enam juta orang Yahudi dihukum mati di kamar gas atau dibunuh secara besar-besaran dan sangat sadis. Selama lima dekad pertama daripada statusnya sebagai negara merdeka sesudah hari kemerdekaannya pada tahun 1948, negara Israel selalu menghadapi ancaman, kebencian, dan serangan bersenjata daripada negara-negara tetangganya di Timur Tengah.

Walaupun orang-orang Yahudi telah menerima balasan untuk tuntutan mereka, *"Kami dan keturunan kami bertanggungjawab terhadap kematiannya!"*, hal ini tidak bererti hukuman untuk Pilatus dikurangkan. Pilatus telah melakukan satu dosa dengan sengaja. Dia mempunyai banyak kesempatan untuk tidak melakukan dosa itu, tetapi dia melakukannya juga. Isterinya, setelah diperingatkan dalam mimpi, mendesak Pilatus untuk tidak membiarkan Yesus dibunuh. Dengan mengabaikan hati nuraninya dan nasihat isterinya, Pilatus menyerahkan Yesus untuk disalibkan. Akibatnya, dia terpaksa menerima hukuman tingkat ketiga di Hades.

Pada hari ini, orang melakukan kejahatan sekalipun mereka tahu perbuatan-perbuatan itu jahat. Mereka mengungkapkan rahsia segelintir orang untuk keuntungan mereka sendiri. Di Hades, hukuman tingkat ketiga ini dijatuhkan kepada orang-orang yang berkomplot melawan orang lain, memberi kesaksian palsu, memfitnah, mengumpat, menghina, membentuk kelompok atau geng untuk membunuh atau menyeksa, bertindak pengecut, mengkhianati orang lain pada masa-masa bahaya atau penderitaan, dan sebagainya.

Tuhan akan meminta pertanggungjawaban atas setiap perbuatan

Sama seperti Pilatus meletakkan darah Yesus ke tangan orang-orang Yahudi dengan membasuh tangannya, segelintir orang meletakkan kesalahan atas situasi tertentu kepada orang-orang lain. Namun begitu, tanggungjawab atas dosa orang-orang itu tertimpa ke atas diri mereka sendiri. Setiap orang mempunyai kehendak bebas, dan dia tidak hanya mempunyai hak untuk mengambil keputusan, tetapi juga harus bertanggungjawab atas keputusan yang diambilnya. Kehendak bebas memberi kita pilihan untuk percaya kepada Yesus sebagai Juruselamat peribadi atau tidak, adakah kita akan menguduskan Hari Tuhan atau tidak, adakah kita akan memberikan persepuluhan kepada Tuhan atau tidak, dan sebagainya. Namun begitu, hasil daripada pilihan kita menentukan sama ada kita akan memperoleh kebahagiaan kekal di Syurga atau hukuman kekal di Neraka.

Selain itu, anda sendirilah yang menanggung akibat atas setiap keputusan yang anda buat. Jadi, anda tidak dapat meletakkan kesalahan kepada sesiapa pun. Oleh itu, anda tidak dapat mengatakan hal-hal seperti "saya meninggalkan Tuhan kerana tekanan daripada ibu bapa saya", atau "saya tidak dapat menguduskan Hari Tuhan atau memberikan persepuluhan kepada Tuhan kerana pasangan saya". Kalau seseorang mempunyai iman, dia tentunya takut akan Tuhan dan melakukan perintah-perintah-Nya.

Pilatus, yang lidahnya telah dipotong kerana kata-katanya yang pengecut, berasa penyesalan yang sangat mendalam ketika dia terus-menerus dicambuk di Hades. Sesudah kematian, tidak ada kesempatan kedua baginya.

Namun begitu, orang yang hidup masih mempunyai kesempatan. Anda seharusnya takut akan Tuhan dan melakukan perintah-perintah-Nya. Yesaya 55:7-8 mengatakan, *"Biarlah orang jahat meninggalkan cara hidup mereka, dan mengubah jalan fikiran mereka. Biarlah mereka kembali kepada Tuhan kita kerana DIA berbelas kasihan dan sentiasa sedia mengampuni. Tuhan berfirman, 'Fikiran-Ku bukan seperti fikiran kamu, dan jalan-Ku bukan seperti jalan kamu'."* Kerana Tuhan itu kasih, DIA mengizinkan kita mengetahui perkara yang sedang terjadi di Neraka sementara kita masih hidup. DIA melakukannya untuk membangunkan banyak orang dari "tidur" rohaninya, dan menguatkan serta mendorong kita untuk mengkhabarkan Berita Baik kepada lebih banyak orang supaya mereka dapat hidup dalam belas kasihan-Nya.

Di samping selalu berusaha mencari dan menemui Tuhan, anda juga harus selalu memberi kesempatan kepada orang lain untuk mengetahui Injil dari Syurga, berusaha menghindari segala kejahatan, dan menyiapkan diri anda sebagai pengantin yang indah dan kudus bagi Tuhan kita, Yesus Kristus.

Hukuman Terhadap Saul, Raja Pertama Israel

Yeremia 29:11 mengatakan *"Aku sendiri tahu akan rancangan-Ku untuk kamu. Rancangan itu bukan untuk mencelakakan kamu, tetapi untuk memberikan masa depan yang kamu harap-harapkan."* Firman itu diberikan kepada orang-orang Yahudi ketika mereka dibuang ke Babel. Inilah nubuat pengampunan dan belas kasihan Tuhan yang akan diberikan kepada umat-Nya, ketika mereka berada dalam pembuangan kerana dosa-dosa mereka terhadap Tuhan.

Untuk sebab yang sama, Tuhan sedang menyatakan pesan tentang Neraka. DIA melakukannya bukan untuk mengutuk orang-orang yang belum percaya dan orang-orang yang berdosa, melainkan untuk menebus semua orang yang membawa beban berat sebagai hamba Iblis dan setan-setan, dan mencegah manusia yang diciptakan menurut gambaran-Nya masuk ke tempat yang buruk itu.

Oleh hal yang demikian, daripada takut akan keadaan Neraka yang menyedihkan itu, hal yang harus kita lakukan sekarang adalah memahami kasih Tuhan yang tidak terbatas. Seandainya anda ialah orang yang belum percaya, terimalah Yesus Kristus sebagai Juruselamat peribadi anda sekarang. Kalau anda belum hidup sesuai dengan firman Tuhan, belum mengakui iman anda kepada-Nya, berpalinglah dan lakukan perkara yang dikatakan-Nya kepada anda.

Selanjutnya, berkenaan orang-orang yang belum diselamatkan, berdoalah dengan tulus untuk keselamatan mereka dengan kasih dan kesabaran yang lebih besar, dan anda akan mendapati kehidupan anda penuh dengan damai sejahtera dan masa hadapan anda penuh harapan.

Saul tetap tidak taat kepada Tuhan

Ketika Saul diangkat menjadi raja, dia sangat rendah hati. Namun begitu, dengan cepat dia menjadi terlalu sombong untuk mentaati Firman Tuhan. Dia jatuh ke jalan-jalan yang jahat dan akhirnya Tuhan memalingkan wajahnya daripadanya. Ketika anda berdosa terhadap Tuhan, anda harus mengubah pola pemikiran dan segera bertaubat. Anda tidak boleh mencari-cari alasan atau menyembunyikan dosa anda. Dengan cara demikian, barulah Tuhan akan menerima doa pertaubatan anda dan membuka jalan pengampunan.

Ketika Saul mengetahui bahawa Tuhan telah mengurapi Daud untuk menggantikannya, raja itu menganggap penggantinya sebagai pembalasan atas perbuatannya. Oleh itu, dia berusaha membunuhnya dalam sepanjang hidupnya. Saul bahkan membunuh imam-imam Tuhan kerana mereka telah menolong Daud (1 Samuel 22:18). Perbuatan semacam itu sama dengan menentang Tuhan secara langsung.

Dengan cara ini, Saul tetap tidak taat dan menimbun perbuatan jahatnya, tetapi Tuhan tidak segera menghancurkannya. Sekalipun Saul lama mengejar Daud dan bertekad membunuhnya, Tuhan tetap membiarkan Saul hidup.

Hal ini atas dua tujuan. Pertama, Tuhan bermaksud untuk mendidik Daud dan mempersiapkannya menjadi seorang raja.

Kedua, Tuhan memberi Saul cukup waktu dan kesempatan untuk bertaubat daripada kesalahan-kesalahannya. Sekiranya Tuhan segera membunuh kita ketika kita melakukan dosa yang cukup berat untuk mendapat hukuman mati, tidak seorang pun daripada kita akan selamat. Tuhan akan mengampuni, menunggu, dan terus menunggu, tetapi kalau orang itu tidak kembali kepada-Nya, Tuhan akan menggunakan cara lain. Namun begitu, Saul tidak dapat memahami hati Tuhan dan terus mengikuti keinginan dagingnya. Pada akhirnya, dia terluka parah oleh para pemanah dan kemudian membunuh dirinya dengan pedangnya sendiri (1 Samuel 31:3-4).

Tubuh Saul tergantung di udara

Apakah hukuman untuk Saul yang sombong? Sebuah tombak tajam ditusukkan ke perutnya dan dia diangkat dengan tombak itu sehingga tubuhnya tergantung di udara. Mata tombak itu penuh dengan benda-benda seperti gerudi-gerudi tajam dan mata-mata pedang.

Dihukum gantung sahaja sudah sangat menyakitkan, apatah lagi tergantung di udara dengan sebilah tombak tertancap di perut anda, dan berat tubuh anda hanya akan menambah kesakitan. Tombak itu mengoyak perut dengan gerudi-gerudi dan mata-mata pedang yang tajam. Ketika kulit robek, otot-otot, tulang-tulang, dan isi perut kelihatan.

Kadang-kadang utusan Neraka mendekati Saul dan memutar tombak itu sehingga semua bahagian tajamnya dan gerudi-gerudi yang terdapat pada tombak itu juga merobek perutnya. Putaran tombak itu merobek paru-paru, jantung, perut, dan ususnya. Tidak lama sesudah Saul menanggung seksaan yang mengerikan ini dan isi perutnya hancur, semua organ dalamannya utuh kembali. Sesudah semua itu utuh kembali, utusan Neraka mendekati Saul dan mengulang prosedur yang sama. Sementara dia menderita, Saul akan mengingat semua waktu dan kesempatan untuk bertaubat yang diabaikannya selama dia hidup.

Mengapakah aku tidak mentaati Tuhan?
Mengapakah aku melawan DIA?
Seharusnya aku mempedulikan teguran Nabi Samuel!
Seharusnya aku bertaubat
ketika anakku Yonatan memohon kepadaku dengan berlinang air mata!
Seandainya aku tidak sejahat itu kepada Daud,
hukumanku mungkin lebih ringan....

Sesudah masuk Neraka, tidak ada gunanya lagi Saul menyesali diri atau bertaubat. Rasa yang tidak tertahankan tergantung di udara dengan sebilah tombak menikam perutnya tetapi ketika utusan Neraka mendekati Saul untuk melakukan seksaan berikutnya, dia sangat ketakutan. Penderitaan yang dirasakan sebelumnya masih terasa dan terbayang jelas, dan rasanya dia tidak tahan membayangkan hal-hal yang akan datang.

Mungkin Saul memohon, "Tolong tinggalkan saya sendiri!" atau "Tolonglah, hentikan seksaan ini!" tetapi tidak ada gunanya. Semakin Saul ketakutan, utusan Neraka itu semakin seronok. Utusan Neraka akan memutar dan terus memutar tombak itu, dan penderitaan akibat tubuhnya yang terkoyak-koyak berulang-ulang untuk selama-lamanya bagi diri Saul.

Kesombongan adalah awal kehancuran

Perkara berikut ini lazim terjadi di gereja-gereja pada zaman sekarang. Pada awalnya seorang yang baru percaya akan menerima dan dipenuhi Roh Kudus. Dia akan sangat bersemangat untuk melayani Tuhan dan pelayan-pelayan-Nya untuk sementara waktu. Namun begitu, orang percaya itu akan mulai tidak mentaati kehendak Tuhan, gereja-Nya, dan pelayan-pelayan-Nya. Sekiranya hal ini dibiarkan, dia akan mulai menghakimi dan menyalahkan orang-orang lain dengan firman Tuhan yang telah didengarnya. Dia juga akan menjadi sangat sombong dalam perbuatannya.

Kasihnya yang mula-mula kepada Tuhan perlahan-lahan berkurangan, dan harapannya – yang dahulu tertuju ke Syurga – sekarang pada hal-hal dari dunia ini – hal-hal yang dahulu ditinggalkannya. Sekalipun di gereja, dia sekarang ingin dilayani oleh orang lain, menjadi tamak akan wang dan kekuasaan, dan menuruti keinginan daging.

Ketika masih miskin, dia mungkin berdoa, "Tuhan, berilah saya berkat material!" Apakah yang terjadi sesudah dia menerima berkat? Dia tidak menggunakan berkat itu untuk menolong orang-orang miskin, utusan-utusan Injil, dan pekerjaan Tuhan, sebaliknya dia mensia-siakannya untuk mengejar kesenangan-kesenangan duniawi.

Atas hal ini, Roh Kudus dalam diri orang percaya itu meratap; rohnya menghadapi banyak pencubaan dan kesulitan; dan hukuman mungkin sudah tampak di hadapan mata. Sekiranya dia terus berbuat dosa, hati nuraninya akan menjadi kebal. Dia tidak dapat lagi membezakan kehendak Tuhan daripada ketamakan hatinya, dan sering kali mengejar perkara yang kedua.

Kadang-kadang, dia iri hati akan pelayan-pelayan Tuhan yang sangat dihormati dan dikasihi oleh anggota-anggota gereja mereka. Dia mungkin menfitnah dan mengganggu pelayanan mereka. Demi keuntungannya sendiri, dia membentuk kelompok di dalam gereja, dan dengan cara itu dia menghancurkan gereja tempat Kristus tinggal.

Orang semacam ini akan terus menentang Tuhan dan menjadi alat Iblis dan setan-setan, dan akhirnya mengalami nasib yang sama seperti Saul.

Tuhan menentang orang yang sombong, tetapi merahmati orang yang rendah hati

Surat 1 Petrus 5:5 mengatakan bahawa *"Tuhan menentang orang yang sombong, tetapi Dia merahmati orang yang rendah hati."* Orang yang sombong menghakimi pesan yang disampaikan ketika mereka mendengarnya. Mereka menerima perkara yang seturut dengan fikiran-fikiran mereka, tetapi menolak perkara yang tidak selaras. Sebahagian besar fikiran manusia tidak sama dengan fikiran Tuhan. Anda tidak dapat mengatakan bahawa anda percaya dan mengasihi Tuhan sekiranya anda hanya menerima hal-hal yang berpadanan dengan fikiran-fikiran anda.

Surat 1 Yohanes 2:15 mengatakan kepada kita *"Janganlah kasihi dunia ini, atau segala sesuatu di dunia ini. Jika kamu mengasihi dunia ini, kamu tidak mengasihi Tuhan Bapa."* Demikian juga, sekiranya kasih kepada Bapa tidak ada dalam orang itu, dia tidak mempunyai persekutuan dengan Tuhan.

Itulah sebabnya sekiranya anda mengatakan bahawa anda mempunyai persekutuan dengan DIA namun masih berjalan dalam kegelapan, anda berdusta dan tidak hidup dalam kebenaran (1 Yohanes 1:6).

Anda harus selalu berhati-hati dan terus menguji diri untuk melihat sama ada anda telah menjadi sombong, sama ada anda ingin dilayani dan bukannya melayani orang-orang lain, dan sama ada kasih kepada dunia ini telah masuk ke dalam hati anda.

Dengan hati yang takut dan gentar, kita masing-masing harus mentaati firman Tuhan, tinggal di dalam Tuhan yang adalah terang, dan menjalani kehidupan yang selalu memuliakan dan menyenangkan DIA sehingga kita dapat mencapai keselamatan yang sempurna.

Hukuman Tingkat Keempat Terhadap Yudas Iskariot

Kita telah melihat bahawa hukuman tingkat pertama, kedua, dan ketiga di Hades sangat mengerikan dan kejam melampaui yang dapat kita bayangkan. Kita juga telah meneliti banyak sebab jiwa-jiwa ini menerima hukuman sekejam itu.

Mulai saat ini, kita akan menyelidik hukuman-hukuman yang paling mengerikan di Hades. Apakah contoh-contoh hukuman tingkat keempat dan kejahatan apakah yang telah dilakukan jiwa-jiwa ini sehingga harus menerima hukuman-hukuman tersebut?

Melakukan dosa yang tidak dapat diampuni

Alkitab mengatakan kepada kita bahawa beberapa dosa anda dapat diampuni melalui pertaubatan, tetapi ada jenis-jenis dosa yang tidak dapat diampuni, jenis-jenis dosa yang membawa anda kepada kematian (Matius 12:31-32; Ibrani 6:4-6; 1 Yohanes 5:16). Orang-orang yang menghina Roh Kudus, yang dengan sengaja melakukan dosa padahal sudah mengetahui kebenaran, dan hal-hal yang tergolong dalam dosa-dosa ini akan masuk ke bahagian Hades yang paling dalam.

Sebagai contoh, kita sering melihat orang-orang yang telah disembuhkan atau masalah mereka telah diselesaikan oleh anugerah Tuhan. Pada mulanya mereka bersemangat untuk bekerja bagi Tuhan dan gereja-Nya. Namun begitu, kemudian kita melihat mereka tergoda oleh dunia, dan akhirnya berpaling daripada Tuhan.

Mereka kembali menurut kesenangan-kesenangan dunia, hanya kali ini, mereka lebih banyak melakukannya daripada sebelumnya. Mereka merendahkan gereja-gereja dan menghina orang-orang Kristian yang lain dan pelayan-pelayan Tuhan. Orang yang di hadapan umum mengakui iman mereka kepada

Tuhan sering kali menjadi yang pertama untuk menghakimi dan mengatai gereja-gereja atau pendeta-pendeta sebagai "orang sesat" berdasarkan sudut pandangan dan pemikiran mereka sendiri. Ketika mereka melihat satu-satu gereja dipenuhi oleh kuasa Roh Kudus dan mukjizat Tuhan bekerja melalui pelayan-pelayan-Nya, dengan cepat mereka menghakimi seluruh jemaat itu sebagai "orang-orang sesat" atau menganggap pekerjaan Roh Kudus sebagai pekerjaan Iblis, hanya kerana mereka tidak dapat memahaminya.

Mereka mengkhianati Tuhan dan tidak dapat menerima roh pertaubatan. Dengan kata lain, orang-orang semacam itu tidak akan dapat bertaubat daripada dosa-dosa mereka. Oleh hal yang demikian, sesudah kematian, "orang-orang Kristian" ini akan menerima hukuman yang lebih berat daripada orang yang tidak percaya kepada Yesus Kristus sebagai Juruselamat peribadi dan mereka akan berakhir di Hades.

Surat 2 Petrus 2:20-21 mengatakan kepada kita bahawa *"Tetapi jika kemudian mereka ditawan semula dan dikalahkan oleh kuasa-kuasa tersebut, keadaan mereka menjadi lebih buruk daripada sebelum mengenal Kristus. Lebih baik orang seperti itu tidak pernah mengenal cara hidup yang dikehendaki oleh Tuhan, daripada mereka mengenalnya lalu tidak mahu mentaati perintah yang diberikan oleh Tuhan."*
Orang-orang ini tidak mentaati firman Tuhan dan menentang DIA sekalipun mereka sudah mengetahui firman-Nya. Akibatnya, mereka akan menerima hukuman yang jauh lebih besar dan lebih berat daripada orang-orang yang tidak percaya.

Orang-orang yang hati nuraninya gelap

Jiwa-jiwa yang menerima hukuman tingkat keempat tidak hanya melakukan dosa-dosa yang tidak dapat diampuni, tetapi hati nurani mereka juga gelap. Segelintir antara mereka telah sepenuhnya menjadi hamba Iblis dan setan-setan yang menentang Tuhan dan dengan keji melawan Roh Kudus. Hal ini menggambarkan seolah-olah mereka sendiri menyalibkan Yesus di kayu salib.

Yesus, Juruselamat kita disalibkan untuk mengampuni dosa-dosa kita dan membebaskan manusia daripada kutuk kematian kekal. Darah-Nya yang berharga menebus semua orang yang percaya kepada-Nya, tetapi kutuk atas orang-orang yang menerima hukuman tingkat keempat membuatkan mereka tidak memenuhi syarat untuk menerima keselamatan sekalipun dengan darah Kristus. Oleh itu, mereka dihukum dengan disalibkan di atas salib mereka sendiri di Hades.

Yudas Iskariot, salah seorang daripada dua belas orang murid Yesus dan mungkin pengkhianat paling terkenal dalam sejarah manusia, ialah contoh yang paling tepat untuk hal ini. Dengan matanya sendiri, Yudas melihat Anak Tuhan yang menjelma menjadi manusia. Dia menjadi salah seorang murid Yesus, belajar tentang firman Tuhan, dan menyaksikan mukjizat dan tanda-tanda yang dibuat-Nya. Namun begitu, dia tidak pernah dapat menyingkirkan ketamakan dan dosanya sampai pada akhirnya. Akhirnya, Yudas dihasut Iblis dan menjual gurunya demi 30 keping wang perak.

Walaupun Yudas Iskariot sangat ingin bertaubat

Menurut anda, siapa yang lebih bersalah: Pontius Pilatus yang menghukum Yesus untuk disalibkan, atau Yudas Iskariot yang menjual Yesus kepada orang-orang Yahudi? Respons Yesus kepada salah satu pertanyaan Pilatus memberi kita jawapan yang jelas.

Kamu sama sekali tidak berkuasa atas diri-Ku kecuali Tuhan memberikan kuasa itu kepadamu. Oleh itu orang yang menyerahkan Aku kepadamu, dosanya lebih besar daripada dosamu. (Yohanes 19:11).

Dosa yang dilakukan oleh Yudas benar-benar dosa yang lebih besar, dosa yang membuatkan dirinya tidak dapat diampuni dan tidak diberi roh pertaubatan. Ketika Yudas menyedari begitu besar dosanya, dia menyesal dan mengembalikan wang itu, tetapi dia tidak pernah diberi roh pertaubatan.

Akhirnya, kerana tidak dapat mengatasi beban dosanya, dalam kesedihan yang mendalam, Yudas Iskariot membunuh diri. Kisah Para Rasul 1:18 mengatakan bahawa Yudas *"jatuh lalu mati; perutnya terbelah dan isi perutnya terburai."* Hal ini menggambarkan akhir hidupnya yang menyedihkan.

Yudas tergantung di kayu salib

Hukuman apakah yang diterima Yudas di Hades? Di bahagian yang paling dalam di Hades, Yudas digantung di kayu salib yang paling hadapan. Dengan Yudas dan salibnya di hadapan, barisan salib orang-orang yang telah melawan Tuhan di belakangnya. Pemandangan ini sama seperti sebuah kuburan besar atau kuburan setelah terjadi peperangan besar atau tempat penyembelihan yang penuh dengan ternakan yang mati.

Penyaliban ialah salah satu hukuman paling kejam bahkan di dunia ini. Pelaksanaan hukuman salib menjadi contoh dan juga peringatan bagi semua penjahat dan bakal penjahat pada masa hadapan. Sesiapa pun yang digantung di salib mengalami penderitaan yang lebih berat daripada kematian itu sendiri kerana selama berjam-jam – bahagian-bahagian tubuh terkoyak-koyak, serangga-serangga menggigiti tubuh, dan darah tersembur keluar dari tubuhnya – berasa sangat ingin mati dengan secepat yang mungkin.

Di dunia ini, penderitaan kerana penyaliban berlangsung kira-kira setengah hari. Namun begitu, di Hades yang seksaannya tidak pernah berakhir dan tidak ada kematian, tragedi hukuman penyaliban akan terus berlangsung sampai Hari Pengadilan.

Selain itu, Yudas mengenakan sebuah mahkota yang terbuat daripada duri-duri yang terus bertumbuh dan mengoyakkan kulitnya, menusuk ke dalam tengkoraknya, dan menancap ke otaknya. Tambahan pula, di bawah kakinya ada sesuatu yang menyerupai binatang yang menggeliat-geliat. Sekiranya dilihat lebih dekat ternyata makhluk-makhluk itu ialah jiwa-jiwa lain yang masuk ke Hades, dan mereka menyeksa Yudas. Di dunia ini, mereka juga melawan Tuhan dan menimbun kejahatan kerana hati nurani mereka sudah gelap. Pada suatu saat, seolah-olah untuk melampiaskan kemarahan dan penderitaan, mereka berterusan menikam Yudas dengan tombak.

Kemudian, utusan-utusan Neraka mengejek Yudas dengan berkata, "Ini dia orang yang menjual Mesias! Dia sudah sangat membantu kita! Sekarang dia mendapat upahnya! Lucu sekali!"

Seksaan mental kerana menjual anak Tuhan

Di Hades, Yudas Iskariot harus menanggung bukan hanya seksaan fizikal, tetapi juga seksaan mental yang tidak terkira. Dia akan selalu ingat bahawa dia dikutuk kerana telah menjual Anak Tuhan. Selain itu, kerana nama "Yudas Iskariot" telah bersinonim dengan pengkhianatan di dunia ini, seksaan mentalnya semakin bertambah.

Yesus sudah tahu bahawa Yudas akan mengkhianati-Nya dan DIA sudah tahu hal yang akan terjadi kepada Yudas sesudah kematiannya. Oleh itu, Yesus berusaha memenangkan Yudas kembali dengan firman-Nya, namun Yesus sebenarnya juga tahu bahawa Yudas tidak akan dapat dimenangkan kembali. Oleh hal yang demikian, dalam Markus 14:21, kita mendapati Yesus meratap, *"tetapi malanglah orang yang mengkhianati Anak Manusia! Lebih baik bagi orang itu jika dia tidak pernah dilahirkan!"*

Dengan kata lain, sekiranya seseorang menerima hukuman tingkat pertama, iaitu hukuman yang paling ringan, adalah lebih baik sekiranya dia tidak pernah dilahirkan kerana penderitaannya sangat besar dan dahsyat. Bagaimanakah dengan Yudas? Dia menerima hukuman yang paling berat!

Namun begitu, bagi semua orang yang menerima keselamatan dan masuk ke Syurga, kelahiran itu sendiri menjadi sebuah berkat dan alasan untuk bersyukur. Melalui kehidupan yang sementara, mereka belajar tentang kasih Tuhan dan mempunyai kesempatan untuk hidup dalam Kerajaan kekal dan mulia, dan hidup bahagia selama-lamanya.

Itulah sebabnya sangat penting bagi kita yang sudah merasakan anugerah dan kasih Tuhan untuk berdoa sungguh-sungguh dan tekun, mengkhabarkan Injil, memberikan teladan, dan menjalani kehidupan mulia yang menyenangkan Tuhan dalam segala yang kita lakukan.

Agar tidak jatuh ke dalam Neraka

Siapa yang takut akan Tuhan dalam melakukan perintah-perintah-Nya? Dialah orang yang selalu menguduskan Hari Tuhan dan memberikan persepuluhan yang penuh kepada Tuhan – dua elemen asas kehidupan dalam Kristus.

Menguduskan Hari Tuhan melambangkan pengakuan anda akan kedaulatan Tuhan terhadap alam rohani. Menguduskan Hari Tuhan menjadi tanda yang mengaku dan membezakan anda sebagai salah seorang anak Tuhan. Sekiranya anda tidak menguduskan Hari Tuhan, bagaimanapun, tidak kira betapa anda mengakui iman anda dalam Tuhan Bapa, tiada pengesahan rohani bahawa anda ialah anak Tuhan. Dalam hal seperti ini, anda tiada pilihan lain melainkan pergi ke Neraka.

Memberikan persepuluhan yang penuh kepada Tuhan bererti bahawa anda mengakui kedaulatan Tuhan atas harta benda. Persepuluhan juga bererti bahawa anda mengakui dan memahami pemilikan tunggal Tuhan ke atas seluruh alam semesta. Menurut Maleakhi 3:9, bangsa Israel dikutuk kerana *"menipu [Tuhan]"*.

DIA mencipta keseluruhan alam semesta dan memberikan kehidupan kepada anda. DIA memberikan kita cahaya dan hujan untuk hidup, tenaga untuk bekerja, dan perlindungan dalam menjaga pekerjaan sehari-hari. Tuhan memiliki segala yang anda ada. Oleh hal yang demikian, walaupun semua pendapatan kita kepunyaan Tuhan, DIA membenarkan kita memberi kepada-Nya hanya satu persepuluh daripada apa-apa sahaja yang diperoleh kita, dan menggunakan yang selebihnya untuk kegunaan kita. Selagi kita setia kepada DIA dengan memberi persepuluhan, Tuhan, seperti yang dijanjikan, akan *"membuka tingkap-tingkap Syurga dan melimpahi kamu dengan segala yang baik."* (Maleakhi 3:10).

Walau bagaimanapun, sekiranya anda tidak memberikan persepuluhan kepada Tuhan, hal ini bermakna bahawa anda tidak percaya akan janji-Nya tentang berkat, kurang iman untuk diselamatkan, dan memandangkan anda telah menipu Tuhan, anda tidak mempunyai pilihan melainkan ke Neraka.

Oleh hal yang demikian, kita mesti selalu menguduskan Hari Tuhan, memberi persepuluhan yang penuh kepada DIA yang memiliki segalanya, dan melakukan semua perintah-Nya seperti yang ditetapkan dalam 66 buku dalam Alkitab. Saya berdoa agar tiada seorang pun daripada pembaca buku ini akan jatuh ke dalam Neraka.

Dalam bab ini, kita meneliti pelbagai hukuman – yang terbahagi menjadi empat tingkat – yang dijatuhkan kepada jiwa-

jiwa terkutuk yang dipenjarakankan di Hades. Betapa kejam, menakutkan, dan menyedihkan tempat seperti ini.

Surat 2 Petrus 2:9-10 mengatakan kepada kita bahawa *"Demikianlah Tuhan tahu akan cara menyelamatkan orang salih daripada cubaan. Tuhan juga tahu akan cara menahan orang jahat supaya dihukum pada Hari Pengadilan, terutamanya mereka yang menuruti keinginan hawa nafsu yang kotor, dan mereka yang menghina kekuasaan Tuhan."*

Orang-orang jahat melakukan dosa-dosa dan kejahatan, dan mengganggu serta menggendalakan pekerjaan gereja kerana mereka tidak takut akan Tuhan. Orang-orang seperti ini yang dengan terang-terangan melawan Tuhan tidak dapat dan seharusnya tidak berusaha atau berharap menerima pertolongan Tuhan pada masa-masa kesusahan dan cubaan. Sampai Pengadilan Takhta Putih Besar tiba, mereka akan dipenjarakankan dalam kedalaman Hades dan menerima hukuman sesuai dengan jenis dan besarnya perbuatan jahat mereka.

Namun begitu, semua orang yang sudah menjalani kehidupan yang baik, benar, dan berbakti akan selalu taat kepada Tuhan dalam iman. Oleh hal yang demikian, bahkan ketika kejahatan manusia memenuhi bumi dan Tuhan harus "membuka segala pintu air di langit", kita melihat hanya Nuh dan keluarganya yang diselamatkan (Kejadian 6-8).

Seperti Nuh yang takut akan Tuhan dan mentaati perintah-perintah-Nya sehingga terhindar daripada hukuman dan menerima keselamatan, kita juga harus menjadi anak-anak Tuhan yang benar dan mendapatkan pemeliharaannya.

Bab 6

Hukuman kerana Menghina Roh Kudus

Penderitaan di dalam Periuk Berisi Cairan Mendidih

Mendaki Jurang yang Tegak Lurus

Mulut yang Dihanguskan dengan Besi yang Membara

Mesin Penyeksa yang Sangat Besar

Diikat pada Batang Pohon

"Setiap orang yang mengatakan sesuatu melawan Anak Manusia, ia akan diampuni; tetapi barangsiapa menghujat Roh Kudus, ia tidak akan diampuni."
- Lukas 12:10 -

"Sebab mereka yang pernah diterangi hatinya, yang pernah mengecap karunia sorgawi, dan yang pernah mendapat bagian dalam Roh Kudus, dan yang mengecap firman yang baik dari Allah dan karunia-karunia dunia yang akan datang, namun yang murtad lagi, tidak mungkin dibaharui sekali lagi sedemikian, hingga mereka bertobat, sebab mereka menyalibkan lagi Anak Allah bagi diri mereka dan menghina-Nya di muka umum."
- Ibrani 6:4-6 -

Dalam Matius 12:31-32, Yesus berkata kepada kita, *"Oleh itu ketahuilah, orang yang berbuat dosa ataupun mengatakan kata-kata kufur, akan diampuni. Tetapi sesiapa mengkufuri Roh Tuhan, tidak akan diampuni! Sesiapa yang dengan kata-katanya menentang Anak Manusia dapat diampuni, tetapi sesiapa yang menghina Roh Tuhan tidak dapat diampuni, baik sekarang mahupun di akhirat!"*

Yesus mengucapkan kata-kata ini kepada orang-orang Yahudi, yang mencela DIA kerana menyampaikan Injil dan melakukan pekerjaan-pekerjaan yang penuh kuasa Tuhan dengan mendakwa bahawa DIA berada di bawah kuasa roh jahat atau sedang melakukan mukjizat dengan kuasa Iblis dan setan-setan.

Bahkan pada saat ini, banyak orang yang mengaku percaya kepada Kristus mencela gereja-gereja ang dipenuhi kuasa dan tanda-tanda ajaib daripada Roh Kudus dan menyebut gereja-gereja itu "sesat" atau "pekerjaan setan" hanya kerana mereka tidak dapat memahami atau menerimanya. Bagaimanakah lagi cara Kerajaan Tuhan akan diperluas dan Injil akan disebarkan ke seluruh dunia kalau tidak dengan kuasa dan autoriti yang datang daripada Tuhan, iaitu melalui pekerjaan Roh Kudus?

Menentang pekerjaan Roh Kudus sama sahaja dengan menentang Tuhan sendiri. Tuhan tidak akan mengakui orang-orang yang menentang pekerjaan Roh Kudus sebagai anak-anaknya, betapa pun mereka menganggap diri mereka sebagai "orang Kristian".

Oleh hal yang demikian, ingatlah bahawa sesudah melihat dan mengalami Tuhan tinggal bersama pelayan-pelayan-Nya dan tanda-tanda serta peristiwa-peristiwa yang ajaib terjadi, sekiranya seseorang masih menyalahkan pelayan-pelayan Tuhan dan gereja-Nya sebagai "orang-orang sesat", dia sudah menghalang pekerjaan dan menghina Roh Kudus dan satu-satunya tempat yang tersedia baginya ialah kedalaman Neraka.

Jika satu-satu gereja, pendeta, atau pelayan Tuhan yang lain benar-benar mengakui Tuhan Tritunggal, percaya bahawa Alkitab ialah firman Tuhan dan mengajarkannya secara demikian, sedar bahawa dalam kehidupan yang akan datang ada Syurga dan Neraka, percaya akan Hari Pengadilan, percaya bahawa Tuhan mempunyai kedaulatan atas segala perkara dan Yesus ialah Juruselamat kita, dan mengajarkannya secara demikian, tidak ada seorang pun boleh atau dapat menyalahkan dan mengatakan gereja, pendeta, dan pelayan-pelayan Tuhan sebagai "orang sesat".

Saya mendirikan Gereja Manmin Joong-ang pada tahun 1982, dan melalui pekerjaan Roh Kudus saya telah membawa jiwa yang tidak terhitung banyaknya ke jalan keselamatan. Yang menghairankan, antara orang yang telah mengalami secara peribadi pekerjaan Tuhan yang hidup ialah mereka yang sebenarnya menentang Tuhan dengan secara aktif menghalang tujuan-tujuan dan pekerjaan jemaat, dan menyebarkan khabar angin dan pembohongan tentang saya dan gereja.

Sementara menjelaskan tentang penderitaan dan kesengsaraan di Neraka yang dalam, Tuhan juga mengungkapkan kepada saya hukuman-hukuman yang menanti di Hades bagi orang-orang yang menghalang, tidak taat, dan menghina Roh Kudus. Jenis hukuman apakah yang akan diterima oleh mereka?

Penderitaan di dalam Periuk Berisi Cairan Mendidih

Aku menyesal dan mengutuk janji pernikahan
Aku membuatnya bersama suamiku.
Mengapa aku berada di tempat yang mengerikan ini?
Dia memperdayaku dan kerana dia, aku ada di sini!

Inilah ratapan seorang isteri yang menerima hukuman tingkat keempat di Hades. Alasan tangisannya yang memilukan itu bergema ke seluruh tempat yang sangat luas dan gelap kerana sang suami memperdayanya untuk menentang Tuhan bersamanya.

Perempuan itu jahat, namun sampai pada tingkat tertentu hatinya takut akan Tuhan. Oleh hal yang demikian, perempuan itu tidak dapat menghalangi Roh Kudus dan menentang Tuhan dalam dirinya sendiri. Namun begitu, dalam mengejar keinginan-keinginan dagingnya, hati nuraninya bersatu dengan hati nurani suaminya yang jahat, dan pasangan itu benar-benar menentang Tuhan dan pekerjaan-Nya.

Pasangan yang melakukan kejahatan bersama itu sekarang dihukum bersama pula sebagai suami isteri di Hades dan akan menderita akibat semua perbuatan jahat mereka. Jadi, apakah hukuman yang diterima oleh mereka di Hades?

NERAKA

Sepasang suami isteri diseksa secara bergantian

Periuk itu dipenuhi bau yang sangat busuk dan jiwa-jiwa yang terkutuk itu ditenggelamkan ke dalam cairan yang mendidih, seorang demi seorang. Ketika satu utusan Neraka menempatkan satu jiwa ke dalam periuk itu, cairan yang sangat panas itu melecurkan seluruh tubuh – sekarang menyerupai bahagian belakang seekor kodok – dan kedua-dua bola matanya tertonjol keluar.

Setiap kali mereka berusaha menghindarkan seksaan ini dan menjulurkan kepala keluar daripada periuk itu, kaki-kaki yang sangat besar akan menginjak dan menenggelamkan kepala mereka kembali. Di telapak kaki yang sangat besar itu ditanamkan besi-besi atau pencucuk kecil yang diperbuat daripada loyang. Apabila diinjak-injak oleh kaki-kaki itu, jiwa-jiwa ditenggelamkan kembali ke dalam periuk dengan luka yang dalam dan bengkak.

Seketika kemudian, jiwa-jiwa itu menjulurkan kepala mereka lagi kerana tidak dapat menahan rasa terbakar yang dialami oleh mereka. Seperti yang terjadi banyak kali sebelumnya, mereka diinjak-injak dan ditolak kembali ke dalam periuk itu. Memandangkan jiwa-jiwa itu bergilir-gilir dalam menerima seksaan, sekiranya si suami berada di dalam periuk itu, si isteri harus melihat penderitaannya. Demikian juga sebaliknya.

Periuk ini lut sinar sehingga bahagian dalam periuk tampak dari luar. Pada awalnya, ketika suami atau isteri melihat orang yang dikasihinya diseksa dengan cara yang kejam seperti itu, kerana kasih mereka terhadap satu sama lain, masing-masing menjerit memohon belas kasihan untuk pasangannya.

Isteriku ada di sana!
Tolong keluarkan dia!
Tolong bebaskan dia daripada penderitaan itu.
Tidak, jangan injak dia.
Keluarkan dia, tolonglah!

Setelah beberapa lama, sang suami menghentikan permohonannya. Setelah dihukum beberapa kali, dia mulai menyedari bahawa sementara isterinya menderita, dia dapat beristirehat sejenak, dan ketika isterinya keluar daripada periuk itu, tiba gilirannya untuk masuk ke dalam sana.

Saling menyalahkan dan saling mengutuk

Pasangan suami isteri di dunia ini tidak akan menjadi suami isteri di Syurga. Namun begitu, pasangan ini akan tetap sebagai suami isteri di Hades, dan menerima hukuman bersama-sama. Oleh itu, kerana tahu bahawa mereka akan bergilir-gilir dalam menerima hukuman, permohonan mereka sekarang berubah secara drastik.

Tidak, tidak, jangan biarkan dia keluar.
Biarkan dia tinggal di dalam sana lebih lama lagi.
Tolong tinggalkan dia di sana
Supaya aku dapat beristirehat lebih lama lagi.

Si isteri ingin suaminya terus menderita, dan si suami juga memohon supaya isterinya tinggal di dalam periuk itu selama yang mungkin. Namun begitu, melihat yang satu menderita, tidak membuatkan yang satu lagi dapat beristirehat. Jeda singkat itu tidak ada gunanya untuk penderitaan yang kekal, khususnya kerana si suami tahu bahawa sesudah isterinya, gilirannya pula tiba. Tambahan pula, ketika yang satu sedang diseksa dan melihat serta mendengar pasangannya memohon supaya dia diseksa lebih lama, kedua-duanya saling mengutuk.

Di sini kita jelas mengerti tentang hasil daripada kasih yang daripada daging. Kenyataan daripada kasih yang bersifat kedagingan – dan kenyataan Neraka – adalah pada ketika yang satu menderita seksaan yang tidak terkira dan sangat berat, dia berharap agar pasangannya diseksa untuk menggantikan dirinya.

Ketika si isteri menyesal telah menentang Tuhan "kerana suaminya", dia berkata kepada suaminya, "Gara-gara kamu, saya ada di sini!" Sebagai jawapannya, dengan suara keras, si suami mengutuk dan menyalahkan isterinya yang menyokong dan ikut serta dalam perbuatan jahatnya.

Pasangan itu menjadi semakin jahat

Utusan-utusan Neraka di Hades sangat seronok dan gembira melihat suami isteri yang saling mengutuk, dan memohon kepada para utusan supaya pasangan mereka dihukum lebih lama dan lebih berat.

Lihat, mereka saling mengutuk bahkan di sini!

Kejahatan mereka membuatkan kita sangat bergembira!

Seolah-olah mereka sedang menonton filem yang menarik, utusan-utusan Neraka memberi perhatian penuh dan sesekali menambahkan api supaya mereka semakin seronok. Semakin suami isteri itu menderita, mereka semakin mengutuki satu sama lain dan secara wajar, suara tawa utusan Neraka menjadi semakin keras.

Kita harus mengerti dengan jelas satu hal di sini. Ketika manusia melakukan kejahatan bahkan dalam kehidupan ini, roh-roh jahat berasa seronok dan gembira. Pada saat yang sama, semakin jahat perbuatan orang-orang itu, mereka semakin jauh daripada Tuhan.

Anak-anak Tuhan tidak boleh tunduk kepada kejahatan

Ketika anda menghadapi kesulitan-kesulitan dan berkompromi dengan dunia, meratap, mengeluh, dan menjadi marah terhadap orang-orang tertentu atau situasi-situasi tertentu, setan akan datang kepada anda, dan dengan senang hati menambah kesulitan dan penderitaan anda. Kenyataan bahawa anda sudah atau masih berdosa dan tidak memiliki iman membuatkan anda bertanggungjawab pada tuduhan Iblis, bahkan Tuhan pun tidak dapat menolong anda.

Oleh sebab itu, orang bijaksana yang mengetahui hukum dunia roh tidak akan pernah meratap atau mengeluh, sebaliknya mereka bersyukur dalam segala hal dan dengan sikap positif selalu mengaku iman mereka kepada Tuhan, dan memastikan fokus hati mereka selalu kepada DIA. Selain itu, sekiranya ada orang jahat yang menyakiti anda, seperti yang dikatakan dalam Roma 12:21 *"Janganlah biarkan diri kamu dikalahkan oleh kejahatan, tetapi kalahkanlah kejahatan dengan kebaikan"*, anda harus selalu menghadapi kejahatan hanya dengan kebaikan dan menyerahkan segalanya kepada Tuhan.

Begitu juga ketika anda mengikut perkara yang baik dan berjalan dalam terang, anda mempunyai kuasa dan autoriti untuk mengalahkan pengaruh roh-roh jahat. Dengan cara sedemikian, Iblis dan setan tidak dapat mendakwa bahawa anda telah berbuat jahat dan semua kesulitan anda akan tersingkir dengan lebih cepat. Tuhan berasa senang hati ketika anak-anak-Nya bertindak dan hidup menurut iman mereka yang baik.

Dalam apa-apa juga keadaan, anda tidak boleh melakukan kejahatan seperti yang diinginkan oleh Iblis dan setan; musuh kita, tetapi hendaklah anda selalu berfikir dalam kebenaran dan bertindak dalam iman dengan cara yang menyenangkan hati Tuhan Bapa kita.

Mendaki Jurang yang Tegak Lurus

Sama ada anda pelayan Tuhan, penatua, atau seorang pekerja di gereja-Nya, pada suatu waktu anda akan menjadi mangsa Iblis sekiranya anda tidak menyunat hati anda tetapi terus berbuat dosa. Sesetengah orang berpaling daripada Tuhan kerana mereka mengasihi dunia. Yang lain tidak lagi datang ke gereja sesudah mendapat pencubaan. Yang lain lagi melawan Tuhan dengan menghalang rencana dan misi gereja-Nya; membuatkan mereka dalam keadaan tidak berdaya di jalan kematian.

Kisah satu keluarga mengkhianati Tuhan

Berikut ini ialah kisah sebuah keluarga yang pernah setia bekerja untuk gereja Tuhan. Mereka tidak menyunat hati mereka yang penuh dengan tabiat pemarah dan tamak. Oleh hal yang demikian, mereka mengenakan kuasa mereka terhadap anggota-anggota gereja lain dan melakukan dosa secara berulang-ulang. Pada akhirnya, hukuman Tuhan menimpa mereka apabila ayah dalam keluarga itu didiagnosa menghidap penyakit yang serius. Seluruh keluarga berkumpul dan mulai berdoa dengan bersungguh-sungguh untuk bertaubat dan memohon kesembuhan bagi dirinya.

Tuhan menerima pertaubatan mereka dan menyembuhkan si ayah. Pada waktu itu, Tuhan berkata kepada saya tentang sesuatu yang sangat tidak disangka-sangka, "Kalau Aku memanggil rohnya sekarang, mungkin dia menerima setidak-tidaknya keselamatan dengan tingkat yang paling rendah. Kalau Aku membiarkan dia hidup sedikit lebih lama, dia tidak akan menerima apa-apa keselamatan."

Saya tidak memahami perkara yang dimaksudkan-Nya, tetapi beberapa bulan kemudian, ketika saya menyaksikan perilaku keluarga itu, saya segera mengerti. Salah satu anggota keluarga itu telah menjadi seorang pekerja yang setia di gereja saya. Dia mulai mengganggu gereja Tuhan dan kerajaan-Nya dengan memberi kesaksian palsu tentang gereja dan melakukan banyak perbuatan jahat yang lain. Pada akhirnya, seluruh keluarga itu terpedaya dan semuanya berpaling daripada Tuhan.

Ketika mantan pekerja di gereja saya itu menghalang dan menghina Roh Kudus, seluruh keluarga melakukan dosa yang tidak dapat diampuni, dan ayah yang telah sembuh melalui doa saya meninggal dunia tidak lama kemudian. Seandainya ayah itu meninggal dunia sekalipun dalam keadaan sedikit iman, dia pasti dapat diselamatkan. Namun begitu, dia meninggalkan imannya sehingga tidak memiliki kesempatan untuk diselamatkan. Tambahan pula, setiap anggota keluarga itu juga akan masuk ke Hades, di tempat si ayah masuk, dan mereka semua menerima hukuman. Apakah hukuman bagi mereka?

Mendaki tebing yang tegak lurus tanpa istirehat

Di tempat keluarga itu dihukum, ada satu tebing yang tegak lurus. Tebing tersebut menjulang sangat tinggi sehingga puncaknya tidak tampak dari dasarnya. Jeritan-jeritan yang mengerikan memenuhi ruang. Kira-kira pertengahan tebing yang berdarah ini ada tiga jiwa yang dihukum, yang dari kejauhan tampak seperti tiga titik kecil.

Mereka sedang mendaki tebing yang kasar dan keras dengan tangan kosong dan kaki telanjang. Tangan dan kaki mereka seolah-oleh digosok dengan kertas pasir sehingga kulit mereka segera terkupas dan tercabik-cabik. Tubuh mereka berlumuran darah. Tujuan mereka mendaki tebing yang mustahil untuk didaki ini adalah untuk mengelak satu utusan Neraka yang sedang terbang di kawasan itu.

Setelah melihat ketiga-tiga jiwa ini mendaki tebing untuk beberapa ketika, utusan Neraka mengangkat tangannya lalu serangga-serangga yang kelihatan mirip utusan Neraka itu tersebar ke seluruh tempat seperti partikel-partikel air yang memancut daripada alat penyembur. Dengan menonjolkan gigi yang tajam dengan mulut terbuka lebar, serangga-serangga ini mendaki tebing dengan cepat dan mengejar jiwa-jiwa itu.

Bayangkan anda melihat ratusan lipan, tarantula, atau lipas yang semuanya berukuran kira-kira sebesar satu jari memenuhi lantai ketika anda masuk ke rumah. Bayangkan juga semua serangga yang menakutkan ini berlari ke arah anda secara serentak.

Melihat serangga-serangga itu sahaja sudah cukup menakutkan. Sekiranya semua serangga ini bergerak dengan cepat ke arah anda secara serentak, hal itu mungkin menjadi saat paling mengerikan dalam hidup anda. Sekiranya serangga-serangga itu mulai merayapi kaki anda dan segera memenuhi tubuh anda, bagaimana mungkin seseorang dapat menggambarkan adegan yang mengerikan semacam itu?

Di Hades kita tidak mungkin dapat mengatakan ada ratusan atau ribuan serangga seperti ini. Jiwa-jiwa itu hanya tahu bahawa serangga-serangga ini tidak terhitung banyaknya, dan mereka bertigalah mangsanya.

Serangga-serangga yang tidak terhitung banyaknya menyerbu ketiga-tiga jiwa ini

Setelah melihat serangga-serangga ini di dasar tebing, ketiga-tiga jiwa tersebut mendaki tebing dengan semakin cepat. Namun begitu, tidak lama kemudian ketiga-tiga jiwa ini segera tertangkap, dikerumuni, dan jatuh ke tanah. Mereka terbiar dengan seluruh bahagian tubuh mereka digigit oleh serangga-serangga yang mengerikan itu.

Ketika jiwa-jiwa melihat bahagian-bahagian tubuh mereka diunggis, mereka mengalami kesakitan yang tidak tertahankan sehingga menjerit-jerit seperti binatang buas dan menggeliat-geliat serta menggoncang-goncangkan tubuh mereka. Mereka berusaha melepaskan serangga-serangga itu daripada tubuh mereka dengan saling menginjak dan menekan, sambil mereka terus saling memaki dan mengutuk. Di tengah-tengah penderitaan semacam itu, masing-masing berbuat lebih jahat daripada yang lain dan mencari kesenangannya sendiri, dan terus saling mengutuk. Utusan-utusan Neraka tampaknya sangat seronok melihat pemandangan seperti itu.

Kemudian, ketika utusan Neraka melayang-layang di kawasan itu dan menghulurkan tangannya serta mengumpulkan serangga-serangga, dengan segera serangga-serangga itu lenyap. Ketiga-tiga jiwa itu tidak lagi mengalami gigitan serangga, tetapi mereka tidak dapat berhenti mendaki tebing yang tegak lurus itu. Mereka tahu benar bahawa utusan Neraka yang sedang terbang itu akan segera melepaskan serangga-serangga lagi. Dengan sekuat-kuat tenaga, mereka terus mendaki tebing.

Dalam ketenangan yang mengerikan, ketiga-tiga jiwa itu berasa gentar akan hal-hal yang akan datang dan berjuang untuk mendaki tebing.

Rasa sakit kerana luka dalam yang diperoleh mereka ketika mendaki tidak mudah diabaikan. Namun begitu, ketiga-tiga jiwa ini mengabaikan tubuh mereka yang berlumuran darah dan mendaki secepat yang mungkin kerana rasa lebih takut akan serangga-serangga yang mengunggis dan mencarik-carik tubuh mereka.

Mulut yang Dihanguskan dengan Besi yang Membara

Amsal 18:21 mengatakan bahawa *"Kata-kata yang diucapkan mempunyai kuasa untuk menyelamatkan ataupun membinasakan. Orang harus merasakan kesan kata-kata mereka."* Dalam Matius 12:36-37 Yesus berkata, *"Ketahuilah bahawa pada Hari Kiamat setiap orang harus mempertanggungjawabkan tiap-tiap kata yang tidak seharusnya diucapkan. Kata-kata kamu akan digunakan untuk menentukan sama ada kamu bersalah atau tidak."*

Orang yang mengucapkan kata-kata baik tentang kebenaran mendapat buah yang baik sesuai dengan perkataan mereka. Orang yang mengucapkan kata-kata yang jahat tanpa iman pula mendapat buah yang jahat sesuai dengan perkataan buruk yang diucapkan oleh mereka daripada bibir mereka yang jahat. Kadang-kadang kita mendapati bahawa kata-kata yang diucapkan secara semberono sering kali membawa penderitaan dan kesedihan yang mendalam.

Setiap kata akan mendapat upahnya

Oleh sebab tekanan dalam keluarga, sesetengah orang percaya berkata atau berdoa, "Kalau keluarga saya dapat bertaubat melalui satu kemalangan, hal itu adalah berbaloi." Segera sesudah Iblis dan setan-setan mendengar kata-kata ini, mereka mendakwa orang ini di hadapan Tuhan dengan berkata, "Kata-kata orang ini harus digenapi." Dengan demikian, kata-kata itu menjadi benih sehingga kemalangan yang menyebabkan orang tidak berdaya dan menghadapi kesulitan-kesulitan tambahan benar-benar terjadi.

Adakah perlu mendatangkan penderitaan ke atas diri anda dengan kata-kata yang bodoh dan tidak berguna? Sayangnya, ketika kesulitan membayangi kehidupan mereka, banyak orang menjadi goyah. Sebahagian orang tidak menyedari bahawa kesulitan-kesulitan datang kerana kata-kata mereka sendiri dan sebahagian yang lain lagi bahkan tidak ingat kata-kata mereka yang telah menyebabkan kesulitan itu.

Ingatlah bahawa setiap kata akan mendapat upahnya dengan apa-apa cara pun. Oleh itu, kita harus selalu bertindak baik dan menjaga lidah kita. Tanpa mengira niat anda, sekiranya kata-kata anda itu bukan kata-kata yang baik dan indah, Iblis dapat dengan mudah – dan dia pasti melakukannya – menuntut pertanggungjawaban kata-kata anda, anda akan menjadi sasaran penderitaan dan kadang-kadang masalah-masalah yang tidak perlu.

Apakah yang akan terjadi kepada seseorang yang dengan sengaja berdusta tentang gereja Tuhan dan pelayan-pelayan-Nya yang dikasihi sehingga sangat mengganggu misi gereja dan melawan Tuhan? Dia akan dengan cepat masuk ke dalam pengaruh Iblis dan dihukum di Neraka.

Berikut ini hanyalah contoh hukuman yang dijatuhkan kepada orang yang menghalangi Roh Kudus dengan kata-kata mereka.

Orang-orang yang melawan Roh Kudus dengan kata-kata mereka

Ada seseorang yang beribadah dan melayani di gereja saya untuk tempoh yang lama dan memegang pelbagai jawatan. Namun begitu, dia tidak menyunat hatinya – hal yang sangat penting yang dituntut daripada semua orang Kristian. Secara luaran, dia kelihatan sebagai seorang pekerja yang setia dan mengasihi Tuhan, gereja, dan anggota-anggota jemaat yang lain.

Antara anggota keluarganya, ada seorang yang sudah disembuhkan daripada satu penyakit yang tidak dapat disembuhkan yang menyebabkannya cacat seumur hidup dan seorang lagi yang telah diselamatkan daripada ambang kematian. Di samping itu, keluarganya mempunyai banyak pengalaman dan berkat daripada Tuhan, tetapi dia tidak pernah menyunat hatinya dan menyingkirkan hal-hal yang jahat.

Oleh hal yang demikian, ketika gereja secara keseluruhan menghadapi kesulitan yang serius, anggota-anggota keluarganya tergoda oleh Iblis untuk mengkhianati gereja. Tanpa mengingat anugerah dan berkat yang telah diterimanya melalui gereja, dia meninggalkan gereja yang telah lama dilayaninya. Selain itu, dia mulai menentang gereja dan seolah-olah sedang berada dalam misi penginjilan; dia sendiri mulai mengunjungi anggota-anggota gereja dan mengacaukan iman mereka.

Sekalipun telah meninggalkan gereja kerana ketidakpastian dalam imannya, dia mungkin telah mendapat kesempatan untuk menerima belas kasihan Tuhan pada akhirnya sekiranya dia tetap berdiam tentang soal-soal yang tidak jelas diketahuinya dan berusaha membezakan yang benar daripada yang salah.

Bagaimanapun, dia tidak dapat mengalahkan kejahatannya sendiri dan terlalu banyak berdosa dengan lidahnya sehingga hanya pembalasan yang menyakitkan menantinya.

Mulut yang dihanguskan dan tubuh yang dipilin

Satu utusan Neraka menghanguskan mulutnya dengan besi panas kerana dia sangat melawan Roh Kudus dengan kata-kata yang keluar daripada mulutnya. Hukuman ini sama dengan hukuman yang dijatuhkan kepada Pontius Pilatus, yang menghukum Yesus yang tidak bersalah untuk disalibkan dengan kata-kata yang keluar daripada mulutnya, dan sekarang lidahnya tercabut untuk selama-lamanya di Hades.

Di samping itu, jiwa itu dipaksa untuk masuk ke dalam balang kaca yang mempunyai penutup di bahagian dasarnya yang mempunyai pemegang yang diperbuat daripada logam. Ketika utusan-utusan Neraka memutar pemegang-pemegang ini, tubuh jiwa yang dikurung itu terpilin. Tubuhnya semakin terpilin dan seperti air kotor yang diperas daripada mop, darah jiwa ini tersembur melalui mata, hidung, mulut, dan semua lubang lain pada tubuhnya. Pada akhirnya, semua darah dan cecair dalam tubuhnya tersembur daripada sel tubuhnya.

Dapatkah anda membayangkan daya yang diperlukan untuk memeras setitis darah dengan memilin jari anda?

Darah dan cecair jiwa itu tidak hanya pada satu bahagian tubuh, tetapi daripada seluruh tubuhnya, dari kepala sampai ke hujung kaki. Semua tulang dan sistem ototnya terpilin dan remuk, serta semua selnya hancur sehingga titisan terakhir apa-apa pun cecair daripada tubuh itu dapat diperas. Hukuman ini pastinya sangat menyakitkan!

Akhirnya, balang kaca itu penuh dengan darah dan cecair daripada tubuhnya sehingga dari kejauhan kelihatan seperti sebotol wain merah. Setelah utusan-utusan Neraka memilin tubuh jiwa sampai titis terakhir cecair tubuhnya keluar, mereka meninggalkan tubuh itu begitu sahaja untuk sementara waktu, dan membiarkannya utuh kembali.

Sekalipun tubuh ini utuh kembali, harapan apakah yang dimiliki jiwa ini? Dari saat tubuhnya utuh kembali, proses memilin dan memeras tubuhnya terus berulang tanpa akhir. Dengan kata lain, saat-saat di antara seksaannya hanyalah seksaan tambahan.

Oleh kerana telah menghalang Kerajaan Tuhan dengan lidahnya, bibir jiwa ini dihanguskan, dan sebagai upah kerana aktif membantu pekerjaan Iblis, setiap titis cecair di dalam tubuhnya diperas.

Di dunia roh, orang menuai apa-apa yang ditabur dan apa-apa pun yang telah diperbuatnya juga terjadi pada dirinya. Ingatlah hal ini dan jangan menyerah kepada kejahatan. Ucapkanlah kata-kata yang baik dan lakukanlah perbuatan yang baik, serta jalani hidup yang memuliakan Tuhan.

Mesin Penyeksa yang Sangat Besar

Jiwa ini secara peribadi mengalami pekerjaan Roh Kudus ketika dia disembuhkan daripada penyakit dan kelemahan. Sesudah itu, dia berdoa dengan sepenuh hati untuk menyunat hatinya. Hidupnya dipimpin dan diawasi oleh Roh Kudus dan menghasilkan buah, dia mendapat pujian dan kasih daripada anggota-anggota gereja yang lain dan menjadi seorang pelayan Tuhan.

Terjebak oleh kesombongannya sendiri

Ketika mendapat pujian dan kasih daripada orang-orang di sekelilingnya, dia menjadi semakin sombong sehingga tidak dapat lagi melihat dirinya sendiri dengan benar dan tanpa disedari berhenti menyunat hatinya.

Dia menjadi orang yang cepat marah dan cemburu, dan bukannya membuang hal-hal ini malah dia mulai menghakimi dan menyalahkan semua orang yang benar dan menyimpan dendam terhadap sesiapa pun yang tidak disukainya atau yang tidak sependapat dengannya.

Sesudah seseorang terjebak oleh kesombongannya sendiri dan melakukan yang jahat, dia akan menjadi semakin jahat dan tidak dapat lagi mengekang dirinya atau mempedulikan nasihat orang lain. Jiwa ini menimbun kejahatan demi kejahatan dan terjebak dalam jerat Iblis dan secara terbuka melawan Tuhan.

Keselamatan belum lengkap ketika kita menerima Roh Kudus. Sekalipun anda dipenuhi dengan Roh Kudus, memperoleh anugerah dan melayani Tuhan, anda seperti pelari maraton yang masih harus menempuh jarak yang jauh untuk mencapai garis akhir – pemurnian.

Betapapun baiknya pelari itu berlari, sekiranya dia berhenti berlari atau pengsan, tidak ada gunanya. Banyak orang sedang berlari ke arah garis akhir – Syurga. Betapapun cepatnya anda berlari, betapapun dekatnya anda dengan garis akhir, sekiranya anda berhenti berlari, berakhirlah larian bagi anda.

Jangan beranggapan anda akan tetap teguh

Tuhan juga mengatakan kepada kita bahawa sekiranya kita "suam-suam kuku", kita akan ditinggalkan (Wahyu 3:16). Sekalipun anda orang yang beriman, anda harus selalu penuh dengan Roh Kudus; memelihara kerinduan kepada Tuhan, dan dengan semangat yang berkobar-kobar memperluas Kerajaan Syurga. Sekiranya anda berhenti pada pertengahan larian, seperti halnya dengan orang-orang yang tidak ikut dalam larian sejak awalnya, maka anda tidak dapat diselamatkan.

Atas sebab itu, Rasul Paulus yang setia kepada Tuhan dengan segenap hatinya, mengaku bahawa *"setiap hari aku menghadapi maut"* dan bahawa *"Aku melatih diri dengan giat supaya aku dapat menguasai diri. Aku berbuat demikian, supaya aku tidak ditolak, setelah aku mengkhabarkan Berita Baik kepada orang lain."* (1 Korintus 15:31; 1 Korintus 9:27).

Sekalipun anda berada di posisi mengajar orang lain, sekiranya anda tidak menundukkan fikiran-fikiran anda dan melatih tubuh anda dan menguasainya seperti yang dilakukan oleh Paulus, Tuhan akan meninggalkan anda. Hal ini kerana *"Iblis, musuh kamu merayau-rayau seperti singa yang mengaum sambil mencari mangsa."* (1 Petrus 5:8).

Surat 1 Korintus 10:12 mengatakan *"Sesiapa yang menyangka dirinya berdiri teguh, hendaklah berwaspada supaya tidak jatuh."* Dunia roh adalah kekal dan proses kita menjadi semakin serupa dengan Tuhan juga selama-lamanya.

Sama seperti seorang petani menabur benih pada musim bunga, yang mengusahakannya sepanjang musim panas, dan menuai hasil tanamannya pada musim gugur, anda harus terus maju supaya jiwa anda unggul dan siap untuk bertemu dengan Tuhan Yesus.

Memutar dan mencabut kepala

Apakah hukuman-hukuman yang menanti jiwa yang berhenti menyunat hatinya kerana berfikiran bahawa dia berdiri teguh, namun akhirnya terjatuh?

Sebuah mesin yang menyerupai utusan Neraka; malaikat yang memberontak, akan menyeksanya. Ukuran mesin itu beberapa kali lebih besar daripada utusan Neraka, dan melihatnya sahaja sudah membuatkan jiwa itu ketakutan. Mesin penyeksa itu memiliki tangan dengan kuku-kuku yang tajam dan runcing yang lebih panjang daripada kuku manusia.

Mesin penyeksa yang besar memegang leher jiwa dengan tangan kanannya dan memutar kepalanya dengan kuku jari-jari tangan kiri, mencabut kepalanya, dan menusuk otaknya. Dapatkah anda membayangkan betapa sakitnya keadaan ini?

Penderitaan fizikal ini sangat luar biasa; penderitaan mentalnya lebih tidak tertahankan lagi. Di hadapan mata jiwa ini terbentang gambaran yang jelas seperti filem tentang masa-masa paling bahagia dalam hidupnya: ketika pertama kali mengalami anugerah Tuhan, dia dengan gembira memuji DIA; dan sewaktu dia sangat bersemangat melakukan perintah Yesus, *"Pergilah kepada semua bangsa di seluruh dunia dan jadikanlah mereka pengikut-Ku,"* dan sebagainya.

Seksaan mental dan ejekan

Bagi jiwa itu, setiap adegan seperti sebilah belati yang menikam hatinya. Sebelumnya dia ialah seorang pelayan Tuhan Yang Maha Kuasa yang penuh dengan harapan untuk tinggal dalam kemuliaan Yerusalem Baru. Sekarang, dia dipenjarakan di tempat terkutuk ini. Perbezaan yang jelas ini merobek-robek hatinya. Jiwa itu tidak dapat menahan seksaan mental dan dan membenamkan kepala dan wajahnya yang berlumuran darah dan tidak kemas pada kedua-dua telapak tangannya. Dia memohon belas kasihan agar seksaan itu berakhir, tetapi tidak ada akhir bagi penderitaannya.

Setelah beberapa ketika, mesin penyeksa menjatuhkan jiwa itu ke tingkat dasar. Kemudian, utusan-utusan Neraka, yang sudah melihat jiwa itu menderita, mengelilingi dan mengejeknya dengan berkata, "Bagaimana kamu dahulu boleh menjadi pelayan Tuhan? Kamu menjadi rasul Iblis dan sekarang kamu menjadi bahan hiburan Iblis."

Ketika jiwa itu mendengar ejekan, menangis dan menjerit memohon belas kasihan, dua jari tangan kanan mesin penyeksa mengangkatnya dengan memegang lehernya. Tanpa menghiraukan jiwa yang meronta-ronta, mesin itu mengangkatnya setinggi lehernya dan menusuk kepala jiwa dengan kuku-kuku jari tangan kirinya yang runcing dan tajam. Mesin itu memberikan seksaan tambahan dengan mempertontonkan filem itu semula. Seksaan ini akan berterusan sampai Hari Pengadilan.

Diikat pada Batang Pohon

Inilah hukuman untuk mantan pelayan Tuhan yang dahulu mengajar jemaat gerejanya dan memegang banyak jawatan penting.

Melawan Roh Kudus

Dalam sifat dasarnya, jiwa itu mempunyai keinginan yang kuat untuk kemasyhuran, harta material, dan kekuasaan. Dia rajin mengerjakan tugas-tugasnya, tetapi tidak menyedari kejahatannya. Pada satu ketika, dia berhenti berdoa, dengan tidak lagi menyunat hatinya secara efektif. Akibatnya, pelbagai kejahatan bertumbuh di dalam dirinya seperti kulat yang beracun. Ketika gereja yang dilayaninya menghadapi satu krisis yang besar, kuasa Iblis segera mengambil alih dirinya.

Ketika dia melawan Roh Kudus sesudah tergoda oleh Iblis, dosa-dosanya menjadi semakin serius kerana dia pernah menjadi pemimpin di gerejanya dan mempengaruhi sangat banyak anggota gereja secara negatif dan menghalang kerajaan Tuhan.

Menjadi sasaran seksaan dan ejekan

Lelaki ini menerima hukuman diikat pada sebatang pohon di Hades. Hukumannya tidak seberat Yudas Iskariot, tetapi hukuman itu tetap berat dan tidak tertahankan.

Utusan Neraka mempertontonkan sebuah filem yang menggambarkan masa-masa paling bahagia dalam hidupnya. Sebahagian besar daripada waktu itu adalah ketika dia masih menjadi pelayan Tuhan yang setia. Seksaan mental ini mengingatkan dirinya bahawa dia dahulu mempunyai masa hidup yang bahagia dan kesempatan untuk menerima berkat Tuhan yang berkelimpahan. Sayangnya, dia tidak pernah menyunat hatinya kerana ketamakan dan ketidakbenarannya, dan sekarang dia menerima hukuman yang mengerikan ini.

Di langit-langit bergantungan buah-buah hitam yang tidak terhitung banyaknya. Sesudah mempertontonkan filem itu kepada jiwa, utusan Neraka menunjuk ke langit-langit dan mengejeknya, "Ketamakanmu menghasilkan buah-buah seperti ini!" Kemudian, buah-buah itu jatuh satu demi satu. Setiap buah itu ialah kepala orang-orang yang mengikutinya melawan Tuhan. Mereka melakukan dosa yang sama dengan jiwa itu. Sesudah seksaan yang sadis, seluruh tubuh mereka terpotong-potong. Hanya tinggal kepala mereka yang tergantung di langit-langit. Jiwa yang terikat pada pohon mendesak dan menggoda orang-orang ini ketika masih di dunia untuk mengikuti jalan-jalannya yang tamak dan melakukan kejahatan. Oleh itu, mereka menjadi buah daripada ketamakannya.

Setiap kali utusan Neraka mengejeknya, ejekan itu menjadi tanda buah-buah tersebut satu demi satu jatuh dan pecah berserakan. Kemudian, satu kepala bergolek keluar dari karung dengan mengeluarkan bunyi. Drama-drama, dokumentasi sejarah, atau filem-filem yang menampilkan adegan leher watak yang dikelar menggambarkan kepala orang yang mati itu dengan rambut yang tidak kemas, wajah berlumuran darah, bibir melepuh, dan mata terjegil. Kepala-kepala yang terjatuh dari langit-langit itu kelihatan sama seperti kepala-kepala dalam drama atau filem tersebut.

Kepala-kepala yang jatuh dari langit-langit menggigit jiwa

Ketika kepala-kepala yang menakutkan jatuh dari langit-langit, mereka segera melekat pada jiwa itu satu demi satu. Mula-mula sekali mereka melekat pada kakinya dan menggigitnya sampai putus.

Adegan lain dari filem yang ditampilkan utusan Neraka itu

melintas di hadapan mata jiwa itu dan sekali lagi utusan Neraka mengejeknya, "Lihat, ketamakanmu tergantung seperti ini!" Kemudian, karung yang lain jatuh dari langit-langit dan pecah. Kepala yang lain melekat dan dengan kejam menggigit tangan jiwa itu.

Dengan cara ini, setiap kali utusan Neraka mengejek jiwa, kepala dari langit-langit itu jatuh satu demi satu. Kepala-kepala ini berjuntaian pada seluruh tubuh jiwa itu seperti sebatang pohon yang berbuah lebat. Rasa sakit kerana digigit oleh kepala-kepala ini sangat berbeza daripada rasa sakit kerana digigit orang atau binatang di dunia ini. Racun dari gigi-gigi yang tajam tersebar daripada bahagian yang digigit ke tulang-tulang dalaman, dan membuatkan tubuh jiwa itu menjadi kaku dan berwarna hitam. Rasa sakit yang tidak tertahankan ini membuatkan gigitan serangga-serangga atau cabikan-cabikan binatang buas kelihatan kurang sakit.

Jiwa-jiwa yang hanya tinggal kepala itu menderita seksaan dengan seluruh tubuh mereka terputus dan terpotong-potong. Betapa dendamnya mereka terhadap jiwa itu. Sekalipun mereka melawan Tuhan kerana kejahatan mereka sendiri, keinginan untuk membalas dendam atas kejatuhan mereka sangat besar dan terdesak.

Jiwa itu tahu benar bahawa dia sedang dihukum kerana ketamakannya. Namun begitu, dia sibuk mengutuki kepala jiwa-jiwa lain yang menggigit dan menghancurkan tubuhnya, bukannya menyesal atau bertaubat daripada dosa-dosanya. Sementara waktu berlalu dan rasa sakit semakin bertambah, jiwa itu menjadi semakin jahat dan kejam.

Anda tidak boleh melakukan dosa-dosa yang tidak dapat diampuni

Saya sudah memberikan lima contoh hukuman terhadap orang-orang yang melawan Tuhan. Jiwa-jiwa semacam itu akan menerima hukuman yang lebih berat daripada banyak jiwa yang lain kerana ketika masih hidup, jiwa-jiwa itu bekerja untuk Tuhan sebagai pemimpin di gereja untuk memperluas kerajaan-Nya.

Kita haruslah ingat bahawa banyak jiwa yang masuk ke Hades dan sedang menerima hukuman, berfikiran bahawa mereka percaya kepada Tuhan serta dengan setia dan bersemangat melayani DIA, pelayan-pelayan-Nya dan gereja-Nya.

Selain itu, anda juga harus ingat untuk tidak pernah berbicara menentang, melawan, atau menghina Roh Kudus. Roh pertaubatan tidak akan diberikan kepada orang yang melawan Roh Kudus, terutama mereka yang melawan Roh Kudus sesudah mengaku percaya kepada Tuhan dan mengalami pekerjaan-pekerjaan Roh Kudus secara peribadi. Oleh hal yang demikian, mereka tidak dapat bertaubat.

Sejak awal pelayanan hingga hari ini, saya tidak pernah mengkritik gereja-gereja lain atau pelayan-pelayan Tuhan yang lain, dan tidak penah menuduh mereka sebagai "orang sesat". Sekiranya gereja-gereja dan pendeta-pendeta lain percaya kepada Tuhan Tritunggal, mengakui adanya Syurga dan Neraka, dan menyampaikan pesan tentang keselamatan melalui Kristus Yesus, bagaimana mungkin mereka sesat?

Tambahan pula, adalah jelas melawan Roh Kudus sekiranya menuduh dan mengatakan gereja atau seorang pelayan Tuhan yang atasnya Tuhan menunjukkan dan meneguhkan autoriti dan hadirat-Nya. Ingatlah, tidak ada pengampunan untuk dosa semacam itu.

Oleh hal yang demikian, sehingga kebenaran diketahui dengan pasti, tak seorang pun boleh menuduh sesiapa pun sebagai "orang sesat". Di samping itu, anda tidak boleh melakukan dosa dengan menghalang dan melawan Roh Kudus dengan lidah anda.

Sekiranya anda meninggalkan tugas yang diberikan oleh Tuhan

Kita tidak boleh meninggalkan tugas yang diberikan oleh Tuhan dengan sesuka hati kita sendiri dalam apa-apa pun keadaan. Yesus menekankan pentingnya menjalankan tugas melalui perumpamaan tentang wang emas (Matius 25).

Ada seorang lelaki yang akan berangkat ke luar negeri. Dia memanggil hamba-hambanya dan mempercayakan hartanya kepada mereka menurut kemampuan masing-masing. Dia memberi lima ribu keping wang emas kepada hamba yang pertama, dua ribu keping wang emas kepada hamba yang kedua, dan seribu keping wang emas kepada hamba yang ketiga. Hamba yang pertama dan kedua berniaga dengan wang itu dan masing-masing mendapat dua kali ganda.

Namun begitu, hamba yang menerima seribu keping wang emas pergi menggali lubang di tanah, lalu menyorokkan wang tuannya. Setelah beberapa waktu lamanya, tuan itu kembali dan mengadakan perhitungan dengan setiap mereka. Kedua-dua hamba yang menerima lima ribu dan dua ribu keping wang emas menyerahkan dua kali ganda wang mereka. Tuan itu memuji mereka berdua dengan berkata, "Bagus, kamu hamba yang baik dan setia". Kemudian, hamba yang menerima seribu keping wang emas itu ditinggalkan kerana dia tidak menggunakan wang yang dipercayakan kepadanya dan tidak mendapat untung sedikit pun daripada wang itu, sebaliknya dia hanya menyoroknya.

"Wang emas" dalam perumpamaan ini merujuk kepada tugas yang diberikan oleh Tuhan. Anda melihat Tuhan meninggalkan orang yang mengabaikan tugasnya. Namun begitu, sangat banyak orang di sekitar kita yang mengabaikan tugas yang diberikan oleh Tuhan kepada mereka. Anda harus sedar bahawa mereka yang mengabaikan tugas dengan sesuka hati, pasti akan dihukum pada Hari Pengadilan.

Buanglah kemunafikan dan sunatlah hati anda

Yesus merujuk kepada pentingnya menyunat hati ketika DIA menegur guru-guru Taurat dan orang-orang Farisi sebagai orang-orang munafik. Guru-guru Taurat dan orang-orang Farisi kelihatan menjalani kehidupan yang beriman, tetapi hati mereka penuh dengan kejahatan sehingga Yesus menegur mereka. DIA mengatakan bahawa mereka seperti kubur yang bercat putih.

Alangkah malangnya kamu guru Taurat dan orang Farisi! Kamu munafik! Kamu seperti kubur yang bercat putih; baik di luar tetapi di dalamnya penuh dengan tulang dan mayat yang busuk. Demikian halnya dengan kamu! Pada lahirnya kamu kelihatan melakukan kehendak Tuhan, tetapi kamu sebenarnya orang jahat dan munafik. (Matius 23:27-28).

Untuk alasan yang sama, tidak ada gunanya anda menggunakan hiasan atau mengenakan pakaian yang paling bagus sekiranya hati anda penuh dengan iri hati, kebencian, dan kesombongan. Lebih daripada apa-apa pun, Tuhan ingin kita menyunat hati kita dan membuang kejahatan.

Mengkhabarkan Berita Baik, prihatin terhadap anggota-anggota gereja, dan melayani gereja semuanya penting. Namun begitu, yang paling penting adalah mengasihi Tuhan, berjalan di dalam terang, dan menjadi semakin serupa dengan-Nya. Anda harus kudus sama seperti Tuhan yang kudus, dan anda harus sempurna sama seperti Tuhan yang sempurna.

Pada satu sisi, sekiranya semangat anda untuk Tuhan pada saat ini tidak berasal daripada hati yang benar dan iman yang utuh, hal itu dapat selalu merosot dan kemudian tidak dapat menyenangkan hati Tuhan. Pada sisi yang lain, sekiranya seseorang menyunat hatinya supaya kudus dan utuh, hati orang itu akan memancarkan aroma yang menyenangkan Tuhan.

Tambahan pula, betapapun banyaknya firman Tuhan yang telah anda pelajari dan ketahui, yang lebih penting bagi anda ialah tekad untuk bertingkah laku dan hidup sesuai dengan firman-Nya. Saya berdoa agar anda selalu ingat akan kewujudan Neraka yang mengerikan, memurnikan hati anda agar ketika

Tuhan Yesus datang kembali, anda akan menjadi antara salah seorang yang pertama menyambut DIA.

1 Korintus 2:13-14 mengatakan *"Oleh itu, ketika kami menjelaskan hal-hal tentang Tuhan kepada orang yang mempunyai Roh Tuhan, kami tidak berkata-kata menurut kebijaksanaan manusia, tetapi menurut ajaran Roh Tuhan. Sesiapa yang tidak mempunyai Roh Tuhan, tidak dapat menerima kurnia daripada Roh Tuhan, kerana orang seperti itu tidak dapat memahaminya dan menganggapnya suatu kebodohan sahaja."*

Tanpa pekerjaan dan bantuan Roh Kudus yang diungkapkan oleh Tuhan kepada kita, bagaimanakah mungkin sesiapa di dalam dunia ini yang daripada daging dapat berkata-kata tentang hal-hal rohani dan memahaminya?

Tuhan sendiri sudah mengungkapkan kesaksian tentang Neraka dan dengan demikian setiap bahagiannya adalah benar. Hukuman-hukuman di Neraka sangat mengerikan sehingga saya tidak mengungkapkan setiap rinciannya, sebaliknya saya hanya menulis beberapa cara seksaan. Ingatlah juga bahawa antara banyak orang yang sudah masuk ke Hades, ada juga mereka yang pernah beriman dan setia kepada Tuhan.

Sekiranya anda tidak memenuhi syarat-syarat yang benar, misalnya berhenti berdoa atau menyunatkan hati, anda hampir dapat dipastikan akan tergoda oleh Iblis untuk melawan Tuhan dan akhirnya dilemparkan ke Neraka.

Saya berdoa dalam nama Tuhan supaya anda dapat mengerti betapa mengerikan dan menyedihkan tempat yang bernama Neraka, tekunlah berdoa, rajin mengkhabarkan Injil, dan selalu memeriksa diri anda agar mencapai keselamatan yang utuh.

Bab 7

Keselamatan pada Masa Kesusahan Besar

Kedatangan Kristus dan Pengangkatan

Tujuh Tahun Masa Kesusahan Besar

Mati Syahid pada Masa Kesusahan Besar

Kedatangan Kristus yang Kedua Kali dan Masa Seribu Tahun

Mempersiapkan Diri Menjadi Pengantin yang Cantik bagi Tuhan

"Dan Injil Kerajaan ini akan diberitakan di seluruh dunia menjadi kesaksian bagi semua bangsa, sesudah itu barulah tiba kesudahannya."
- Matius 24:14 -

"Dan seorang malaikat lain, malaikat ketiga, menyusul mereka, dan berkata dengan suara nyaring: 'Jikalau seorang menyembah binatang dan patungnya itu, dan menerima tanda pada dahinya atau pada tangannya, maka ia akan minum dari anggur murka Allah, yang disediakan tanpa campuran dalam cawan murka-Nya; dan ia akan disiksa dengan api dan belerang di depan mata malaikat-malaikat kudus dan di depan mata Anak Domba. Maka asap api yang menyiksa mereka itu naik ke atas sampai selama-lamanya, dan siang malam mereka tidak henti-hentinya disiksa, yaitu mereka yang menyembah binatang serta patungnya itu, dan barangsiapa yang telah menerima tanda namanya'."
- Wahyu 14:9-11 -

Ketika kita meneliti aliran sejarah zaman sekarang atau nubuat-nubuat dalam Alkitab, kita menyedari bahawa waktu kedatangan Tuhan sudah siap dan dekat. Dalam tahun-tahun terakhir ini, ada banyak gempa bumi dan banjir yang dahsyatnya sama seperti yang terjadi setiap beberapa ratus tahun sekali.

Di samping itu, terjadi pula kebakaran hutan dalam skala besar, angin taufan yang meninggalkan kehancuran dan jumlah korban yang sangat besar. Di Afrika dan Asia, banyak orang menderita dan mati kerana kebuluran akibat kemarau yang berpanjangan. Manusia di banyak bahagian dunia telah menyaksikan dan mengalami cuaca yang tidak normal disebabkan oleh penipisan lapisan ozon, "El Nino", "La Nina", dan banyak lagi.

Tambahan pula, tampaknya ada perang dan konflik antara negara yang tidak berpenghujung, tindakan pengganas, dan pelbagai bentuk kekejaman yang lain. Kekejaman-kekejaman yang melanggar prinsip-prinsip moral manusia telah menjadi peristiwa sehari-hari dan diberitakan melalui media massa.

Fenomena semacam itu sudah dinubuatkan oleh Yesus Kristus dua ribu tahun lalu, ketika DIA menjawab pertanyaan murid-murid-Nya, *"Apakah tanda-tanda yang akan menunjukkan masa kedatangan Guru dan akhir zaman?"* (Matius 24:3).

Sebagai contoh, betapa benar ayat-ayat berikut pada saat ini? Satu bangsa akan berperang melawan bangsa yang lain. Di mana-mana akan berlaku kebuluran dan gempa bumi. Semuanya ini hanya permulaan sahaja, sama seperti sakit yang dialami oleh wanita yang akan bersalin. (Matius 24:7-8).

Oleh itu, sekiranya anda mempunyai iman yang benar, anda harus tahu bahawa hai kedatangan Yesus sudah sangat dekat dan berwaspadalah seperti lima gadis yang bijaksana (Matius 5:1-13). Jangan sampai anda tertinggal seperti lima gadis bodoh yang tidak menyiapkan minyak yang cukup untuk lampu-lampu mereka.

Kedatangan Kristus dan Pengangkatan

Kira-kira dua ribu tahun lalu, Tuhan Yesus Kristus mati di kayu salib, pada hari ketiga bangkit antara orang mati, dan naik ke Syurga di hadapan banyak orang. Kisah Para Rasul 1:11 mengatakan bahawa *"Yesus, yang kamu lihat diangkat ke Syurga, akan kembali lagi dengan cara yang sama seperti kamu lihat tadi."*

Yesus Kristus telah membuka jalan keselamatan, naik ke Syurga, duduk di sebelah kanan Tuhan, dan sedang menyiapkan tempat untuk kita. Pada waktu yang ditetapkan oleh Tuhan dan ketika tempat kita di Syurga sudah siap, Yesus akan datang kembali untuk membawa kita *"ke tempat-Ku, supaya kamu tinggal di tempat Aku tinggal"* (Yohanes 14:3).

Bagaimanakah keadaan kedatangan Yesus kembali?

Surat 1 Tesalonika 4:16-17 menggambarkan keadaan ketika Yesus turun dari Syurga dengan malaikat-malaikat dan bala tentera Syurgawi yang tidak terhitung banyaknya, bersama dengan orang-orang yang mati di dalam Kristus.

Pada masa itu malaikat agung akan berseru dengan suara yang kuat dan trompet Tuhan dibunyikan, lalu Tuhan sendiri akan turun dari Syurga. Mereka yang percaya kepada Kristus dan sudah meninggal dunia akan dihidupkan terlebih dahulu. Kemudian kita yang masih hidup pada waktu itu akan diangkat bersama-sama mereka ke awan untuk berjumpa dengan Tuhan di angkasa. Lalu kita akan bersama-sama Tuhan selama-lamanya.

Betapa indahnya sekiranya Yesus Kristus kembali dengan dikelilingi dan dikawal oleh mailakat dan bala tentera Syurgawi yang tidak terhitung banyaknya di awan-awan! Pada waktu itu, semua orang yang diselamatkan di dalam iman "akan diangkat bersama-sama" ke angkasa dan menghadiri Majlis Perkahwinan Tujuh Tahun.

Mereka yang sudah meninggal dunia tetapi diselamatkan dalam Kristus akan bangkit lebih dahulu dan diangkat ke angkasa lalu diikuti oleh mereka yang masih hidup pada waktu Yesus datang kembali, yang tubuhnya akan diubah menjadi tubuh yang kekal.

Pengangkatan dan Majlis Perkahwinan

"Pengangkatan" ialah peristiwa orang-orang yang percaya akan diangkat ke angkasa. Di manakah "angkasa" disebut dalam 1 Tesalonika 4?

Menurut Surat Efesus 2:2 yang mengatakan, *"Pada masa itu hidup kamu mengikut cara yang jahat daripada orang di dunia ini. Kamu mentaati penguasa roh-roh jahat di angkasa, iaitu roh yang sekarang menguasai orang yang tidak taat kepada Tuhan."* "Angkasa" merujuk kepada tempat roh-roh jahat mempunyai autoriti.

Namun begitu tempat untuk roh-roh jahat tidak menunjukkan tempat Majlis Perkahwinan Tujuh Tahun. Tuhan Bapa kita menyediakan tempat yang istimewa untuk Majlis itu. Alkitab mengatakan tempat yang disediakan itu "angkasa" iaitu nama yang sama dengan tempat roh-roh jahat kerana kedua-dua tempat itu berada di ruang yang sama.

Apabila anda secara samar memandang ke langit, anda mungkin mendapati sukar untuk memahami "angkasa" – tempat kita akan bertemu dengan Yesus dan tempat Majlis Perkahwinan Tujuh Tahun akan diadakan – yang sebenarnya. Jawapan untuk soalan-soalan seperti itu dapat ditemui dalam siri buku "Lectures on Genesis" dan siri dua bahagian "Heaven". Sila merujuk kepada pesan-pesan tersebut kerana adalah penting untuk memahami dengan betul tentang dunia rohani dan percaya kepada Alkitab.

Dapatkah anda membayangkan betapa gembiranya orang-orang yang percaya kepada Yesus, yang telah menyiapkan diri mereka sebagai pengantin-Nya, apabila mereka akhirnya bertemu dengan Pengantin mereka dan menghadiri majlis perkahwinan yang berlangsung selama tujuh tahun?

Marilah kita bersukacita dan bergembira! Marilah kita memuji keagungan-Nya, kerana masa perkahwinan Anak Domba sudah tiba dan pengantin perempuan-Nya sudah siap untuk perkahwinan itu. Pengantin perempuan itu telah diberikan pakaian linen yang bersih dan berkilauan untuk dikenakan. (Pakaian linen itu perbuatan baik yang dilakukan oleh umat Tuhan). Kemudian malaikat itu berkata kepadaku, "Tuliskan ini: Berbahagialah orang yang telah dijemput ke majlis perkahwinan Anak Domba itu." Malaikat itu berkata lagi, "Inilah firman yang benar daripada Tuhan." (Wahyu 19:7-9).

Pada satu sisi, orang-orang yang percaya yang telah diangkat ke angkasa akan menerima ganjaran kerana telah mengalahkan dunia. Pada sisi yang lain, orang-orang yang tidak terangkat akan menderita kesedihan yang tidak terbayangkan besarnya oleh roh-roh jahat yang telah dikeluarkan dari angkasa ke bumi apabila Yesus kembali.

Tujuh Tahun Masa Kesusahan Besar

Orang-orang percaya yang sudah diselamatkan akan menikmati pesta perkahwinan di angkasa bersama dengan Yesus Kristus selama tujuh tahun, bersukacita dengan DIA, dan merencanakan masa hadapan mereka yang bahagia. Sementara itu, semua orang yang ditinggalkan di dunia menghadapi masa kesusahan besar pada satu tahap yang belum pernah berlaku dahulu selama tujuh tahun dengan bencana-bencana yang tidak terbayangkan dan sangat menakutkan akan menimpa umat manusia.

Perang Dunia Ketiga dan tanda si binatang

Ketika perang nuklear dalam skala global yang akan datang, Perang Dunia Ketiga, sepertiga daripada semua pohon di bumi akan terbakar dan sepertiga umat manusia akan mati. Selama perang yang sama, akan sulit untuk mendapatkan udara segar dan air bersih kerana pencemaran yang teruk dan harga bahan makanan dan keperluan-keperluan akan melonjak sangat tinggi.

Tanda si binatang, "666", akan dinyatakan dan setiap orang harus menerimanya sama ada di tangan kanannya ataupun dahinya. Sekiranya ada orang tidak mahu menerima tanda itu, identitinya tidak akan dijamin dan dia tidak akan dapat melakukan transaksi dan tidak dapat membeli apa-apa pun barang keperluan.

Binatang kedua ini memaksa semua orang: orang

biasa dan orang besar, orang kaya dan orang miskin, abdi dan orang bebas, supaya menerima tanda pada tangan kanan atau dahi mereka. Tidak seorang pun dapat membeli ataupun menjual sesuatu, kecuali dia mempunyai tanda itu, iaitu nama binatang itu sendiri atau nombor yang melambangkan nama itu. Hal ini memerlukan kebijaksanaan. Sesiapa yang bijak dapat memahami erti nombor binatang itu, kerana nombor itu melambangkan nama seorang manusia. Nombor itu 666. (Wahyu 13:16-18).

Antara orang yang ditinggalkan sesudah kedatangan kembali Yesus dan Pengangkatan ialah orang-orang yang sudah mendengar Injil atau pergi ke gereja, dan sekarang baru ingat akan firman Tuhan.

Ada orang yang dengan sengaja meninggalkan iman mereka, dan yang lain berfikiran bahawa mereka percaya kepada Tuhan, tetapi masih tertinggal. Sekiranya orang-orang ini percaya kepada Alkitab dengan sepenuh hati, mereka pasti sudah menjalani kehidupan yang baik di dalam Kristus.

Namun begitu, mereka yang suam-suam dan berkata kepada diri mereka sendiri, "Saya akan tahu adakah Syurga dan Neraka itu ada hanya sekiranya saya sudah mati," dan justeru itu tidak mempunyai iman yang baik yang diperlukan untuk mendapatkan keselamatan.

Hukuman-hukuman kerana menerima tanda binatang

Kelompok orang ini mengakui bahawa setiap kata dalam Alkitab itu benar hanya ketika mereka sudah menyaksikan Pengangkatan. Mereka menangis dan meratap dengan pahit. Sesudah dicengkam ketakutan yang amat besar, mereka bertaubat kerana tidak hidup sesuai dengan kehendak Tuhan dan segera mencari jalan keselamatan. Tambahan pula, mereka tahu bahawa menerima tanda si binatang hanya akan membawa mereka ke Neraka, mereka berusaha keras agar tidak menerima tanda itu. Sekalipun dalam cara ini, mereka berusaha membuktikan iman mereka.

Setelah kedua-dua malaikat itu pergi, datanglah malaikat ketiga yang berseru, "Sesiapa yang menyembah binatang itu dan patungnya, serta menerima tanda binatang itu pada dahi atau tangan, akan minum wain yang melambangkan kemurkaan Tuhan. Wain yang pekat itu dituang ke dalam cawan kemurkaan-Nya! Semua orang itu akan diseksa di dalam api dan belerang di hadapan malaikat-malaikat suci dan Anak Domba. Asap api yang menyeksa mereka akan mengepul terus-menerus untuk selama-lamanya. Mereka yang menyembah binatang itu dan patungnya, serta mereka yang mempunyai tanda nama binatang itu, akan terus-menerus terseksa siang dan malam." Itulah sebabnya umat Tuhan yang taat kepada perintah-Nya dan setia kepada Yesus mesti tabah hati. (Wahyu 14:9-12).

Bagaimanapun, tidak mudah menolak tanda si binatang khususnya di dunia tempat roh-roh jahat benar-benar sudah mengambil alih segala perkara. Pada masa yang sama, roh-roh jahat juga tahu bahawa orang-orang ini akan menerima keselamatan ketika mereka menolak tanda 666 dan mati syahid. Oleh hal yang demikian, roh-roh jahat tidak mahu dan tidak mudah menyerah.

Pada masa gereja Kristian yang mula-mula, dua ribu tahun lalu, banyak penguasa yang menganiaya orang Kristian dengan menyalibkan, memenggal, atau menjadikan mereka sebagai mangsa singa. Sekiranya orang dianiaya dan dibunuh dengan cara demikian, tidak terhitung banyaknya orang yang akan menerima kematian secara cepat selama Tujuh Tahun masa Kesusahan Besar. Namun begitu, selama jangka waktu tujuh tahun ini roh-roh jahat tidak akan membuat segala perkara menjadi mudah bagi orang-orang yang tertinggal di bumi. Roh-roh jahat akan memaksa mereka menyangkal Yesus dengan cara apa-apa pun dan menggunakan segala sumber mereka untuk melawan orang-orang itu. Hal ini tidak bererti bahawa orang-orang tersebut boleh membunuh diri untuk menghindari seksaan kerana membunuh diri hanya akan membawa mereka ke Neraka.

Orang-orang yang akan mati syahid

Saya sudah menyebutkan beberapa cara seksaan kejam yang

digunakan oleh roh-roh jahat. Selama masa Kesusahan Besar, cara-cara seksaan yang tidak terbayangkan itu akan dipakai dengan bebas. Tambahan pula, kerana hampir tidak mungkin bagi mereka untuk bertahan terhadap seksaan, selama masa ini hanya sejumlah kecil daripada mereka yang benar-benar menerima keselamatan.

Oleh hal yang demikian, kita semua harus berjaga-jaga secara rohani sepanjang waktu dan memiliki iman yang akan mengangkat kita ke angkasa pada saat kedatangan Kristus.

Ketika saya sedang berdoa, Tuhan menunjukkan kepada satu penglihatan tentang orang-orang yang tertinggal sesudah Pengangkatan sedang menerima segala bentuk seksaan. Saya melihat sebahagian besar antara mereka tidak dapat bertahan terhadap seksaan-seksaan itu dan akhirnya menyerah kepada roh-roh jahat.

Seksaan itu terdiri daripada menguliti orang-orang itu, mematahkan dan menghancurkan sendi-sendi mereka, menghiris jari-jari tangan dan kaki mereka dan menuangkan minyak yang sangat panas ke atasnya. Sesetengah orang yang dapat bertahan dalam seksaan yang dialami oleh mereka tidak dapat bertahan ketika melihat ibu bapa yang tua dan anak-anak mereka yang masih kecil menderita, dan mereka juga menyerah kepada tanda 666.

Bagaimanapun, masih ada sejumlah kecil orang benar yang mengalahkan semua cubaan dan seksaan. Orang-orang ini menerima keselamatan. Sekalipun pada tingkat yang terendah dan mereka masuk ke Firdaus yang menjadi sebahagian daripada Syurga. Mereka berasa sangat bersyukur dan bergembira kerana tidak masuk ke Neraka.

Itulah sebabnya kita wajib menyampaikan pesan tentang Neraka ke seluruh dunia. Sekalipun tampaknya orang-orang tidak menaruh perhatian tentang Neraka pada saat ini, sekiranya mereka teringat pesan ini selama masa Kesusahan Besar, pesan ini akan membuka jalan bagi mereka untuk mendapatkan keselamatan.

Sesetengah orang mengatakan bahawa mereka bersedia mati syahid untuk menerima keselamatan sekiranya Pengangkatan benar-benar terjadi dan mereka tertinggal.

Namun begitu, sekiranya mereka tidak dapat memiliki iman pada masa yang damai ini, bagaimana mungkin mereka mempertahankan iman di tengah-tengah seksaan yang sangat kejam itu? Kita bahkan tidak dapat menduga perkara yang akan terjadi kepada diri kita sepuluh minit kemudian. Sekiranya mereka mati sebelum mendapat kesempatan untuk mati syahid, hanya Nerakalah yang menanti mereka.

Mati Syahid pada Masa Kesusahan Besar

Untuk menolong anda lebih mudah memahami seksaan pada masa Kesusahan Besar dan membuatkan anda tetap terjaga secara rohani sehingga dapat menghindarinya, izinkan saya menjelaskan lebih jauh dengan contoh satu jiwa.

Oleh sebab wanita ini menerima anugerah Tuhan yang terus mengalir, dia dapat melihat dan mendengar hal-hal yang besar, mulia, dan bahkan tersembunyi tentang Tuhan. Namun begitu, hatinya penuh kejahatan, dan sangat sedikit imannya. Dengan kurnia semacam itu daripada Tuhan, dia menjalankan tugas-tugas penting dan mempunyai peranan yang sangat penting dalam memperluas kerajaan tuhan, dan sering menyenangkan Tuhan dengan perbuatan-perbuatannya. Dengan demikian, orang ramai mudah beranggapan, "Orang-orang yang mempunyai tugas-tugas penting di gereja tentulah orang-orang yang memiliki iman yang besar!"

Namun begitu, hal ini tidak selalu benar. Dari sudut pandangan Tuhan, tidak terhitung banyaknya orang percaya yang imannya sebenarnya "besar". Tuhan mengukur bukan iman kedagingan, melainkan iman rohani.

Tuhan menginginkan iman yang rohani

Marilah kita secara singkat menyelidik "iman rohani" melalui peristiwa pembebasan bangsa Israel dari Mesir. Bangsa Israel menyaksikan dan mengalami Sepuluh Tulah daripada Tuhan. Mereka menyaksikan Laut Merah terbelah menjadi dua dan Firaun serta pasukannya terkubur di dalamnya. Mereka mengalami tuntunan Tuhan melalui tiang awan pada siang hari dan tiang api pada malam hari. Setiap hari mereka makan manna dari Syurga, mendengar suara Tuhan yang bertakhta di awan-awan, dan melihat pekerjaan-Nya dengan api.

Mereka minum air dari batu besar sesudah Musa memukulnya, dan melihat air pahit di Mara berubah menjadi manis. Sekalipun mereka berulang-ulang kali menyaksikan pekerjaan dan tanda-tanda daripada Tuhan yang hidup, iman mereka tidak menyenangkan dan tidak dapat diterima oleh Tuhan. Oleh itu, pada akhirnya mereka tidak dapat memasuki Tanah Perjanjian di Kanaan (Bilangan 20:12).

Pada satu sisi, iman yang tidak disertai dengan perbuatan bukanlah iman yang benar tidak kira betapapun banyaknya dia mengetahui firman Tuhan dan telah menyaksikan dan mendengar pekerjaan dan mukjizat-Nya. Pada sisi lain, sekiranya kita memiliki iman rohani, kita tidak akan berhenti belajar tentang firman Tuhan; kita akan menjadi taat pada firman-Nya, menyunat hati kita, dan menghindari segala kejahatan.

Sama ada kita mempunyai iman yang "besar" atau "kecil" ditentukan oleh seberapa jauh kita taat pada firman-Nya, berbuat dan hidup sesuai dengannya, dan memiliki hati yang seperti hati Tuhan.

Ketidaktaatan dalam kesombongan yang berulang-ulang kali

Dalam aspek ini, wanita itu memiliki iman yang kecil. Dia berusaha menyunat hatinya untuk sementara waktu, tetapi tidak dapat sepenuhnya meninggalkan kejahatan. Di samping itu, dia menjadi semakin sombong kerana tugasnya mengkhutbahkan firman Tuhan.

Wanita itu berfikir dia memiliki iman yang benar dan besar. Lebih jauh lagi, dia berfikir bahawa kehendak Tuhan tidak dapat digenapi atau dijalankan tanpa kehadiran dan bantuannya. Lama-kelamaan, dia bukannya memberikan kemuliaan kepada Tuhan, sebaliknya dia ingin menerima pujian untuk dirinya sendiri. Tambahan pula, dia memakai milik Tuhan untuk kepentingannya sendiri untuk memuaskan keinginan-keinginan daripada sifat dasarnya yang berdosa.

Dia berulang-ulang tidak mentaati Tuhan. Sekalipun dia tahu Tuhan menghendakinya dia pergi ke timur, dia pergi ke barat. Tuhan meninggalkan Saul, raja pertama Israel, kerana ketidaktaatannya (1 Samuel 15:22-23). Sekalipun pada awalnya mereka dipakai Tuhan sebagai alat untuk menggenapi dan memperluas kerajaan-Nya, ketidaktaatan yang berulang-ulang kali hanya akan membuatkan Tuhan memalingkan wajah-Nya daripada mereka.

Oleh sebab wanita itu mengetahui firman Tuhan, dia menyedari dosa-dosanya dan berulang-ulang kali bertaubat. Namun begitu, doa pertaubatannya hanya di bibir sahaja, tidak berasal dari hatinya. Dia terus melakukan dosa yang sama berulang-ulang kali, sehingga mempertinggi tembok dosa di antara Tuhan dan dirinya.

Surat 2 Petrus 2:22 mengatakan, *"Apa yang berlaku kepada mereka membuktikan bahawa peribahasa ini benar, 'Anjing akan makan semula apa yang sudah dimuntahkannya,' dan 'Babi yang sudah dimandikan, akan bergulingan semula di lumpur.'"* Setelah bertaubat daripada dosa-dosanya, dia melakukan dosa-dosa yang sama lagi dari waktu ke waktu.

Pada akhirnya, oleh sebab dia dicengkam oleh kesombongan, ketamakan, dan dosa-dosa yang tidak terhitung banyaknya, Tuhan memalingkan wajah daripadanya dan akhirnya dia menjadi alat Iblis untuk melawan Tuhan.

Ketika kesempatan terakhir untuk bertaubat diberikan

Pada umumnya, mereka yang berbicara menentang, melawan, atau menghina Roh Kudus tidak dapat diampuni. Mereka tidak akan pernah lagi mendapat kesempatan untuk bertaubat, dan mereka akan berakhir di Hades.

Namun begitu, ada sesuatu yang berbeza tentang wanita ini. Meskipun semua dosa dan kejahatannya terus-menerus membuatkan Tuhan marah, DIA masih memberikan satu kesempatan terakhir kepadanya untuk bertaubat. Hal ini kerana pada sebelumnya wanita tersebut ialah alat yang tidak ternilai bagi Tuhan untuk kerajaan-Nya. Sekalipun wanita itu meninggalkan kewajibannya dan janji tentang kemuliaan dan upah di Syurga, memandangkan dia pernah sangat menyenangkan Tuhan, Tuhan memberinya satu kesempatan terakhir.

Dia masih melawan Tuhan dan Roh Kudus di dalam dirinya telah padam. Namun begitu, melalui anugerah Tuhan yang istimewa, wanita itu mendapat satu kesempatan terakhir untuk bertaubat dan menerima keselamatan selama masa Kesusahan Besar dengan cara mati syahid.

Fikiran-fikirannya masih terjerat di bawah kawalan Iblis tetapi sesudah Pengangkatan, dia akan menjadi sedar kembali. Oleh sebab dia mengetahui firman Tuhan dengan sangat baik, dia juga tahu jalan yang terbentang di hadapannya. Sesudah menyedari bahawa satu-satunya cara untuk menerima keselamatan adalah dengan mati syahid, dia akan bertaubat sepenuhnya, mengumpulkan orang-orang Kristian yang tertinggal, beribadah, memuji, dan berdoa bersama mereka sementara dia menyiapkan dirinya untuk menjadi syahid.

Mati syahid dan keselamatan pada tingkat terendah

Ketika tiba waktunya, dia akan menolak menerima tanda 666 dan akibatnya dia diseret untuk diseksa oleh orang-orang yang dikendalikan Iblis. Mereka mengulitinya selapis demi selapis. Mereka turut membakar bahagian-bahagian tubuhnya yang paling halus dan paling peribadi. Mereka akan menggunakan satu cara seksaan yang paling menyakitkan dan bertahan paling lama. Dengan segera ruangan itu penuh dengan bau daging terbakar. Tubuhnya berlumuran darah dari kepala sampai ke kaki, kepalanya tertunduk, dan wajahnya berwarna gelap dan biru menyerupai mayat.

Sekiranya dia dapat bertahan dalam seksaan ini sampai akhirnya, meskipun pada masa lalu dia penuh dengan dosa dan kejahatan, dia akan menerima keselamatan sekurang-kurangnya dalam tingkat yang paling rendah dan masuk ke Firdaus. Di Firdaus, bahagian pinggir dari Syurga dan bahagian paling jauh dari Takhta Tuhan, wanita itu akan meratapi dan menangisi perbuatan-perbuatan dalam hidupnya. Tentu sahaja dia akan bersyukur dan bersukacita kerana telah diselamatkan. Namun begitu, selama masa-masa yang akan datang dia akan menyesal dan merindukan Yerusalem Baru dengan berkata, "Hanya sekiranya saya meninggalkan kejahatan dan menjalankan tugas yang diberikan Tuhan dengan sepenuh hati, saya akan berada di tempat yang paling mulia di dalam Yerusalem Baru..." Ketika dia melihat orang-orang yang dikenali semasa hidupnya berada di Yerusalem Baru, dia akan selalu berasa malu.

Sekiranya menerima tanda 666

Sekiranya dia tidak tahan akan seksaan itu dan menerima tanda si binatang, sebelum Masa Seribu Tahun, dia akan dilemparkan ke Hades dan dihukum dengan disalibkan di sebelah kanan belakang salib Yudas Iskariot. Hukumannya di Hades merupakan pengulangan seksaan yang diterimanya selama masa Kesusahan Besar. Selama seribu tahun, tubuhnya akan dikuliti dan dibakar berulang-ulang.

Utusan-utusan Neraka dan semua orang yang melakukan kejahatan dengan mengikutinya akan menyeksa perempuan itu. Mereka juga dihukum menurut perbuatan jahat mereka dan melepaskan penderitaan dan kemarahan mereka kepadanya.

Di Hades mereka dihukum dengan cara ini sampai akhir Masa Seribu Tahun. Sesudah Penghakiman, jiwa-jiwa itu akan pergi ke Neraka yang menyala-nyala dengan api dan belerang, tempat hukuman-hukuman yang lebih berat menanti mereka.

Kedatangan Kristus yang Kedua Kali dan Masa Seribu Tahun

Seperti yang sudah disebutkan di atas, Yesus Kristus datang

kembali di angkasa dan mereka yang diangkat akan menikmati tujuh tahun majlis perkahwinan bersama-Nya, sementara masa Kesusahan Besar dijalankan oleh roh-roh jahat yang telah diusir dari angkasa.

Kemudian, Yesus Kristus kembali ke bumi dan Masa Seribu Tahun bermula. Roh-roh jahat dipenjarakankan di Jurang Maut selama waktu ini. Mereka yang menghadiri Majlis Perkahwinan Tujuh Tahun dan mereka yang mati syahid selama masa Kesusahan Besar memerintah di bumi dan berkongsi kasih dengan Yesus Kristus selama seribu tahun.

Berbahagialah mereka yang dibangkitkan pada tahap pertama itu; mereka milik Tuhan. Kematian tahap kedua tidak berkuasa atas mereka. Mereka akan menjadi imam Tuhan dan imam Kristus. Mereka akan memerintah bersama-sama Dia selama seribu tahun. (Wahyu 20:6).

Sejumlah kecil manusia jasmani yang selamat dari masa Kesusahan Besar juga akan tinggal di bumi selama masa seribu tahun. Namun begitu, mereka yang sudah meninggal sebelum menerima keselamatan akan terus dihukum di Hades.

Kerajaan Seribu Tahun

Ketika Masa Seribu Tahun tiba, manusia akan menikmati satu kehidupan yang penuh kedamaian seperti masa-masa di Taman Eden kerana tidak ada roh jahat. Yesus Kristus dan orang-orang yang diselamatkan dan manusia rohani tinggal di satu kota yang menyerupai istana raja-raja yang terpisah daripada manusia jasmani. Manusia rohani tinggal di kota dan manusia jasmani yang selamat daripada Masa Kesusahan Besar tinggal di luar kota ini.

Sebelum Masa Seribu Tahun, Yesus Kristus membersihkan bumi. DIA memurnikan udara yang tercemar, dan memperbaharu pohon-pohon, tanaman-tanaman, gunung-gunung, dan sungai-sungai. DIA menciptakan satu persekitaran yang indah.

Manusia-manusia jasmani akan berjuang untuk melahirkan anak sekerap dan sebanyak yang mereka dapat kerana hanya ada sedikit daripada mereka yang tersisa. Udara yang bersih dan tidak adanya roh jahat menyebabkan tidak ada penyakit dan kejahatan. Ketidakbenaran dan kejahatan di hati manusia-manusia jasmani tidak terungkap selama masa ini kerana roh-roh jahat yang menimbulkan kejahatan dipenjarakan di Jurang Maut.

Seperti pada masa sebelum zaman Nuh, orang-orang akan hidup mencapai umur ratusan tahun. Bumi segera penuh dengan manusia yang tidak terhitung banyaknya selama seribu tahun. Manusia tidak memakan daging, melainkan memakan buah-buahan kerana di sana tidak ada pembunuhan sama sekali.

Tambahan pula, mereka akan memerlukan sangat banyak waktu untuk mencapai tingkat kemajuan ilmu pengetahuan seperti zaman sekarang ini kerana sebahagian besar kebudayaan akan dihancurkan dalam peperangan selama masa Kesusahan Besar. Sementara waktu berlalu, tingkat kebudayaan mereka mungkin mencapai sama seperti sekarang ini selama masa mereka meningkatkan kebijaksanaan dan pengetahuan.

Manusia rohani dan manusia jasmani tinggal bersama-sama

Manusia rohani yang tinggal bersama Yesus Kristus di bumi tidak perlu makan seperti yang dilakukan manusia jasmani kerana tubuh manusia rohani sudah diubah menjadi tubuh kebangkitan atau tubuh rohani. Mereka biasanya menikmati aroma bunga dan semacamnya, tetapi sekiranya mereka mahu, mereka boleh makan makanan yang sama seperti manusia jasmani.

Namun begitu, manusia rohani tidak menikmati makanan jasmani dan bahkan sekiranya mereka memakannya, mereka tidak membuang kotoran sisa metabolisme tubuh seperti yang dilakukan oleh manusia jasmani. Seperti Yesus yang telah bangkit mengeluarkan nafas sesudah DIA makan sepotong ikan, makanan yang dimakan oleh manusia rohani terurai ke udara melalui nafas.

Manusia rohani juga berkhutbah dan bersaksi tentang Yesus Kristus kepada manusia jasmani sehingga pada akhir Masa Seribu Tahun supaya ketika roh-roh jahat dilepaskan untuk sementara waktu dari Jurang Maut, manusia jasmani tidak akan tergoda. Waktu ini berlangsung sebelum Pengadilan. Oleh itu, Tuhan tidak memenjarakan roh-roh jahat secara kekal di Jurang Maut, tetapi hanya selama seribu tahun (Wahyu 20:3).

Pada akhir Masa Seribu Tahun

Ketika Masa Seribu Tahun berakhir, roh-roh jahat yang telah dipenjarakan di Jurang Maut selama seribu tahun dilepaskan untuk sementara waktu. Mereka mulai menggoda dan memperdaya manusia jasmani yang sebelumnya hidup dengan damai. Sebahagian besar manusia jasmani tergoda dan terperdaya walaupun manusia-manusia rohani sudah banyak mengajar mereka untuk melawan cubaan-cubaan itu. Walaupun manusia-manusia rohani sudah memperingatkan secara rinci tentang hal-hal yang akan datang, manusia-manusia jasmani ini tetap tergoda dan merencanakan peperangan melawan manusia-manusia rohani.

Selepas masa seribu tahun itu berlalu, Iblis akan dilepaskan dari penjara, dan dia akan pergi menipu bangsa-bangsa yang tersebar di seluruh dunia, iaitu Gog dan Magog. Iblis akan mengumpulkan mereka semua untuk berperang, dan mereka sebanyak pasir di pantai. Mereka berpecah-pecah ke seluruh dunia, lalu mengepung perkhemahan umat Tuhan dan kota yang dikasihi-Nya. Tetapi api turun dari langit dan memusnahkan bangsa-bangsa itu. (Wahyu 20:7-9).

Walau bagaimanapun, Tuhan akan menghancurkan manusia-manusia jasmani yang mengadakan perang ini dengan api, dan akan melemparkan roh-roh jahat yang sudah dilepaskan untuk sementara waktu itu ke Jurang Maut sesudah Pengadilan Takhta

Putih Besar.

Pada akhirnya, manusia jasmani yang semakin bertambah jumlahnya selama seribu tahun juga akan dihakimi menurut keadilan Tuhan. Pada satu sisi, semua orang yang tidak menerima keselamatan – antaranya ialah orang-orang yang terselamat daripada Tujuh Tahun Masa Kesusahan Besar – dilemparkan ke Neraka. Pada sisi lain, mereka yang sudah menerima keselamatan akan masuk ke Syurga dan menurut iman mereka, akan tinggal di tempat yang berbeza-beza di dalam Syurga, misalnya Yerusalem Baru, Firdaus, dan lain-lain.

Sesudah Pengadilan Takhta Putih Besar, dunia roh terbahagi menjadi Syurga dan Neraka. Tentang hal ini, saya akan menjelaskan lebih lanjut dalam bab yang berikutnya.

Mempersiapkan Diri Menjadi Pengantin yang Cantik bagi Tuhan

Supaya tidak tertinggal ketika masa Kesusahan Besar, anda harus menyiapkan diri sebagai pengantin yang cantik bagi Yesus Kristus dan menyambut DIA pada waktu kedatangan-Nya.

Matius 25:1-13 iaitu perumpamaan tentang gadis-gadis yang bijak dan gadis-gadis yang bodoh ialah satu pelajaran yang sangat penting bagi semua orang percaya. Walaupun anda mengakui iman anda kepada Tuhan, anda tidak akan dapat menyambut pengantin lelaki anda, Yesus Kristus, sekiranya anda tidak menyediakan minyak yang cukup untuk pelita anda. Lima orang gadis menyediakan minyak mereka supaya mereka dapat menyambut pengantin lelaki dan masuk ke perjamuan kahwin. Lima orang gadis yang lain tidak menyediakan minyak dan tidak dapat mengikuti perjamuan itu.

Jadi, bagaimanakah kita dapat menyiapkan diri kita seperti lima orang gadis yang bijak, menjadi pengantin Tuhan, dan tidak masuk ke dalam masa Kesusahan Besar, tetapi ikut serta dalam Majlis Perkahwinan?

Berdoa dengan bersungguh-sungguh dan tetap berjaga-jaga

Walaupun anda ialah orang percaya yang baharu dan mempunyai iman yang lemah, selama anda berusaha sebaik-baiknya untuk menyunat hati anda, Tuhan akan membuatkan anda aman bahkan di tengah-tengah pencubaan yang berat. Betapapun sulitnya situasi yang anda hadapi, Tuhan akan membungkus anda dengan selimut kehidupan dan membuat anda mengalahkan setiap pencubaan dengan mudah.

Namun begitu, Tuhan tidak dapat melindungi orang-orang yang sudah lama menjadi orang percaya, pernah menjalankan tugas-tugas yang diberikan oleh Tuhan, dan mempunyai pengetahuan yang mendalam tentang firman Tuhan, sekiranya mereka tidak lagi berdoa, tidak lagi menjaga kemurnian, dan tidak lagi menyunat hati mereka.

Ketika anda menghadapi pelbagai kesulitan, anda harus dapat mendengar suara Roh Kudus untuk mengatasinya. Namun begitu, sekiranya anda tidak berdoa, bagaimanakah anda dapat mendengar suara Roh Kudus dan menjalani kehidupan yang berkemenangan? Sekiranya anda tidak dipenuhi oleh Roh Kudus, anda akan semakin bersandar pada fikiran-fikiran anda sendiri dan tersandung berkali-kali, dicubai Iblis.

Dan juga, sekarang kita sudah mendekati akhir zaman ini, roh-roh jahat berkeliling seperti singa yang mengaum-aum mencari mangsa, kerana mereka tahu bahawa akhir mereka juga sudah dekat. Kita sering melihat siswa malas yang belajar tergesa-gesa untuk ujian dan tidak tidur pada hari-hari ujian. Begitu juga sekiranya anda ialah orang percaya yang sedar bahawa kita hidup pada hari-hari menjelang akhir zaman, anda harus tetap berjaga-jaga dan menyiapkan diri sebagai pengantin yang cantik bagi Tuhan.

Meninggalkan kejahatan dan menjadi semakin serupa dengan Tuhan

Bagaimanakah keadaan orang-orang yang tetap berjaga-jaga itu? Mereka selalu berdoa, selalu penuh dengan Roh Kudus, percaya kepada firman Tuhan, dan hidup sesuai dengan firman-Nya.

Sekiranya anda tetap berjaga-jaga sepanjang waktu, anda akan selalu berkomunikasi dengan Tuhan sehingga anda tidak dapat dicubai oleh roh-roh jahat. Di samping itu, anda dapat dengan mudah mengatasi setiap pencubaan kerana Roh Kudus membuatkan anda waspada terhadap hal-hal yang akan datang, memimpin langkah anda, dan membantu anda menyedari firman kebenaran.

Namun begitu, orang-orang yang tidak berjaga-jaga tidak

dapat mendengar suara Roh Kudus sehingga mereka mudah dicubai Iblis, dan pergi ke jalan kematian. Berjaga-jaga bererti menyunat hati anda, bertindak, dan hidup sesuai dengan firman Tuhan, dan menjadi kudus.

Wahyu 22:14 mengatakan *"Berbahagialah orang yang mencuci jubah mereka sehingga bersih. Mereka berhak makan buah pokok sumber kehidupan dan masuk ke dalam kota melalui pintu gerbang."* Dalam ayat ini, "jubah" merujuk kepada pakaian rasmi. Secara rohani, "jubah" merujuk kepada hati dan perbuatan anda. "Mencuci jubah" merupakan lambang membuang kejahatan dan mengikuti firman Tuhan untuk menjadi rohani dan semakin menyerupai Yesus Kristus. Mereka yang dikuduskan dengan cara ini memperoleh hak untuk masuk melalui gerbang Syurga dan menikmati kehidupan kekal.

Orang-orang yang mencuci jubah mereka dalam iman

Bagaimana kita dapat mencuci jubah kita secara menyeluruh? Pertama, anda harus menyunat hati anda dengan firman kebenaran dan doa yang sungguh-sungguh. Dengan kata lain, anda harus membuang semua ketidakbenaran dan kejahatan dari hati anda dan memenuhi hati anda hanya dengan kebenaran. Sama seperti anda mencuci kotoran daripada pakaian anda dengan air bersih, anda harus mencuci dosa-dosa yang kotor, perlanggaran, dan kejahatan dalam hati anda dengan firman Tuhan, air kehidupan, dan mengenakan jubah kebenaran dan menyerupai hati Yesus Kristus. Tuhan akan memberkati sesiapa sahaja yang menunjukkan iman dalam perbuatan dan menyunat hatinya. Wahyu 3:5 mengatakan kepada kita, *"Mereka yang menang akan dikenakan pakaian putih seperti itu dan Aku tidak akan menghapuskan nama mereka dari Kitab Orang Hidup. Di hadapan Bapa-Ku dan malaikat-malaikat-Nya Aku akan mengaku bahawa mereka milik-Ku."* Orang-orang yang mengalahkan dunia dalam iman dan berjalan dalam kebenaran akan menikmati kehidupan yang kekal di Syurga kerana mereka memiliki hati yang benar dan tidak terdapat kejahatan di dalamnya.

Sebaliknya, orang-orang yang tinggal dalam kegelapan tidak ada hubungannya dengan Tuhan betapapun lamanya mereka sudah menjadi orang Kristian kerana mereka akan *"dikatakan hidup, padahal (kamu) mati!"* (Wahyu 3:1). Oleh itu, selalulah menaruh pengharapan anda hanya kepada Tuhan yang tidak menghakimi dari segi penampilan luar kita, tetapi menguji hati dan perbuatan kita. Juga, berdoalah selalu dan taatilah firman Tuhan sehingga anda dapat mencapai keselamatan yang sempurna.

Banyak tokoh iman yang memberi teladan kepada kita dapat bersyukur ketika mereka direjam dengan batu atau disalibkan kerana mereka mempunyai harapan yang teguh akan bertemu dengan pengantin mereka, Tuhan Yesus Kristus.

Pada satu sisi, ketika anda berhenti berdoa dan tidak lagi menyunat hati anda, anda akan dicubai oleh Iblis dan tersandung. Pada sisi lain, sekiranya anda berjaga-jaga, menbuang dosa-dosa, dan mengalahkan segala perkara dengan iman, anda akan menjadi pengantin yang cantik bagi Kristus.

Dalam nama Yesus Kristus, saya berdoa supaya anda tidak puas hanya dengan menerima keselamatan, tetapi dengan harapan yang teguh akan menyambut pengantin lelaki anda, berdiri teguh dalam iman dan berusaha sebaik mungkin untuk menyiapkan diri anda sebagai pengantin yang cantik bagi Yesus Kristus!

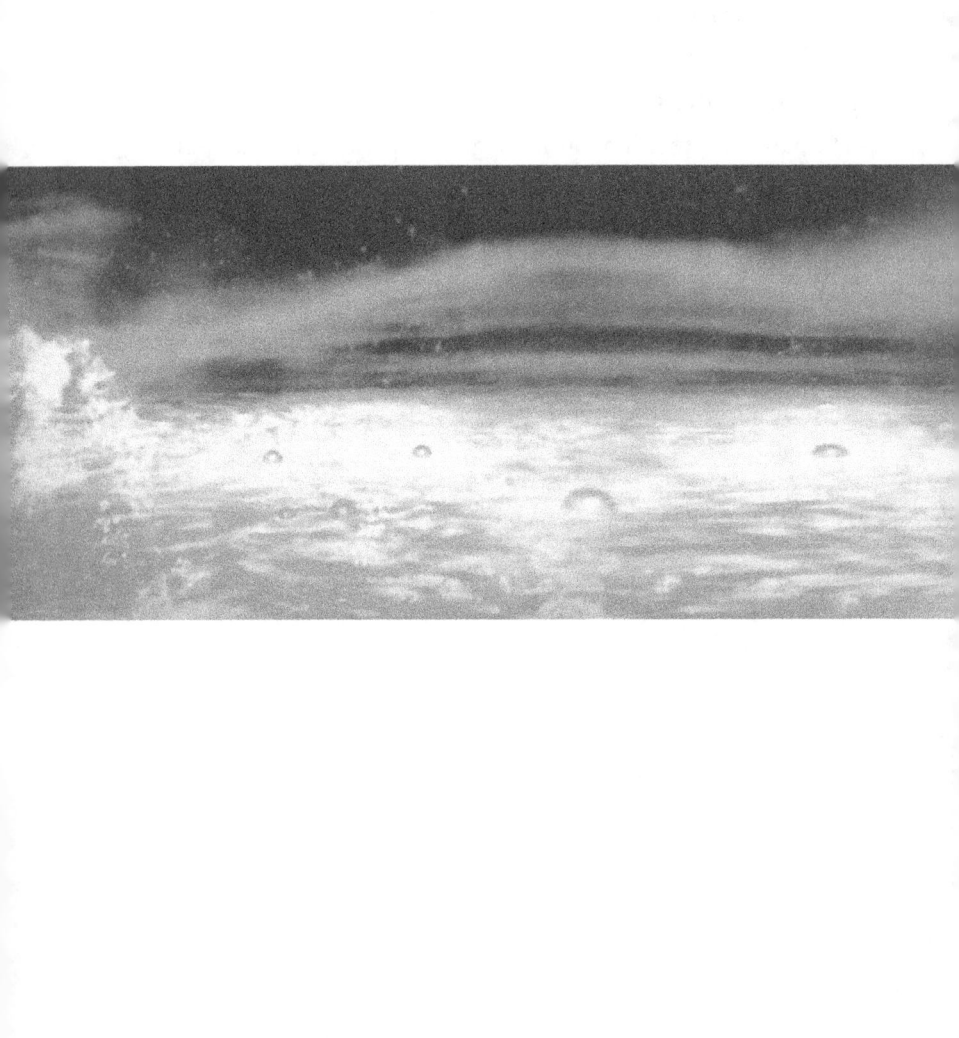

Bab 8

Hukuman di Neraka Sesudah Pengadilan Besar

Jiwa-jiwa yang Tidak Diselamatkan Masuk ke Neraka Sesudah Pengadilan

Lautan Api dan Lautan Belerang yang Menyala-nyala

Mereka yang Tetap Tinggal di Hades walaupun Sesudah Pengadilan

Roh-roh Jahat Dipenjarakankan di Jurang Maut

Di Manakah Setan-setan Akan Berakhir?

"di mana ulat-ulat bangkai tidak mati dan api tidak padam. Karena setiap orang akan digarami dengan api."
- Markus 9:48-49 -

"dan Iblis, yang menyesatkan mereka, dilemparkan ke dalam lautan api dan belerang, yaitu tempat binatang dan nabi palsu itu, dan mereka disiksa siang malam sampai selama-lamanya."
- Wahyu 20:10 -

Dengan kedatangan Kristus, Masa Seribu Tahun dimulai di bumi dan kemudian diikuti Pengadilan Takhta Putih Besar. Pengadilan itu – yang akan menentukan seseorang masuk ke Syurga atau Neraka dan mendapat upah atau hukuman – akan mengadili setiap orang menurut perbuatan semasa hidupnya. Oleh itu, sebahagian orang akan menikmati kebahagiaan yang kekal di Syurga dan yang lain akan dihukum selama-lamanya di Neraka. Marilah kita meneliti Pengadilan Takhta Putih Besar, yang melaluinya diputuskan sama ada seseorang masuk ke Syurga atau ke Neraka, dan bahagian Neraka yang ditentukan baginya.

Jiwa-jiwa yang Tidak Diselamatkan Masuk ke Neraka Sesudah Pengadilan

Pada bulan Julai 1982, ketika saya sedang berdoa untuk membuat persediaan awal pelayanan, saya mengetahui Pengadilan Takhta Putih Besar secara rinci. Tuhan menunjukkan kepada saya pemandangan tempat DIA sedang duduk di takhta-Nya, Tuhan Yesus Kristus dan Musa berdiri di hadapan takhta, dan orang-orang yang berperanan sebagai hakim. Walaupun Tuhan menghakimi dengan tepat dan adil, yang tidak dapat dibandingkan dengan mana-mana hakim pun di dunia, DIA akan mengambil keputusan-keputusan bersama Yesus Kristus sebagai peguam yang penuh kasih, Musa sebagai pendakwa dari hukum Taurat, dan orang-orang sebagai ahli juri.

Hukuman-hukuman Neraka diputuskan dalam Pengadilan itu

Wahyu 20:11-15 menceritakan tentang Tuhan menghakimi dengan tepat dan adil. Pengadilan itu dijalankan dengan Kitab Orang Hidup yang nama orang-orang yang diselamatkan dicatat dan kitab-kitab yang mencatat setiap perbuatan orang.

Kemudian aku nampak sebuah takhta besar berwarna putih dan Dia yang duduk di atasnya. Langit dan bumi lari dari hadirat-Nya, sehingga tidak kelihatan lagi. Aku nampak orang yang sudah mati, baik orang besar mahupun orang biasa, semuanya berdiri di hadapan takhta itu. Lalu kitab-kitab pun dibuka dan sebuah kitab lain juga dibuka iaitu Kitab Orang Hidup. Orang yang sudah mati dihakimi menurut perbuatan mereka seperti yang tertulis di dalam kitab-kitab itu. Lalu laut menyerahkan orang mati yang di situ. Semua orang mati diadili menurut perbuatan masing-masing. Kemudian maut dan alam maut dibuang ke dalam lautan api. (Lautan api ini kematian tahap kedua.) Sesiapa yang namanya tidak tertulis di dalam Kitab Orang Hidup dibuang ke dalam lautan api.

"Orang yang sudah mati" merujuk kepada semua orang yang tidak menerima Kristus sebagai Juruselamat mereka atau iman mereka telah mati. Ketika tiba waktunya, "orang yang sudah mati" dibangkitkan dan berdiri di hadapan takhta Tuhan untuk diadili. Kitab Orang Hidup dibuka di hadapan takhta Tuhan.

Di samping Kitab Orang Hidup yang nama semua orang yang diselamatkan dicatat, ada kitab-kitab lain yang mencatat setiap perbuatan orang-orang mati itu. Malaikat-malaikat mencatat segala yang kita lakukan, ucapkan, dan fikirkan, misalnya: mengutuk orang lain, memukul seseorang, perasaan marah yang tidak terkawal, melakukan perbuatan baik, dan sebagainya. Sama seperti anda dapat membuat dokumentasi yang jelas tentang peristiwa-peristiwa dan dialog-dialog tertentu untuk waktu yang lama dengan kamera video atau alat perakam yang pelbagai jenis, Tuhan Yang Maha Kuasa juga mendokumentasikan setiap adegan dalam kehidupan seseorang di bumi.

Oleh itu, Tuhan akan menghakimi dengan adil pada Hari Pengadilan menurut catatan atau dokumentasi dalam kitab-kitab ini. Mereka yang belum diselamatkan akan dihakimi menurut perbuatan-perbuatan jahat mereka dan akan menerima pelbagai jenis hukuman menurut besarnya dosa-dosa mereka, selama-lamanya di Neraka.

Lautan api atau lautan belerang yang menyala-nyala

Bahagian "laut menyerahkan orang mati yang di situ" tidak bererti bahwa laut menyerahkan orang-orang yang telah tenggelam di dalamnya. "Laut" di sini secara rohani merujuk kepada dunia. Hal itu bererti bahawa orang-orang yang hidup di dunia dan kembali menjadi debu akan dibangkitkan untuk dihakimi di hadapan Tuhan.

Jadi, apakah ertinya "maut dan kerajaan maut menyerahkan orang mati di dalamnya"? Hal itu bererti bahawa orang yang sudah menderita di Hades juga akan dibangkitkan dan berdiri di hadapan Tuhan untuk dihakimi. Sesudah dihakimi oleh Tuhan, sebahagian besar orang yang sudah menderita di Hades akan dilemparkan ke dalam lautan api atau lautan belerang yang menyala-nyala sesuai dengan dosa-dosa mereka. Seperti sudah dijelaskan di atas, hukuman-hukuman di Hades dijalankan sampai waktunya Pengadilan Takhta Putih Besar.

Penderitaan di dalam lautan api atau lautan belerang yang menyala-nyala

Ketika saya menyampaikan berita tentang pemandangan yang menakutkan di Hades, banyak anggota gereja saya yang mendapati diri mereka tidak dapat menahan air mata atau gementar dan meratapi jiwa-jiwa yang berada di tempat yang begitu menakutkan itu. Namun begitu, penderitaan kerana hukuman-hukuman di lautan api atau lautan belerang yang menyala-nyala jauh lebih berat daripada mana-mana hukuman di Hades. Dapatkah anda membayangkan beratnya seksaan itu walaupun sedikit? Sekalipun kita berusaha membayangkannya, kita yang hanya manusia biasa terbatas dalam memahami konsep-konsep rohani.

Dengan cara yang sama, bagaimanakah mungkin kita dapat memahami sepenuhnya kemuliaan dan keindahan Syurga? Perkataan "kekal" itu sendiri bukanlah sesuatu yang kita kenal dan kita hanya dapat menduga-duga sahaja. Sekalipun kalau kita berusaha membayangkan kehidupan di Syurga berdasarkan pada "sukacita", "kebahagiaan", "hal-hal yang mempesona", "keindahan", dan semacamnya, hal itu tidak dapat dibandingkan dengan kehidupan sebenarnya yang suatu hari nanti kita jalani di Syurga. Sekiranya anda benar-benar pergi ke Syurga, mulut anda akan ternganga lebar dan anda tidak dapat mengatakan apa-apa kerana kagum. Demikian juga kecuali kita benar-benar mengalami seksaan di Neraka, kita tidak akan pernah benar-benar memahami beratnya dan banyaknya penderitaan yang jauh melampaui penderitaan di dunia ini.

Jiwa-jiwa di dalam lautan api atau lautan belerang yang menyala-nyala

Sekalipun saya berusaha sebaik-baiknya, ingatlah bahawa Neraka bukanlah tempat yang dapat digambarkan memadai dengan kata-kata manusia. Sekalipun apabila saya menjelaskan dengan semampu saya, gambaran saya akan kurang dari satu persejuta kengerian Neraka yang sebenarnya. Tambahan pula, ketika mereka ingat lamanya seksaan itu tidak terbatas tetapi untuk selama-lamanya, jiwa-jiwa yang dihukum akan semakin menderita.

Sesudah Pengadilan Takhta Putih Besar, mereka yang menerima hukuman tingkat pertama dan kedua di Hades akan dilemparkan ke dalam lautan api. Mereka yang menerima hukuman tingkat ketiga dan keempat akan dilemparkan ke dalam lautan belerang yang menyala-nyala. Jiwa-jiwa yang sekarang berada di Hades tahu bahawa Pengadilan itu pasti akan datang, dan mereka tahu tempat yang akan mereka pergi sesudah Pengadilan. Sekalipun mereka dicabik-cabik oleh serangga-serangga dan utusan-utusan Neraka, dari jarak jauh jiwa-jiwa ini dapat melihat lautan api dan lautan belerang yang menyala-nyala di Neraka dan tahu bahawa mereka akan dihukum di sana.

Oleh itu, jiwa-jiwa di Hades menderita bukan hanya kerana penderitaan yang sedang dialami oleh mereka, bahkan juga seksaan mental kerana ketakutan akan hal-hal yang akan dialami oleh mereka sesudah Pengadilan.

Ratapan daripada satu jiwa di Hades

Ketika saya sedang berdoa meminta pewahyuan tentang Neraka, melalui Roh Kudus, Tuhan mengizinkan saya mendengar ratapan daripada satu jiwa di Hades. Sementara saya menulis setiap kata daripada ratapan itu, saya berusaha merasakan sedikit ketakutan dan keputusasaan yang dihadapinya.

Bagaimana mungkin seperti ini rupa seorang manusia?
Bukan ini yang kulihat ketika aku hidup di dunia.
Wajahku di sini mengerikan dan menjijikkan!

Dalam penderitaan dan keputusasaan tak berpenghujung ini, bagaimana aku dapat bebas?
Apakah yang dapat kulakukan supaya bebas?

Dapatkah aku mati? Apa yang dapat kulakukan?
Dapatkah aku beristirehat sejenak
di tengah-tengah hukuman kekal ini?
Adakah cara mengakhiri kehidupan terkutuk daripada penderitaan
yang tidak tertahankan ini?

Aku melukai tubuhku untuk membunuh diriku, tetapi tidak dapat mati.
Tidak ada akhirnya... benar-benar tidak berakhir...
Tidak berakhir seksaan bagi jiwaku.
Tidak berakhir kehidupanku yang kekal ini.
Bagaimanakah harus kugambarkan dengan kata-kata?
Aku akan segera dilemparkan
ke dalam lautan api yang luas dan tidak terukur dalamnya.
Bagaimanakah aku dapat bertahan?

Seksaan di sini benar-benar tidak tertahankan!
Amukan lautan api itu
sangat menakutkan, sangat dalam, dan sangat panas.
Bagamanakah aku akan bertahan?
Bagaimanakah aku dapat melepaskan diri daripadanya?
Bagaimanakah mungkin aku dapat melepaskan diri daripada seksaan ini?

Seandainya ku dapat hidup...
Seandainya ada cara supaya aku dapat hidup...
Seandainya aku dapat dibebaskan...

Setidak-tidaknya aku dapat mencari jalan keluar,
tetapi aku tidak dapat melihatnya.

Di sini hanya ada kegelapan, keputusasaan, dan penderitaan,
dan hanya ada kekecewaan dan kesulitan bagiku.
Bagaimanakah aku bertahan terhadap seksaan ini?
Seandainya Dia mahu membuka pintu untuk kehidupan...
Seandainya aku dapat lihat jalan keluar dari sini...

Selamatkanlah aku. Selamatkanlah aku.
Terlalu menakutkan dan sulit bagiku untuk bertahan.
Selamatkanlah aku. Selamatkanlah aku.
Hari-hariku hanya berisi penderitaan dan kesakitan.
Bagaimanakah aku akan masuk ke dalam lautan berapi itu?
Selamatkanlah aku!
Lihatlah aku!
Selamatkanlah aku!
Kasihanilah aku!
Selamatkanlah aku!
Selamatkanlah aku!

Sesudah anda masuk ke dalam Hades

Sesudah kehidupan anda di bumi berakhir, tidak seorang pun menerima "kesempatan kedua". Yang menanti hanyalah menanggung beban daripada setiap perbuatan anda.

Ketika orang-orang mendengar tentang kewujudan Syurga dan Neraka, sesetengah orang berkata, "Saya akan mengetahuinya setelah saya sudah mati." Namun begitu, sesudah anda mati, semuanya sudah terlambat. Tidak ada titik kembali sesudah anda mati. Anda harus tahu dengan pasti akan hal ini sebelum anda mati.

Sesudah anda dilemparkan ke dalam Hades, betapapun besarnya penyesalan anda, bertaubat dan merayu kepada Tuhan, anda tidak dapat menghindari hukuman-hukuman yang mengerikan dan tidak dapat dielakkan. Tidak ada harapan untuk masa hadapan anda melainkan seksaan dan keputusasaan yang tidak pernah berakhir.

Jiwa yang meratap di atas tahu benar bahawa dia tidak mungkin diselamatkan. Namun begitu, jiwa itu berseru kepada Tuhan "seandainya". Jiwa itu memohon belas kasihan dan keselamatan. Seruan jiwa ini berubah menjadi tangisan yang memilukan, dan jeritan ini hanya bergema di Neraka yang luas dan menghilang. Tentu sahaja, tidak ada jawapan.

Walau bagaimanapun, pertaubatan orang-orang di Hades tidak tulus dan tidak sungguh-sungguh sekalipun mereka tampaknya bertaubat sedemikian menyedihkan. Oleh sebab kejahatan dalam hati mereka masih tetap ada dan mereka tahu bahawa jeritan mereka tidak ada gunanya, jiwa-jiwa ini menjadi semakin jahat dan mengutuk Tuhan. Hal ini membuktikan kepada kita sebab orang-orang semacam itu tidak dapat masuk ke Syurga.

Lautan Api dan Lautan Belerang yang Menyala-nyala

Di Hades, jiwa-jiwa hanya dapat merayu, menyalahkan, dan meratap, bertanya kepada diri sendiri, "Mengapakah saya berada di sini?" Mereka juga takut akan lautan api dan memikirkan cara untuk melarikan diri daripada seksaan itu, dengan berfikir, "Sekarang, bagaimanakah saya dapat melarikan diri daripada utusan Neraka itu?"

Sesudah dilemparkan ke dalam lautan api, mereka tidak dapat memikirkan apa-apa pun yang lain kerana penderitaan dan kesakitan yang tidak berakhir. Hukuman-hukuman di Hades adalah relatif ringan apabila dibandingkan dengan hukuman-hukuman di dalam lautan api. Hukuman-hukuman di dalam lautan api tidak terbayangkan sakitnya. Begitu menyakitkan sehingga kita tidak dapat mengerti atau membayangkannya dengan kemampuan kita yang terbatas.

Taruhlah garam di atas wajan panas sekiranya anda ingin membayangkan sedikit sahaja seksaan itu. Anda akan melihat garam itu meletup-letup, dan hal ini mirip dengan pemandangan di lautan api: jiwa-jiwa itu seperti garam yang meletup-letup.

Bayangkan juga anda berada di dalam kolam air panas bersuhu 100°C. Lautan api itu jauh lebih panas daripada air yang mendidih, dan lautan belerang yang menyala-nyala itu tujuh kali lebih panas daripada lautan api. Sesudah anda dilemparkan ke sana, tidak ada cara untuk melarikan diri dan anda akan menderita selama-lamanya. Hukuman tingkat pertama, kedua, ketiga, dan keempat di Hades sebelum Pengadilan jauh lebih mudah ditanggung.

Mengapakah Tuhan membiarkan mereka menderita di Hades selama seribu tahun sebelum melemparkan mereka ke dalam lautan api atau lautan belerang yang menyala-nyala? Jiwa-jiwa yang tidak diselamatkan itu akan merenungi nasib mereka. Tuhan ingin supaya mereka mengetahui alasan mereka ditentukan masuk ke tempat mengerikan seperti Neraka, dan bertaubat dengan sungguh-sungguh daripada dosa masa lalu mereka. Namun begitu, sangat sulit menemukan orang-orang yang bertaubat, sebaliknya mereka malah lebih jahat daripada sebelumnya. Sekarang kita tahu alasan Tuhan menciptakan Neraka.

Dimurnikan dengan api di dalam lautan api

Ketika saya sedang berdoa pada tahun 1982, Tuhan menunjukkan kepada saya pemandangan tentang Pengadilan Takhta Putih Besar, dan dengan ringkas tentang lautan api dan lautan belerang yang menyala-nyala. Kedua-dua lautan ini sangat luas.

Dari kejauhan, kedua-dua lautan itu dan jiwa-jiwa di dalamnya tampak seperti orang-orang di dalam mata air panas. Sebahagian orang terendam sampai ke dada, sementara yang lain sebatas leher, hanya kepala mereka yang terlihat.

Dalam Markus 9:48-49, Yesus berbicara tentang Neraka sebagai satu tempat *"Di sana ulat tidak dapat mati dan api tidak pernah padam. Setiap orang akan dimurnikan dengan api"*. Dapatkah anda membayangkan penderitaan dalam lingkungan yang mengerikan semacam itu? Ketika jiwa-jiwa ini berusaha melarikan diri, yang dapat dilakukan oleh mereka hanyalah melompat-lompat seperti garam yang meletup-letup dan menggertakkan gigi.

Kadang-kadang orang-orang di dunia ini melompat-lompat ketika mereka bermain atau ketika menari sampai larut malam di kelab-kelab malam. Selang beberapa waktu, mereka berasa lelah dan beristirehat sekiranya mereka mahu. Di Neraka, jiwa-jiwa itu bukan melompat-lompat kerana seronok melainkan kerana berasa sangat kesakitan, dan tentu sahaja mereka tidak dapat beristirehat sekalipun mereka mahu. Mereka menjerit-jerit sangat kuat kerana kesakitan sehingga hampir pengsan, dan pandangan mereka menjadi sangat gelap dan mata mereka merah menakutkan. Tambahan pula, otak mereka pecah dan cairannya tersembur keluar.

Betapapun nekad mereka berusaha, jiwa-jiwa itu tidak dapat keluar. Mereka berusaha menolak dan menginjak satu sama lain, tetapi tidak ada gunanya. Setiap inci daripada lautan api itu, yang satu hujungnya tidak terlihat dari hujung yang lain, mempunyai suhu yang sama dan suhu lautan itu tidak berkurang dengan berlalunya waktu. Sampai Pengadilan Takhta Putih Besar, Hades dikendalikan oleh perintah Lucifer, dan semua hukuman diberikan menurut kuasa dan autoriti Lucifer.

Namun begitu sesudah Pengadilan, hukuman-hukuman akan diberikan oleh Tuhan dan dilaksanakan menurut pemeliharaan dan kuasa-Nya. Oleh itu, suhu lautan api itu selalu dapat dijaga pada tingkat yang sama.

Api ini akan membuatkan jiwa-jiwa menderita, tetapi tidak akan membunuh mereka. Sama seperti bahagian-bahagian tubuh dari jiwa-jiwa di Hades utuh kembali bahkan sesudah dipotong atau dicabik-cabik, jiwa-jiwa di Neraka dengan cepat utuh kembali sebaik sahaja dihanguskan.

Seluruh tubuh dan organ-organ di dalamnya dihanguskan

Bagaimanakah jiwa-jiwa di dalam lautan api dihanguskan? Adakah anda pernah melihat daripada buku-buku komik, filem-filem animasi, atau siri kartun dalam televisyen yang menampilkan seorang watak dihukum mati dengan arus elektrik "tekanan tinggi"? Pada saat dialirkan elektrik, tubuhnya menjadi kerangka dengan garis luar berwarna hitam di sekujur tubuhnya. Ketika arus elektrik dicabut daripada tubuhnya, dia tampak normal kembali. Atau, seperti potret sinar-X yang menunjukkan bahagian-bahagian dalaman tubuh manusia.

Dengan cara yang sama, jiwa-jiwa di dalam lautan api terlihat dalam bentuk fizikal mereka pada satu saat. Pada saat berikutnya, tubuh itu tidak terlihat lagi dan hanya roh mereka yang tampak. Pola ini terus berulang-ulang. Dalam nyala api, tubuh jiwa-jiwa itu terbakar dengan cepat dan menghilang, dan kemudian tubuh itu segera utuh kembali.

Di dunia ini, ketika anda menderita luka bakar tingkat ketiga, anda mungkin tidak dapat menahan rasa sakit yang melumpuhkan pada seluruh tubuh anda dan menjadi gila. Tidak seorang pun dapat mengerti tingkat rasa sakit ini sehingga dia sendiri mengalaminya. Anda tidak mungkin dapat menahan penderitaan itu sekalipun hanya lengan anda yang dibakar.

Secara umum, rasa sakit yang melumpuhkan itu tidak segera hilang sesudah terbakar, tetapi akan bertahan selama beberapa hari. Panas api itu meresap ke dalam tubuh, dan melukai sel-selnya, kadang-kadang bahkan jantungnya. Jadi, betapa lebih menyakitkan sekiranya semua bahagian tubuh dan organ-organ dalaman anda dibakar, dan kemudian segera utuh kembali dan dibakar lagi secara berulang-ulang.

Jiwa-jiwa di dalam lautan api tidak dapat menahan rasa sakit itu, tetapi mereka tidak dapat pengsan, mati, atau beristirehat sedetik pun.

Lautan belerang yang menyala-nyala

Lautan api ialah tempat hukuman bagi mereka yang melakukan dosa-dosa yang relatif ringan dan menderita hukuman tingkat pertama atau kedua di Hades. Mereka yang melakukan dosa-dosa yang lebih berat dan menderita hukuman tingkat ketiga dan keempat di Hades akan masuk ke dalam lautan belerang yang menyala-nyala, yang tujuh kali lebih panas daripada lautan api. Seperti yang sudah disebutkan, lautan belerang yang menyala-nyala disediakan untuk orang-orang ini: mereka yang berbicara menentang, melawan, dan menghina Roh Kudus; mereka yang menyalibkan Yesus Kristus berkali-kali; mereka yang mengkhianati DIA; mereka yang terus berbuat dosa dengan sengaja; para penyembah berhala yang ekstrem; mereka yang berdosa sehingga hati nurani menjadi gelap; mereka yang melawan Tuhan dengan perbuatan jahat; dan nabi-nabi palsu serta guru-guru palsu yang mengajarkan kebohongan.

Seluruh lautan api penuh dengan api "merah". Lautan belerang yang menyala-nyala penuh dengan api yang lebih "kuning" daripada "merah" dan selalu bergolak dengan gelembung-gelembung sebesar labu di sana sini. Jiwa-jiwa di lautan ini terendam sepenuhnya di dalam cairan mendidih belerang yang menyala-nyala.

Diliputi penderitaan

Bagaimanakah anda dapat menjelaskan penderitaan di dalam lautan belerang yang menyala-nyala yang tujuh kali lebih panas daripada lautan api yang penderitaannya juga tidak terbayangkan?

Saya akan menjelaskan dengan analogi daripada hal-hal yang ada di dunia ini. Sekiranya seseorang minum cairan besi yang lebur di relau bagas, bagaimanakah sakitnya? Organ-organ dalamannya akan terbakar ketika haba yang cukup panas untuk meleburkan besi yang keras sehingga mencair dan memasuki perutnya melalui kerongkongnya.

Di dalam lautan api, jiwa-jiwa setidak-tidaknya dapat melompat-lompat atau berteriak kesakitan. Walau bagaimanapun di dalam lautan belerang yang menyala-nyala, jiwa-jiwa itu tidak dapat mengerang atau berfikir tetapi mereka hanya ditekan oleh penderitaan. Tingkat seksaan dan penderitaan yang harus ditahan di dalam lautan belerang yang menyala-nyala tidak dapat digambarkan dengan apa-apa isyarat atau kata-kata. Tambahan pula, jiwa-jiwa itu harus menderita selama-lamanya. Jadi, bagaimanakah mungkin jenis seksaan ini dapat diungkapkan dengan kata-kata?

Mereka yang Tetap Tinggal di Hades walaupun Sesudah Pengadilan

Orang-orang yang diselamatkan dari zaman Perjanjian Lama sudah berada di Pangkuan Abraham sampai Yesus Kristus dibangkitkan. Sesudah kebangkitan-Nya, mereka masuk ke Firdaus dan menunggu di tempat penantian di Firdaus sampai kedatangan-Nya kembali di angkasa. Pada satu sisi, orang-orang dari Perjanjian Baru yang diselamatkan menyesuaikan diri di Pangkuan Abraham selama tiga hari dan masuk ke tempat penantian di Firdaus, dan menunggu di sana sampai kedatangan Yesus Kristus kembali di angkasa.

Bagaimanapun, anak-anak yang tidak sempat dilahirkan yang meninggal di dalam kandungan ibu mereka tidak masuk ke Firdaus baik sesudah kebangkitan Yesus Kristus mahupun sesudah Pengadilan. Mereka tinggal di Pangkuan Abraham selama-lamanya.

Hal yang sama; antara orang yang pada saat ini menderita di Hades ada pengecualian-pengecualian. Jiwa-jiwa ini tidak dilemparkan ke dalam lautan api atau ke dalam lautan belerang yang menyala-nyala walaupun sesudah Pengadilan. Siapakah mereka?

Anak-anak yang mati sebelum remaja

Antara orang-orang yang tidak diselamatkan, ada janin-janin yang berumur enam bulan atau lebih dalam kandungan dan anak-anak yang belum memasuki usia remaja, kira-kira berumur 12 tahun. Jiwa-jiwa ini tidak dilemparkan ke dalam lautan api atau lautan belerang yang menyala-nyala. Walaupun mereka masuk ke Hades kerana kejahatan mereka sendiri tetapi pada waktu kematian, mereka belum cukup matang untuk mempunyai kehendak bebas sendiri. Hal ini bererti bahawa mereka tidak memilih kehidupan iman kerana mereka dapat dengan mudah dipengaruhi oleh unsur-unsur dari luar seperti ibu bapa, nenek moyang, dan persekitaran.

Tuhan yang penuh kasih dan keadilan mempertimbangkan faktor-faktor ini dan tidak melemparkan mereka ke dalam lautan api atau lautan belerang yang menyala-nyala walaupun sesudah Pengadilan. Walau bagaimanapun, hal ini tidak bererti bahawa hukuman-hukuman mereka akan dikurangi atau ditiadakan. Mereka akan dihukum selama-lamanya seperti mereka dihukum di Hades.

Kematian adalah upah dosa

Kecuali untuk perkara itu, semua orang di Hades akan dilemparkan ke dalam lautan api atau lautan belerang yang menyala-nyala menurut dosa-dosa mereka ketika mereka hidup di dunia. Dalam Roma 6:23 tertulis bahawa, *"Kematian adalah upah dosa, tetapi hidup sejati dan kekal bersama-sama Kristus*

Yesus Tuhan kita adalah anugerah Tuhan." "Kematian" di sini tidak merujuk kepada akhir kehidupan di dunia, tetapi bererti hukuman yang kekal sama ada di dalam lautan api atau lautan belerang yang menyala-nyala. Seksaan yang dahsyat dan menyakitkan daripada hukuman yang kekal ialah upah dosa. Oleh itu, anda tahu dosa itu buruk, kotor, dan keji.

Sekiranya orang-orang tahu walaupun sedikit sahaja tentang penderitaan kekal di Neraka, bagaimanakah mungkin mereka tidak berasa takut masuk ke Neraka? Bagaimanakah mereka tidak menerima Yesus Kristus, mentaati-Nya, dan hidup sesuai dengan firman-Nya?

Dalam Markus 9:45-47 Yesus berkata,

> *Jika kakimu menyebabkan kamu berdosa, potonglah kaki itu! Lebih baik kamu hidup tanpa sebelah kaki daripada kamu dengan kedua-dua belah kaki dibuang ke dalam Neraka. [Di sana ulat tidak dapat mati dan api tidak pernah padam.] Jika matamu menyebabkan kamu berdosa, cungkillah mata itu! Lebih baik kamu menikmati Dunia Baru Tuhan dengan hanya sebelah mata, daripada kamu dengan kedua-dua belah mata dibuang ke dalam Neraka.*

Adalah lebih baik anda memotong kaki anda sekiranya anda melakukan dosa-dosa dengan pergi ke tempat-tempat yang seharusnya tidak anda kunjungi daripada anda masuk ke Neraka. Lebih baik anda memotong tangan anda sekiranya anda melakukan dosa-dosa dengan berbuat hal-hal yang seharusnya tidak anda lakukan daripada anda masuk ke Neraka. Begitu juga, lebih baik anda mencungkil mata anda sekiranya anda melakukan dosa-dosa dengan melihat hal-hal yang seharusnya tidak anda lihat.

Namun begitu, dengan anugerah Tuhan yang berlimpah-limpah yang diberikan kepada kita, kita tidak harus memotong tangan dan kaki atau mencungkil mata kita agar dapat masuk ke Syurga. Hal ini kerana Anak Domba yang tidak berdosa dan tidak bersalah, Tuhan Yesus Kristus, sudah disalibkan untuk mengggantikan kita, tangan dan kaki-Nya dipaku dan DIA mengenakan mahkota duri.

Anak Tuhan datang untuk menghancurkan pekerjaan Iblis

Oleh itu, sesiapapun yang percaya kepada darah Yesus Kristus, dia akan diampuni, dibebaskan daripada hukuman di dalam lautan api atau lautan belerang yang menyala-nyala, dan mendapat kehidupan yang kekal.

Surat 1 Yohanes 3:8-9 mengatakan, *"Sesiapa terus-menerus berbuat dosa, dia anak Iblis, kerana Iblis berdosa sejak permulaan. Justeru untuk hal inilah Anak Tuhan datang bagi memusnahkan pekerjaan Iblis. Sesiapa yang menjadi anak Tuhan, tidak terus-menerus berbuat dosa kerana sifat Tuhan sendiri ada padanya. Kerana Tuhan itu Bapanya, dia tidak dapat terus-menerus berbuat dosa."*

Dosa lebih daripada sekadar perbuatan, seperti mencuri, membunuh, atau menipu. Kejahatan dalam hati manusia ialah dosa yang lebih serius. Tuhan membenci kejahatan dalam hati kita. DIA membenci hati yang jahat yang menghakimi dan menyalahkan orang-orang lain, hati yang jahat yang membenci dan tersandung, dan hati yang jahat yang licik dan berkhianat. Apakah yang akan terjadi kepada Syurga sekiranya orang-orang dengan hati semacam itu diizinkan masuk dan tinggal di dalamnya? Sekalipun di Syurga, orang-orang itu akan berbantah tentang yang benar dan yang salah sehingga Tuhan tidak mengizinkan mereka yang jahat masuk ke Syurga.

Oleh itu, sekiranya anda seorang anak Tuhan yang diberi kuasa melalui darah Yesus Kristus, anda tidak boleh mengikuti ketidakbenaran atau melayani sebagai hamba Iblis lagi. Anda harus hidup dalam kebenaran sebagai anak Tuhan yang adalah terang. Hanya sesudah itu barulah anda dapat memiliki semua kemuliaan Syurga, mendapat berkat untuk menikmati autoriti sebagai anak Tuhan dan memperoleh damai sejahtera sekalipun di dunia ini.

Anda tidak boleh melakukan dosa-dosa setelah mengaku sebagai orang yang percaya

Tuhan sangat mengasihi kita sehingga DIA memberikan anak-Nya yang tunggal yang dikasihi-Nya, yang tidak bersalah, untuk mati di kayu salib menggantikan kita. Dapatkah anda membayangkan betapa sedihnya hati Tuhan ketika melihat orang-orang yang mengaku sebagai "anak-anak Tuhan" melakukan dosa, di bawah pengaruh Iblis, dan semakin cepat menuju Neraka?

Saya mohon agar anda tidak berbuat dosa, tetapi mentaati perintah Tuhan, membuktikan diri anda sebagai anak Tuhan yang sungguh-sungguh. Sekiranya anda melakukan hal ini, semua doa anda akan dijawab dengan lebih cepat dan anda akan benar-benar menjadi anak Tuhan, dan akhirnya anda akan masuk dan tinggal di Yerusalem Baru yang mulia. Anda juga akan memiliki kuasa dan autoriti untuk menyingkirkan kegelapan daripada orang-orang yang belum mengenal kebenaran, yang masih berbuat dosa, dan menjadi hamba Iblis. Anda akan diberi kuasa untuk membawa mereka kepada Tuhan.

Semoga anda menjadi anak Tuhan yang benar, menerima jawapan atas semua doa dan permintaan anda, memuliakan DIA, dan membebaskan tidak terhitung banyaknya orang dari jalan menuju Neraka. Dengan demikian, anda dapat mencapai kemuliaan Tuhan, dan anda akan bersinar seperti matahari di langit.

Roh-roh Jahat Dipenjarakankan di Jurang Maut

Menurut Kamus *Webster's New World College,* istilah "Abyss" (Jurang Maut) didefinisikan sebagai "jurang yang tidak berdasar", "jurang yang sangat dalam", atau "segala yang terlalu dalam untuk diukur". Dalam pengertian Alkitab, Jurang Maut ialah bahagian yang paling dalam dan paling rendah di Neraka. Tempat itu disediakan hanya untuk roh-roh jahat dan bukan untuk manusia.

> *Kemudian aku nampak satu malaikat turun dari Syurga. Dia memegang kunci jurang maut dan seutas rantai besar. Dia menangkap naga itu, ular tua itu iaitu Iblis atau Syaitan, dan merantainya selama seribu tahun. Malaikat itu membuang naga itu ke dalam jurang maut, lalu mengunci jurang itu dan memeteraikannya, supaya naga itu tidak dapat menipu bangsa-bangsa lagi, sehingga masa seribu tahun itu berlalu. Selepas itu naga itu mesti dilepaskan untuk masa yang singkat. (Wahyu 20:1-3).*

Beginilah gambaran tentang akhir dari Tujuh Tahun Masa Kesusahan Besar. Sesudah kedatangan Yesus Kristus, roh-roh jahat akan mengendalikan dunia selama tujuh tahun, dan pada masa itu akan terjadi Perang Dunia Ketiga dan bencana-bencana lain di seluruh dunia.

Sesudah masa Kesusahan Besar datanglah Kerajaan Seribu Tahun, dan pada masa itu roh-roh jahat dipenjarakankan di Jurang Maut. Menjelang akhir dari Masa Seribu Tahun, roh-roh jahat dilepaskan untuk waktu yang singkat dan ketika Pengadilan Takhta Putih Besar selesai, mereka akan dipenjarakankan lagi di Jurang Maut dan kali ini untuk selama-lamanya.

Lucifer dan para pengikutnya mengendalikan dunia kegelapan, tetapi sesudah Pengadilan, Syurga dan Neraka akan dikendalikan hanya oleh kuasa Tuhan.

Sekadar alat untuk memproses manusia

Hukuman apakah yang akan diterima oleh roh-roh jahat, yang akan kehilangan semua kuasa dan autoriti di Jurang Maut?

Sebelum kita meneruskan, ingatlah bahawa roh-roh jahat ada dan hanya berfungsi sebagai alat untuk memproses manusia di dunia.

Mengapakah Tuhan memproses manusia di dunia walaupun tidak terhitung banyaknya bala tentera Syurga dan malaikat-malaikat di Syurga? Hal itu kerana Tuhan menginginkan anak-anak yang benar yang dapat menerima curahan kasih-Nya.

Biarlah saya memberikan satu contoh. Dalam sejarah Korea, kaum bangsawan biasanya mempunyai banyak pembantu dalam rumah tangga mereka. Para pembantu itu akan mentaati apa-apa pun yang diperintahkan oleh majikan mereka. Sekarang, seorang majikan mempunyai anak-anak lelaki dan perempuan yang pemboros yang tidak mentaatinya, tetapi hanya melakukan apa-apa sahaja yang disukai oleh mereka. Adakah hal ini bererti majikan tersebut akan lebih mengasihi para pembantunya yang taat berbanding anak-anaknya yang pemboros itu? Dia tetap mengasihi anak-anaknya walaupun mereka bukan yang paling taat.

Begitu juga dengan Tuhan. DIA mengasihi manusia yang diciptakan segambar dengan DIA betapapun taatnya bala tentera Syurga dan para malaikat-Nya. Bala tentera Syurga dan para malaikat lebih seperti robot yang hanya melakukan apa-apa yang diperintahkan. Dengan demikian, mereka tidak dapat berkongsi kasih yang sebenar dengan Tuhan.

Tentu sahaja, tidak bererti malaikat dan robot sama dalam segala aspek. Pada satu sisi, robot hanya melakukan apa-apa yang diperintahkan kepada mereka, tidak mempunyai kehendak bebas, dan tidak dapat berasa apa-apa pun. Pada sisi lain, malaikat seperti manusia, dapat berasa sukacita dan kesedihan.

Ketika anda berasa sukacita atau bersedih, malaikat-malaikat tidak mempunyai perasaan yang sama seperti anda, tetapi hanya tahu apa-apa yang sedang anda rasakan. Oleh itu, ketika anda memuji Tuhan, malaikat-malaikat akan memuji DIA bersama anda. Ketika anda menari untuk memuliakan Tuhan, mereka juga akan menari bahkan memainkan alat-alat muzik bersama-sama. Ciri-ciri ini membezakan mereka daripada robot. Namun begitu, malaikat dan robot mempunyai persamaan iaitu keduaduanya tidak mempunyai kehendak bebas dan hanya melakukan apa-apa yang diperintahkan kepada mereka, dicipta dan dipakai hanya sebagai alat atau instrumen.

Seperti malaikat, roh jahat juga hanya alat yang dipakai untuk memproses manusia di dunia. Mereka seperti mesin yang tidak dapat membezakan yang baik daripada yang jahat, diciptakan untuk satu-satu tujuan tertentu, dan mereka dipakai untuk tujuan yang jahat.

Roh-roh jahat dipenjarakan di Jurang Maut

Hukum dunia roh menyatakan bahawa *"kematian adalah upah dosa"* dan *"seseorang akan menuai apa yang ditanamnya"*. Sesudah Pengadilan Besar, jiwa-jiwa di Hades akan menderita di dalam lautan api atau di dalam lautan belerang yang menyala-nyala menurut hukum ini. Hal ini kerana mereka memilih yang jahat dalam kehendak bebas dan perasaan mereka ketika mereka hidup di dunia.

Roh-roh jahat kecuali setan-setan tidak ada hubungannya dengan kehidupan manusia. Dengan demikian, sesudah Pengadilan, roh-roh jahat dipenjarakankan di Jurang Maut yang gelap dan dingin, dibuang seperti selonggok sampah. Hukuman ini yang paling sesuai untuk mereka.

Takhta Tuhan terletak di tengah-tengah dan di puncak Syurga, sebaliknya roh-roh jahat dikurung di Jurang Maut, tempat yang paling dalam dan paling gelap di Neraka. Mereka tidak dapat bergerak dengan selesa di Jurang Maut yang gelap dan dingin. Seolah-olah ditindih oleh batu-batu yang sangat besar, roh-roh jahat itu akan selama-lamanya dipenjarakan dalam posisi yang tetap.

Roh-roh jahat ini pada asalnya berada di Syurga dan mempunyai tugas-tugas yang mulia. Sesudah kejatuhan mereka, malaikat-malaikat yang memberontak ini menggunakan autoriti dengan cara mereka sendiri dalam dunia kegelapan. Namun begitu, mereka dikalahkan dalam satu peperangan terhadap Tuhan dan semuanya berakhir. Mereka kehilangan semua kemuliaan dan nilai mereka sebagai makhluk-makhluk Syurgawi. Di Jurang Maut, sebagai lambang kutuk dan kehinaan, sayap malaikat-malaikat yang memberontak ini dicabut.

Roh ialah makhluk yang kekal dan tidak dapat mati, tetapi roh jahat di Jurang Maut bahkan tidak dapat menggerakkan satu jari mereka, tidak mempunyai perasaan, kehendak, atau kuasa. Mereka seperti mesin yang sudah dimatikan, atau boneka yang sudah dibuang, bahkan tampak membeku.

Sesetengah utusan Neraka tetap tinggal di Hades

Ada pengecualian dalam aturan ini. Seperti yang sudah disebutkan di atas, anak-anak di bawah umur 12 tahun akan tetap berada di Hades walaupun sesudah Pengadilan. Dengan demikian, utusan-utusan Neraka diperlukan supaya hukuman anak-anak ini berlanjutan.

Utusan-utusan Neraka ini tidak dipenjarakankan di Jurang Maut, tetapi tetap tinggal di Hades. Mereka tampak seperti robot. Sebelum Pengadilan, kadang-kadang mereka akan tertawa dan menikmati pemandangan jiwa-jiwa yang diseksa, tetapi itu bukan kerana mereka sendiri mempunyai emosi. Hal itu adalah kerana kawalan daripada Lucifer, yang mempunyai sifat manusia, yang menggerakkan utusan-utusan Neraka itu untuk menunjukkan emosi-emosinya. Sesudah Pengadilan, mereka tidak lagi dikendalikan oleh Lucifer, melainkan akan melakukan pekerjaan mereka tanpa perasaan, bekerja seperti mesin.

Di Manakah Setan-setan Akan Berakhir?

Tidak seperti malaikat-malaikat yang jatuh, naga-naga, dan para pengikut mereka yang sudah diciptakan sebelum alam semesta dijadikan, setan-setan bukanlah makhluk roh. Pada asalnya mereka ialah manusia, diciptakan dari debu tanah, dan mempunyai roh, jiwa, dan tubuh seperti kita. Antara mereka ada yang pernah hidup di dunia ini tetapi mati tanpa menerima keselamatan, ada yang dilepaskan ke dunia ini dalam keadaan khusus sebagai setan-setan.

Bagaimanakah seseorang dapat menjadi setan? Biasanya ada empat cara seseorang menjadi setan.

Pertama, perihal orang-orang yang sudah menjual roh dan jiwa mereka kepada Iblis.

Orang-orang yang mengamalkan sihir dan mencari pertolongan dan kuasa daripada roh-roh jahat untuk memuaskan ketamakan dan keinginan mereka, misalnya: tukang sihir, dapat menjadi setan apabila mereka mati.

Kedua, perihal orang-orang yang membunuh diri kerana kejahatan mereka sendiri.

Sekiranya orang-orang mengakhiri hidup mereka kerana gagal dalam bisnes atau kerana alasan-alasan lain, mereka mengabaikan kedaulatan Tuhan atas kehidupan dan dapat menjadi setan. Namun begitu, hal ini tidak sama dengan mengorbankan nyawa untuk negara atau menolong orang yang tidak berdaya. Sekiranya seseorang yang tidak pandai berenang melompat ke air untuk menyelamatkan orang lain dengan mengorbankan nyawanya sendiri, hal itu adalah untuk tujuan yang baik dan mulia.

Ketiga, perihal orang-orang yang pernah percaya kepada Tuhan tetapi pada akhirnya menyangkal DIA dan menjual iman mereka.

Sesetengah orang percaya mencela dan menentang Tuhan ketika berhadapan dengan kesulitan-kesulitan besar atau kehilangan seseorang atau sesuatu yang disayangi oleh mereka.

Charles Darwin, pencetus teori evolusi, ialah contoh yang tepat. Sebelumnya, Darwin percaya kepada Tuhan Sang Pencipta. Ketika anak perempuan yang dikasihinya meninggal dunia dalam usia yang masih muda, Darwin mulai menyangkal dan menentang Tuhan dan melontarkan teori evolusi. Orang-orang semacam itu melakukan dosa menyalibkan Yesus Kristus, Penebus kita, berkali-kali (Ibrani 6:6).

Keempat dan terakhir, perihal orang-orang yang menghalang, menentang, dan menghina Roh Kudus walaupun mereka percaya kepada Tuhan dan mengetahui kebenaran (Matius 12:31-32; Lukas 12:10).

Saat ini banyak orang yang mengaku percaya kepada Tuhan, tetapi menghalang, menentang, dan menghina Roh Kudus. Walaupun mereka menyaksikan pekerjaan-pekerjaan Tuhan yang tidak terhitung banyaknya, tetapi mereka menghakimi dan menyalahkan orang-orang lain, menentang pekerjaan-pekerjaan Roh Kudus, dan berusaha menghancurkan gereja-gereja yang disertai pekerjaan-pekerjaan-Nya. Di samping itu, sekiranya mereka melakukannya sebagai pemimpin, dosa-dosa mereka menjadi lebih berat lagi.

Apabila orang-orang berdosa ini mati, mereka dilemparkan ke Hades dan menerima hukuman tingkat ketiga atau keempat. Kenyataannya, ada jiwa-jiwa yang menjadi setan dan dilepaskan ke dunia ini.

Setan-setan dikendalikan oleh Iblis

Sebelum Pengadilan, Lucifer mempunyai autoriti penuh

untuk mengendalikan dunia kegelapan dan Hades. Dengan demikian, Lucifer juga mempunyai kuasa untuk memilih jiwa-jiwa tertentu dari Hades yang paling sesuai untuk pekerjaannya dan memakai mereka di dunia ini sebagai setan-setan.

Sesudah jiwa-jiwa ini dipilih dan dilepaskan ke dunia, tidak seperti keadaan mereka ketika masih hidup, mereka tidak lagi mempunyai kehendak atau perasaan sendiri. Menurut kehendak Lucifer, mereka dikendalikan oleh Iblis dan berfungsi hanya sebagai alat untuk memenuhi tujuan-tujuan dunia roh-roh jahat.

Setan-setan mencubai manusia di bumi supaya mengasihi dunia. Sesetengah dosa dan kejahatan yang paling buruk saat ini tidak terjadi secara kebetulan, tetapi disengajakan oleh pekerjaan setan-setan yang menuruti kehendak Lucifer. Setan-setan memasuki mereka menurut hukum dunia roh dan membawa mereka ke Neraka. Kadang-kadang, setan-setan melumpuhkan manusia dan mendatangkan penyakit kepada mereka. Tentu sahaja, hal ini tidak bererti bahawa setiap keadaan cacat atau sakit pasti berasal daripada setan-setan, tetapi sesetengahnya memang disebabkan oleh setan-setan.

Dalam Alkitab, kita menemukan seorang anak yang kerasukan setan yang menjadi bisu sejak masa kecilnya (Markus 9:17-24), dan *"seorang wanita yang sakit, kerana dirasuk roh jahat selama lapan belas tahun"* sehingga dia bongkok dan tidak dapat berdiri dengan tegak (Lukas 13:10-13).

Menurut kehendak Lucifer, setan-setan itu diberi tugas-tugas paling ringan di dunia kegelapan, tetapi mereka tidak akan dipenjarakankan di Jurang Maut sesudah Pengadilan. Oleh kerana setan-setan itu pada asalnya ialah manusia dan hidup di dunia bersama mereka yang menerima hukuman tingkat ketiga dan keempat di Hades, mereka akan dilemparkan ke dalam lautan belerang yang menyala-nyala sesudah Pengadilan Takhta Putih Besar.

Roh-roh jahat takut akan Jurang Maut

Sesetengah antara anda yang ingat kata-kata dalam Alkitab mungkin menemukan sesuatu yang disalahfahami. Dalam Lukas 8 ada adegan Yesus bertemu dengan orang yang kerasukan setan. Ketika DIA memerintahkan setan untuk keluar dari orang itu, setan itu berkata, *"Hai Yesus, anak Tuhan Yang Maha Tinggi! Apakah yang akan Engkau lakukan terhadap aku? Aku mohon, janganlah seksa aku!"* (Lukas 8:28) dan memohon kepada Yesus supaya DIA tidak menghantarnya masuk ke dalam Jurang Maut.

Setan-setan ditentukan untuk dilemparkan ke dalam lautan belerang yang menyala-nyala, bukan Jurang Maut. Jadi, mengapakah dia meminta Yesus agar tidak menghantarnya masuk ke dalam Jurang Maut? Seperti yang disebutkan di atas, setan-setan pada asalnya ialah manusia dan sekarang mereka hanya menjadi alat yang dipakai untuk mencubai manusia menurut kehendak Lucifer.

Oleh itu, ketika setan itu berbicara kepada Yesus melalui mulut orang yang dirasuknya, dia mengekspresikan isi hati roh-roh jahat yang mengendalikannya, bukan hatinya sendiri. Roh-roh jahat yang dipimpin Lucifer tahu bahawa sesudah pemeliharaan Tuhan dan proses yang dijalani manusia di dunia selesai, mereka akan kehilangan semua autoriti dan kuasa, lalu selama-lamanya akan dipenjarakan di Jurang Maut. Ketakutan mereka akan masa hadapan sangat ditunjukkan melalui permohonan setan itu.

Tambahan pula, setan ini dipakai sebagai alat supaya ketakutan roh-roh jahat dan juga pengakhiran mereka dapat dicatat dalam Alkitab.

Setan-setan membenci air dan api

Pada awal pelayanan saya, Roh Kudus bekerja dengan sangat berkuasa di gereja saya sehingga orang buta dapat melihat, orang bisu dapat berbicara, orang-orang yang menderita polio dapat berjalan, dan roh-roh jahat diusir. Khabar ini tersebar ke seluruh negeri, dan banyak orang sakit datang. Pada waktu itu, saya secara peribadi mendoakan orang-orang yang kerasukan setan, dan setan-setan sebagai makhluk roh, sudah tahu lebih dahulu bahawa mereka akan diusir. Kadang-kadang, sesetengah setan akan memohon kepada saya, "Tolonglah, jangan usir kami ke air atau api!"

Tentu sahaja, saya tidak mengabulkan permintaan mereka. Mengapakah setan-setan membenci air dan api? Alkitab juga mencatatkan kebencian mereka terhadap air dan api. Ketika saya berdoa lagi meminta pewahyuan mengenai hal ini, Tuhan memberitahu saya bahawa secara rohani air melambangkan kehidupan, lebih spesifik lagi melambangkan firman Tuhan yang merupakan terang. Api melambangkan Roh Kudus.

Oleh itu, setan-setan yang mewakili kegelapan itu akan

kehilangan kuasa dan autoriti ketika mereka dilemparkan ke dalam api atau air. Dalam Markus 5 ada adegan Yesus memerintahkan setan-setan "Legion" itu keluar daripada orang yang kerasukan, dan memohon kepada-Nya supaya DIA menyuruh mereka masuk ke babi-babi (Markus 5:12). Yesus mengabulkan permintaan mereka, dan roh-roh jahat itu keluar daripada orang itu dan masuk ke dalam babi-babi. Kawanan babi itu, *"lebih kurang dua ribu ekor — terjun dari pinggir jurang ke dalam tasik lalu tenggelam."* Yesus melakukan hal ini untuk mencegah setan-setan bekerja lebih jauh untuk Lucifer dengan menenggelamkan mereka di dalam tasik.

Hal itu tidak bererti bahawa setan-setan itu tenggelam; mereka hanya kehilangan kuasa. Itulah sebabnya Yesus mengatakan kepada kita bahawa *"Apabila roh jahat meninggalkan seseorang, roh itu menjelajah tempat yang kering untuk mencari tempat tinggal."* (Matius 12:43).

Anak-anak Tuhan seharusnya mengetahui dunia roh dengan jelas supaya dapat menunjukkan kuasa Tuhan. Setan-setan gementar ketakutan sekiranya anda mengusir mereka dengan pengetahuan penuh akan dunia roh. Namun begitu, mereka tidak akan gementar, bahkan tidak mahu keluar sekiranya anda hanya mengatakan "Kamu setan, keluar dan pergi ke dalam air! Pergi ke dalam api!" tanpa mempunyai pemahaman rohani.

Lucifer berjuang untuk membangunkan kerajaannya

Tuhan ialah Tuhan yang penuh kasih, DIA juga Tuhan yang

adil. Betapapun baik dan pengampunnya raja-raja di dunia ini, mereka tidak dapat sentiasa baik dan mengampuni tanpa syarat pada setiap waktu. Ketika ada pencuri dan pembunuh di negaranya, seorang raja harus menangkap dan menghukum mereka menurut undang-undang di negara itu demi menjaga kedamaian dan keamanan rakyatnya. Sekalipun anak yang disayanginya atau keluarganya melakukan kejahatan yang serius seperti pengkhianatan, raja itu tidak mempunyai pilihan lain kecuali menghukum mereka menurut undang-undang.

Demikian juga, kasih Tuhan ialah kasih yang seiring dengan aturan ketat dunia roh. Tuhan sangat mengasihi Lucifer sebelum pengkhianatannya, bahkan sesudah pengkhianatannya, Tuhan memberi Lucifer autoriti penuh atas kegelapan, tetapi Lucifer hanya akan menerima hukuman dipenjarakan di Jurang Maut. Oleh kerana Lucifer sudah mengetahui kenyataan ini, dia berjuang untuk membangun dan mengukuhkan kerajaannya.

Atas sebab ini, Lucifer telah membunuh banyak nabi Tuhan dua ribu tahun yang lalu dan sebelumnya. Dua ribu tahun lalu, ketika mengetahui kelahiran Yesus dan untuk menghalang kerajaan Tuhan dibangun serta mengukuhkan kerajaan kegelapan untuk selama-lamanya, dia berusaha membunuh Yesus melalui Raja Herodes. Sesudah dihasut Iblis, Herodes memberi perintah untuk membunuh semua anak lelaki berumur dua tahun ke bawah yang ada di negeri itu (Matius 2:13-18).

Di samping itu, selama dua ribu tahun terakhir, Lucifer selalu berusaha menghancurkan dan membunuh sesiapa sahaja yang menunjukkan kuasa Tuhan yang mengagumkan. Namun begitu, Lucifer tidak pernah dapat menang melawan Tuhan atau mengalahkan kebijaksanaan-Nya, dan dia sudah pasti berakhir di Jurang Maut.

Tuhan menanti dan memberi kesempatan untuk pertaubatan

Semua orang di dunia akan dihakimi menurut perbuatan mereka. Bagi yang jahat, kutuk dan hukuman sudah menanti, dan bagi yang baik, berkat dan kemuliaan. Namun begitu, Tuhan yang penuh kasih itu tidak segera melemparkan orang-orang yang baru sahaja berdosa ke dalam Neraka. DIA menunggu dengan sabar untuk orang itu bertaubat seolah-olah *"satu hari tidak ada bezanya dengan seribu tahun"* (2 Petrus 3:8-9). Inilah kasih Tuhan yang menghendaki agar semua orang menerima keselamatan.

Melalui pesan tentang Neraka ini, anda harus ingat bahawa Tuhan juga sabar dan menunggu semua yang sedang dihukum di Hades. Tuhan yang penuh kasih menyesali jiwa-jiwa yang diciptakan serupa dengan gambar-Nya, yang sekarang sedang menderita dan akan menderita selama-lamanya.

Meskipun Tuhan sabar dan penuh kasih, sekiranya orang-orang tidak menerima Injil sampai pada akhirnya atau mengaku percaya tetapi terus berbuat dosa, mereka akan kehilangan semua kesempatan untuk memperoleh keselamatan dan masuk ke dalam Neraka.

Itulah sebabnya kita sebagai orang percaya seharusnya selalu mengkhabarkan Injil, sama ada kita ada kesempatan atau tidak. Bayangkan ada kebakaran di rumah anda ketika anda keluar.

Ketika anda kembali, rumah itu sudah ditelan api dan anak-anak anda sedang tidur di dalam. Tidakkah anda akan melakukan apa-apa sahaja untuk menyelamatkan mereka? Hati Tuhan lebih hancur ketika DIA melihat orang-orang yang diciptakan segambar dengan DIA berbuat dosa dan masuk ke dalam Neraka yang kekal. Dengan cara yang sama, dapatkah anda membayangkan betapa senangnya Tuhan melihat orang-orang membawa orang-orang lain kepada keselamatan?

Anda seharusnya memahami hati Tuhan yang mengasihi semua orang dan berduka kerana mereka yang berada di jalan menuju Neraka, dan juga hati Yesus Kristus yang tidak ingin kehilangan walau seorang pun. Sekarang anda sudah membaca tentang kekejaman dan penderitaan di Neraka, anda dapat mengerti sebab Tuhan sangat senang akan keselamatan manusia. Saya berharap anda akan memahami dan merasakan hati Tuhan sehingga anda akan mengkhabarkan Berita Baik dan membawa orang-orang ke Syurga.

Bab 9

Mengapakah Tuhan yang Penuh Kasih Harus Menciptakan Neraka?

Kesabaran dan Kasih Tuhan

Mengapakah Tuhan yang Penuh Kasih Harus Menciptakan Neraka?

Tuhan Ingin Semua Orang Menerima Keselamatan

Mengkhabarkan Berita Baik dengan Keberanian

"yang menghendaki supaya semua orang diselamatkan dan memperoleh pengetahuan akan kebenaran."
- 1 Timotius 2:4 -

"Alat penampi sudah ditangan-Nya. Ia akan membersihkan tempat pengirikan-Nya dan mengumpulkan gandum-Nya ke dalam lumbung, tetapi debu jerami itu akan dibakar-Nya dalam api yang tidak terpadamkan."
- Matius 3:12 -

Kira-kira dua ribu tahun yang lalu, Yesus pergi ke kota-kota dan desa-desa di Israel, menyebarkan Berita Baik dan menyembuhkan banyak orang daripada segala penyakit. Ketika DIA bertemu dengan orang-orang, Yesus berasa *"mengasihani mereka kerana mereka risau dan tidak berdaya, seperti kawanan domba tanpa gembala."* (Matius 9:36).

Tidak terhitung banyaknya orang yang harus diselamatkan, tetapi tidak ada orang yang menggembalakan mereka. Sekalipun Yesus dengan rajin pergi berkeliling ke desa-desa dan mengunjungi orang-orang, DIA tidak dapat menggembalakan mereka semua satu demi satu.

Yesus berkata kepada murid-murid-Nya, *"Tuaian sungguh banyak, tetapi penuai hanya sedikit. Berdoalah kepada pemilik tuaian itu supaya menghantar pekerja untuk mengumpul tuaian."* (Matius 9:37-38). Sangat diperlukan pekerja-pekerja yang mewakili Yesus dengan mengajarkan kebenaran kepada orang-orang yang tidak terhitung banyaknya dengan kasih yang menyala-nyala dan menyingkirkan kegelapan daripada mereka.

Sekarang ini, sangat banyak orang yang diperhamba dosa, menderita penyakit, kemiskinan, dan kesedihan, dan sedang menuju Neraka – semua kerana mereka tidak mengetahui kebenaran. Kita harus memahami hati Yesus yang sedang mencari pekerja-pekerja untuk diutus ke ladang penuaian.

Kesabaran dan Kasih Tuhan

Ada seorang anak yang dikasihi dan dibangga oleh ibu bapanya. Pada suatu hari, anak ini meminta ibu bapanya untuk memberi harta yang menjadi bahagiannya. Mereka memenuhi permintaan anak itu dan memberikan warisan yang menjadi bahagiannya walaupun mereka tidak begitu mengerti anak yang akan mewarisi semua milik mereka. Kemudian, anak itu pergi ke luar negeri dengan membawa harta bahagiannya. Walaupun pada mulanya dia mempunyai harapan dan cita-cita, dia semakin leka akan kesenangan dan hawa nafsu dunia dan akhirnya memboroskan semua kekayaannya. Pada waktu itu, negeri tersebut menghadapi kemerosotan ekonomi yang parah sehingga dia menjadi semakin miskin. Pada suatu hari, seseorang membawa khabar tentang anak itu kepada ibu bapanya, memberitahu bahawa anak mereka menjadi sama seperti pengemis kerana hidup berfoya-foya sehingga dihina oleh banyak orang.

Bagaimanakah perasaan ibu bapanya? Pada awalnya mungkin mereka berasa marah, tetapi segera mereka akan mulai khuatir akan dirinya dan berfikir, "Kami sudah mengampunimu, anak. Pulanglah segera!"

Tuhan menerima anak-anak yang kembali dalam pertaubatan

Isi hati kedua-dua ibu bapa ini dicatat dalam Lukas 15. Si ayah, yang anaknya pergi ke satu negeri yang jauh, setiap hari menunggu anaknya di pintu gerbang. Dia sangat menanti-nantikan kepulangan anaknya sehingga ketika anaknya benar-benar kembali, dari jarak jauh dia segera dapat mengenalinya dan berlari menyambutnya dan memeluknya dengan sukacita. Ayah itu memakaikan jubah yang terbaik dan kasut pada anaknya yang bertaubat, menyembelih anak lembu yang gemuk, dan mengadakan perjamuan untuk menyambut kepulangannya.

Inilah hati Tuhan. DIA tidak hanya mengampuni semua orang yang sungguh-sungguh bertaubat, tanpa memperhitungkan bannyaknya atau besarnya dosa-dosa mereka, tetapi juga menghibur dan menguatkan mereka untuk melakukan yang lebih baik. Ketika satu orang diselamatkan dengan iman, Tuhan bersukacita dan merayakan peristiwa itu bersama bala tentera Syurga dan para malaikat. Tuhan kita yang penuh belas kasih ialah kasih itu sendiri. Dengan hati seorang bapa yang menantikan kepulangan anaknya, Tuhan sangat menginginkan semua orang berpaling daripada dosa dan menerima keselamatan.

Tuhan yang penuh kasih dan pengampunan

Melalui Hosea 3, anda dapat melihat sekilas tentang belas kasihan Tuhan kita, yang selalu ingin mengampuni dan mengasihi sekalipun orang-orang berdosa.

Pada suatu hari, Tuhan memerintahkan Hosea untuk mengambil seorang wanita yang suka berzina sebagai isterinya. Hosea taat dan dia menikahi Gomer. Beberapa tahun kemudian, Gomer tidak dapat menjaga hatinya dan mencintai lelaki lain. Tambahan pula, dia dibayar seperti seorang pelacur dan pergi mengikuti lelaki itu. Kemudian, Tuhan berkata kepada Hosea, *"Pergilah lagi dan cintailah seorang wanita yang suka berzina"* (Hosea 3:1). Tuhan memerintahkan Hosea untuk mencintai isterinya, yang telah mengkhianatinya dan meninggalkan rumahnya untuk mencintai lelaki lain. Hosea membawa Gomer kembali sesudah membayar *"lima belas keping wang perak dan 150 kilogram barli"* (Hosea 3:2). Berapa banyak orang dapat melakukan itu? Sesudah Hosea membawa Gomer kembali, dia berkata kepada wanita itu, *"engkau harus menunggu aku untuk waktu yang lama. Selama waktu itu, engkau tidak boleh melacur ataupun berzina, dan pada masa itu akupun tidak akan mendekati engkau"* (Hosea 3:3). Dia tidak menghukum atau membencinya, tetapi mengampuninya dengan kasih dan meminta agar wanita itu tidak meninggalkannya lagi.

Perkara yang dilakukan oleh Hosea tampaknya bodoh menurut pandangan orang-orang di dunia ini. Namun begitu, hatinya melambangkan hati Tuhan. Seperti Hosea menikahi seorang wanita penzina, Tuhan lebih dahulu mengasihi kita yang sudah meninggalkan-Nya bahkan membebaskan kita.

Sesudah ketidaktaatan Adam, semua manusia menjadi berdosa. Seperti Gomer, mereka tidak layak menerima kasih Tuhan. Namun begitu, Tuhan tetap mengasihi mereka dan memberi mereka Anak-Nya yang tunggal, Yesus Kristus, untuk disalibkan. Yesus dicambuk, dimahkotai mahkota duri, lalu tangan dan kaki-Nya dipaku supaya DIA dapat menyelamatkan kita. Sekalipun ketika DIA tergantung di kayu salib dalam keadaan hampir mati, DIA berdoa, *"Ya Bapa, ampunilah mereka!"* Saat ini Yesus sedang berdoa syafaat untuk semua orang berdosa di hadapan takhta Tuhan Bapa kita di Syurga.

Namun begitu, sangat banyak orang yang tidak mengenal kasih dan anugerah Tuhan, sebaliknya mereka mencintai dunia ini dan terus berbuat dosa dengan mengejar keinginan-keinginan daging mereka. Sesetengah orang hidup dalam kegelapan kerana mereka tidak mengetahui kebenaran. Yang lain mengetahui kebenaran, tetapi sementara waktu berlalu, hati mereka berubah dan mereka melakukan dosa-dosa lagi. Sesudah diselamatkan, orang-orang harus menguduskan diri mereka setiap hari. Namun begitu, hati mereka menjadi jahat dan tercemar tidak seperti ketika mereka mula-mula menerima Roh Kudus. Itulah sebabnya mereka melakukan kejahatan yang pernah dibuang daripada hidup mereka.

Tuhan tetap ingin mengampuni dan mengasihi orang yang sudah berdosa dan mencintai dunia ini. Sama seperti Hosea membawa kembali isterinya yang berzina dengan lelaki lain, Tuhan sedang menunggu kepulangan dan pertaubatan anak-anak-Nya yang sudah berdosa.

Oleh itu, kita harus memahami hati Tuhan yang sudah mengungkapkan kepada kita pesan tentang Neraka. Tuhan tidak ingin menakut-nakuti kita; DIA hanya ingin supaya kita mengetahui keadaan yang mengerikan di Neraka, bertaubat sungguh-sungguh, dan menerima keselamatan. Pesan tentang Neraka ini ialah satu cara-Nya mengungkapkan kasih-Nya yang menyala-nyala kepada kita. Kita harus mengerti sebab Tuhan harus menyediakan Neraka supaya kita dapat memahami hati-Nya dengan lebih dalam lagi dan menyebarkan Berita Baik kepada lebih banyak orang untuk menyelamatkan mereka daripada hukuman yang kekal.

Mengapakah Tuhan yang Penuh Kasih Harus Menciptakan Neraka?

Kejadian 2:7 mengatakan *"Kemudian Tuhan mengambil*

sedikit tanah dan membentuk manusia, lalu menghembuskan nafas yang memberi hidup ke dalam lubang hidungnya; maka hiduplah manusia itu."

Pada tahun 1983, sesudah pintu-pintu gereja saya dibuka, Tuhan menunjukkan kepada saya satu penglihatan yang menggambarkan penciptaan Adam. Tuhan dengan bahagia dan sukacita membentuk Adam daripada tanah liat dengan penuh kasih dan perhatian, sama seperti seorang kanak-kanak yang sedang bermain dengan mainan atau boneka yang paling disayanginya. Sesudah secara lembut membentuk Adam, Tuhan menghembuskan ke dalam hidungnya nafas hidup. Oleh kerana kita menerima nafas hidup daripada Tuhan, yang merupakan Roh, roh dan jiwa kita juga kekal. Daging yang dibuat daripada debu tanah akan mati dan kembali menjadi tanah, tetapi roh dan jiwa kita kekal.

Atas sebab itu, Tuhan harus menyiapkan tempat tinggal untuk roh-roh yang kekal ini, dan tempat itu ialah Syurga dan Neraka. Seperti yang dicatat dalam Surat 2 Petrus 2:9-10, orang-orang yang menjalani hidup yang takut akan Tuhan akan diselamatkan dan masuk ke Syurga, tetapi orang-orang yang tidak benar akan dihukum di Neraka.

Demikianlah Tuhan tahu akan cara menyelamatkan orang salih daripada cubaan. Tuhan juga tahu akan cara menahan orang jahat supaya dihukum pada Hari Pengadilan, terutamanya mereka yang menuruti keinginan hawa nafsu yang kotor, dan mereka yang menghina kekuasaan Tuhan.

Pada satu sisi, anak-anak Tuhan akan hidup di bawah pemerintahan-Nya yang kekal di Syurga. Oleh itu, Syurga selalu penuh dengan kebahagiaan dan sukacita. Pada sisi lain, Neraka ialah tempat untuk semua orang yang tidak menerima kasih Tuhan, sebaliknya mengkhianati DIA dan menjadi hamba dosa. Di Neraka, mereka akan menerima hukuman-hukuman yang kejam. Mengapakah Tuhan yang penuh kasih itu harus menciptakan Neraka?

Tuhan memisahkan gandum daripada sekam

Seperti seorang petani yang menabur benih dan memeliharanya, Tuhan juga memproses manusia di dunia ini supaya memperoleh anak-anak yang benar. Ketika tiba waktunya untuk menuai, DIA memisahkan gandum daripada sekam, menempatkan gandum itu di Syurga dan sekam di Neraka.

Tangan-Nya memegang nyiru untuk menampi. Dia akan mengumpulkan gandum yang bersih di dalam jelapang, tetapi Dia akan membakar sekam di dalam api yang tidak dapat padam. (Matius 3:12).

"Gandum" di sini melambangkan semua orang yang menerima Yesus Kristus, berusaha memulihkan gambaran Tuhan, dan hidup menurut firman-Nya. "Sekam" merujuk kepada orang-orang yang tidak menerima Yesus Kristus sebagai Juruselamat mereka, tetapi mengasihi dunia dan mengikuti kejahatan.

Seperti seorang petani mengumpulkan gandum ke dalam jelapang dan membakar sekam sekam atau membakarnya sebagai baja pada masa penuaian, Tuhan juga membawa gandum ke Syurga dan melemparkan sekam ke Neraka.

Tuhan ingin memastikan bahawa kita tahu tentang kewujudan Hades dan Neraka. Lahar di bawah permukaan bumi dan api mengingatkan kita tentang hukuman yang kekal di Neraka. sekiranya tidak ada api atau belerang di dunia ini, bagaimanakah kita dapat membayangkan pemandangan yang mengerikan di Hades dan Neraka? Tuhan menciptakan perkara-perkara ini kerana semua itu diperlukan untuk memproses manusia.

Mengapakah "sekam" dibuang ke dalam api Neraka?

Sesetengah orang mungkin bertanya, "Mengapa Tuhan yang penuh kasih itu menciptakan Neraka? Mengapa DIA tidak membiarkan sekam masuk ke Syurga juga?"

Keindahan Syurga jauh melampaui yang dapat kita bayangkan atau gambarkan. Tuhan yang bertakhta di Syurga, kudus tanpa cacat atau cela sehingga hanya orang-orang yang melakukan kehendak-Nya sahaja yang diizinkan masuk ke Syurga (Matius 7:21). Sekiranya orang-orang jahat berada di Syurga bersama dengan orang-orang yang penuh kasih dan kebaikan, kehidupan di Syurga akan menjadi sangat sulit dan aneh, dan Syurga yang indah itu akan tercemar. Itulah sebabnya Tuhan harus menciptakan Neraka untuk memisahkan gandum di Syurga daripada sekam di Neraka.

Tanpa Neraka, kebenaran dan kejahatan akan dipaksa tinggal bersama. Sekiranya hal demikian terjadi, Syurga akan menjadi tempat kegelapan, penuh dengan jerit dan tangis penderitaan. Namun begitu, tujuan Tuhan memproses manusia bukanlah untuk menciptakan tempat seperti itu. Syurga ialah tempat tanpa air mata, dukacita, seksaan, dan penyakit; tempat DIA dapat mencurahkan kasih-Nya yang berlimpah-limpah kepada anak-anak-Nya selama-lamanya. Oleh itu, Neraka diperlukan untuk mengurung orang-orang jahat dan orang-orang yang tidak berharga – sekam itu – selama-lamanya.

Tuhan memberikan upah kepada setiap orang menurut perbuatannya

Tuhan kita bukan hanya Tuhan yang penuh kasih, belas kasihan, dan kebaikan, tetapi juga Tuhan yang adil dan benar yang memberi upah kepada setiap kita menurut perbuatan-perbuatan kita. Galatia 6:7-8 mengatakan:

> *Janganlah tipu diri sendiri. Tidak seorang pun dapat memperbodohkan Tuhan. Seseorang akan menuai apa yang ditanamnya. Jika seseorang menanam menurut tabiat manusianya, dia akan menuai kematian. Tetapi jika dia menanam menurut pimpinan Roh Tuhan, dia akan menuai hidup sejati dan kekal daripada Roh Tuhan.*

Pada satu sisi, sekiranya anda menabur doa dan pujian, anda akan diberi kuasa untuk hidup menurut firman Tuhan dengan kuasa dari Syurga, juga roh dan jiwa anda akan terpelihara. Sekiranya anda menabur pelayanan yang setia, semua bahagian anda – roh, jiwa, dan tubuh – akan dikuatkan. Sekiranya anda menabur wang melalui persepuluhan atau persembahan syukur, anda akan diberkati berlimpah-limpah secara kewangan sehingga anda dapat menabur lebih banyak untuk Kerajaan Tuhan dan kebenaran. Pada sisi lain, sekiranya anda menabur kejahatan, anda akan membayar sesuai dengan banyaknya dan besarnya kejahatan anda. Sekalipun anda ialah orang percaya, ketika anda menabur dosa-dosa dan perlanggaran, anda akan menghadapi cubaan-cubaan. Oleh itu, saya berharap anda akan sedar dan belajar fakta ini dengan pertolongan Roh Kudus sehingga dapat menerima kehidupan yang kekal.

Dalam Yohanes 5:29, Yesus mengatakan kepada kita bahawa *"Orang yang berbuat baik akan bangkit dan hidup, tetapi orang yang berbuat jahat akan bangkit dan dihukum."* Dalam Matius 16:27, Yesus berjanji kepada kita, *"Anak Manusia sudah hampir tiba bersama-sama para malaikat-Nya dengan kemuliaan Bapa-Nya. Pada masa itu Dia akan membalas tiap-tiap orang menurut perbuatannya."*

Dengan ketepatan yang sempurna, melalui Pengadilan, Tuhan memberikan upah yang sesuai dan menjatuhkan hukuman yang setimpal kepada setiap orang menurut perbuatan masing-masing. Sama ada seseorang akan masuk ke Syurga atau ke Neraka, tidak tergantung kepada Tuhan, melainkan kepada masing-masing orang yang mempunyai kehendak bebas, dan setiap orang akan menuai apa-apa yang ditaburnya.

Tuhan Ingin Semua Orang Menerima Keselamatan

Tuhan menganggap setiap orang yang diciptakan segambar

dan serupa dengan DIA lebih penting daripada seluruh alam semesta. Oleh itu, Tuhan ingin semua orang percaya kepada Yesus Kristus dan menerima keselamatan.

Tuhan lebih bersukacita ketika satu orang berdosa bertaubat

Dengan hati seorang gembala yang mencari seekor dombanya yang hilang ke seluruh padang yang berbukit-bukit, walaupun dia masih mempunyai 99 ekor domba lagi (Lukas 15:4-7), Tuhan lebih bersukacita atas satu orang berdosa yang bertaubat daripada 99 orang benar yang tidak memerlukan pertaubatan.

Daud menulis bahawa *"Sejauh timur dari barat, sejauh itu juga dibuang-Nya dosa kita. Seperti seorang bapa mengasihani anak-anaknya, begitulah Tuhan mengasihani orang yang menghormati-Nya."* (Mazmur 103:12-13). Tuhan juga berjanji dalam Yesaya 1:18 bahawa *"Walaupun kamu merah marak kerana dosa kamu, Aku akan mencuci kamu sehingga menjadi putih seperti salji. Walaupun dosa kamu banyak dan berat, kamu akan Aku ampuni sepenuhnya."*

Tuhan ialah terang dan di dalam DIA tidak ada kegelapan. DIA juga merupakan kebaikan, yang membenci dosa, tetapi ketika orang-orang berdosa datang ke hadapan-Nya dan bertaubat, Tuhan tidak mengingat dosa-dosanya, sebaliknya Tuhan merangkul dan memberkati orang berdosa itu dalam pengampunan-Nya yang tidak terbatas dan kasih-Nya yang hangat.

Sekiranya anda memahami kasih Tuhan yang mengagumkan walaupun sedikit sahaja, anda pasti akan memperlakukan setiap orang dengan kasih yang tulus. Anda harus berbelas kasihan kepada mereka yang sedang menuju api Neraka, berdoa sungguh-sungguh untuk mereka, berkongsi Berita Baik kepada mereka, dan mengunjungi orang yang imannya lemah serta menguatkan iman mereka sehingga mereka dapat berdiri dengan teguh.

Sekiranya anda tidak bertaubat

1 Timotius 2:4 mengatakan kepada kita bahawa Tuhan *"mahu semua orang diselamatkan serta mengetahui ajaran benar tentang penyelamatan."* Tuhan sangat ingin semua orang mengenal DIA, menerima keselamatan, dan datang ke tempat DIA berada. Tuhan sangat prihatin akan keselamatan sekalipun satu orang sahaja. DIA menunggu orang-orang yang berada dalam kegelapan dan dosa supaya berpaling kepada-Nya.

Walau bagaimanapun, sekalipun Tuhan telah memberikan manusia kesempatan yang tidak terhitung banyaknya untuk bertaubat, bahkan sampai mengorbankan Anak-Nya yang tunggal di kayu salib, tetapi jika mereka tidak juga bertaubat dan mati, hanya ada satu kenyataan yang tersedia bagi mereka. Menurut hukum dunia roh, mereka akan menuai apa-apa yang ditabur oleh mereka dan membayar kembali berdasarkan perbuatan mereka, dan akhirnya dilemparkan ke Neraka.

Saya berharap anda akan menyedari kasih dan keadilan Tuhan yang mengagumkan ini, sehingga dapat menerima Yesus Kristus dan diampuni. Tambahan pula, anda harus bertindak dan hidup menurut kehendak Tuhan supaya dapat bersinar seperti matahari di langit.

Mengkhabarkan Berita Baik dengan Keberanian

Orang yang tahu dan benar-benar percaya akan kewujudan Syurga dan Neraka tidak dapat tidak mengkhabarkan Berita Baik kerana mereka tahu isi hati Tuhan yang mahu semua manusia menerima keselamatan

Tanpa orang Mengkhabarkan Berita Baik

Roma 10:14-15 mengatakan kepada kita bahawa Tuhan memuji orang-orang yang mengkhabarkan Berita Baik:

> *Tetapi bagaimanakah mereka dapat berseru kepada Tuhan jika mereka belum percaya kepada-Nya? Bagaimanakah mereka dapat percaya kepada-Nya jika mereka belum mendengar perkhabaran tentang Dia? Bagaimanakah dapat mendengar perkhabaran itu, jika tidak ada yang mengisytiharkannya? Bagaimanakah perkhabaran itu dapat diisytiharkan jika tidak ada orang yang diutus untuk mengisytiharkannya? Di dalam Alkitab tertulis begini, "Alangkah baiknya ketibaan orang yang membawa Berita Baik daripada Tuhan!"*

Dalam 2 Raja-raja 5, ada satu cerita tentang Naaman, seorang panglima pasukan raja Aram. Naaman dipandang sebagai seorang bangsawan yang terhormat oleh rajanya kerana dia telah banyak kali menyelamatkan negaranya. Dia menjadi terkenal dan kaya raya, dan tidak kekurangan apa-apa pun. Namun begitu, Naaman menderita sakit kusta. Pada masa itu, kusta ialah penyakit yang tidak dapat disembuhkan dan dianggap sebagai kutukan dari Syurga sehingga kegagahan dan kekayaan Naaman sekarang tidak ada guna baginya, malahan rajanya sendiri tidak dapat menolongnya.

Dapatkah anda membayangkan perasaan Naaman melihat tubuhnya yang dahulu sihat mulai membusuk dan rosak dari hari ke hari? Tambahan pula, anggota-anggota keluarganya sendiri menjauhi Naaman, takut mereka juga akan terjangkit penyakit itu. Betapa tidak berdayanya perasaan Naaman.

Namun begitu, Tuhan mempunyai satu rencana yang baik untuk Naaman, seorang panglima bangsa asing. Ada seorang pembantu perempuan yang ditangkap dari Israel, dan sekarang melayani isteri Naaman.

Naaman disembuhkan setelah mendengar nasihat pembantu perempuannya

Pembantu perempuan itu, walaupun masih kecil, tahu cara untuk menyelesaikan masalah Naaman. Gadis kecil itu percaya bahawa Elisa, seorang nabi di Samaria, dapat menyembuhkan penyakit majikannya. Dengan berani, dia menyampaikan berita tentang kuasa Tuhan yang ditunjukkan melalui Elisa kepada majikannya. Dia tidak berdiam diri khususnya tentang sesuatu yang dia sangat percaya dengan imannya. Sesudah mendengar berita ini, Naaman menyiapkan persembahan dengan tulus dan pergi menemui nabi itu.

Menurut anda, apakah yang terjadi kepada Naaman? Dia disembuhkan dengan sempurna oleh kuasa Tuhan yang menyertai Elisa. Dia bahkan mengaku, *"Sekarang saya tahu bahawa hanya ada satu Tuhan di seluruh, iaitu Tuhan Israel"*. Naaman tidak sahaja disembuhkan daripada penyakitnya, tetapi masalah rohnya juga diselesaikan.

Dalam kisah ini, Yesus berkomentar dalam Lukas 4:27: *"Demikian juga ada banyak orang berpenyakit kulit yang mengerikan di Israel pada zaman Nabi Elisa. Tetapi tidak seorang pun daripada mereka disembuhkan, kecuali Naaman orang Siria itu."*

Mengapa hanya Naaman, orang asing itu, yang disembuhkan walaupun ada banyak orang lain yang berpenyakit kusta di Israel? Hal itu kerana Naaman benar-benar baik dan cukup rendah hati untuk mendengar nasihat orang lain. Walaupun Naaman orang asing, Tuhan menyiapkan jalan keselamatan baginya kerana dia ialah orang baik, selalu setia kepada rajanya, dan seorang pelayan yang sangat mengasihi rakyatnya sehingga dia bersedia dan rela mempertaruhkan nyawanya bagi mereka.

Namun begitu, sekiranya pembantu perempuan itu tidak menyampaikan berita tentang kuasa Elisa kepada Naaman, dia akan mati tanpa pernah disembuhkan, apatah menerima keselamatan. Kehidupan seorang pahlawan yang terhormat dan mulia itu tergantung pada mulut seorang gadis kecil.

Mengkhabarkan Injil dengan berani

Seperti halnya dengan Naaman, banyak orang di sekitar anda menunggu anda menyampaikan Berita Baik, bahkan dalam kehidupan ini, mereka sedang menderita kerana banyaknya kesulitan hidup dan semakin dekat dengan Neraka setiap hari. Betapa menyedihkan sekiranya mereka diseksa selama-lamanya sesudah menjalani kehidupan yang sulit di dunia ini. Oleh itu, anak-anak Tuhan harus dengan berani menyampaikan Injil kepada orang-orang semacam itu.

Tuhan akan sangat senang apabila melalui kuasa Tuhan, orang-orang yang akan mati menerima kehidupan, dan orang-orang yang sedang menderita dibebaskan. DIA juga akan membuat mereka sejahtera dan makmur. Kata-Nya kepada mereka, "Engkau adalah anak-Ku yang menyegarkan Roh-Ku". Selain itu, Tuhan akan menolong mereka mendapatkan iman yang cukup besar untuk memasuki Kota Yerusalem Baru yang mulia, tempat takhta Tuhan. Di samping itu, bukankah orang-orang yang mendengar Berita Baik dan menerima Yesus Kristus melalui anda juga akan sangat berterima kasih atas perkara yang telah anda lakukan bagi mereka?

Sekiranya orang-orang dalam kehidupan ini tidak mempunyai iman yang cukup besar untuk diselamatkan, mereka tidak akan pernah mempunyai "kesempatan kedua" sesudah masuk ke Neraka. di tengah-tengah penderitaan yang kekal, mereka hanya dapat menyesal dan meratap selama-lamanya.

Supaya anda dapat mendengar Injil dan menerima Tuhan, pengorbanan dan dedikasi yang tidak terukur telah dilakukan oleh nenek moyang iman, yang telah terbunuh oleh pedang, menjadi mangsa haiwan ganas yang lapar, atau mati syahid kerana mengkhabarkan Berita Baik.

Apakh yang perlu anda lakukan memandangkan sekarang anda tahu anda telah diselamatkan daripada Neraka? Anda mesti berusaha sedaya mungkin untuk membebaskan banyak jiwa dari Neraka untuk dibawa kepada Tuhan. Dalam 1 Korintus 9:16, rasul Paulus mengakui misinya dengan hati yang menyala-nyala: *"Aku tidak berhak membanggakan diri, kerana aku mengkhabarkan Berita Baik. Kerja mengkhabarkan Berita Baik adalah perintah Allah bagiku. Malanglah aku, jika aku tidak mengkhabarkan Berita Baik itu."*

Oleh kerana sekarang anda sudah tahu tentang tempat yang kekal, mengerikan, dan terkutuk yang disebut Neraka, saya berdoa supaya anda merasakan kasih Tuhan, yang tidak ingin kehilangan sekalipun hanya satu orang. Berjaga-jagalah dalam kehidupan iman anda, dan khabarkanlah Injil kepada sesiapa sahaja yang perlu mendengarnya.

Di mata Tuhan, anda lebih mulia daripada seluruh dunia dan lebih berharga daripada segala yang ada di alam semesta ini kerana anda diciptakan segambar dengan DIA. Oleh itu, anda tidak boleh menjadi hamba dosa yang menentang Tuhan dan berakhir di Neraka. Jadilah anak Tuhan yang benar, yang berjalan dalam terang, berbuat dan hidup sesuai dengan kebenaran.

Dengan kebahagiaan yang sama seperti ketika menciptakan Adam, Tuhan sekarang sedang memerhatikan anda bahkan pada saat ini. DIA ingin agar anda memiliki hati yang benar, dewasa dalam iman, dan mencapai ukuran kepenuhan Kristus.

Dalam nama Tuhan, saya berdoa agar anda segera menerima Yesus Kristus dan menerima berkat dan autoriti sebagai seorang anak Tuhan yang mulia sehingga anda dapat menjadi garam dan terang di dunia, dan membawa tidak terhitung banyaknya orang kepada keselamatan!

Pengarang:
Dr. Jaerock Lee

Dr. Jaerock Lee dilahirkan di Muan, Wilayah Jeonnam, Republik Korea, dalam 1943. Dalam usia dua puluhan, Dr. Lee menderita pelbagai jenis penyakit yang tidak dapat diubati selama tujuh tahun dan menunggu kematian dengan tiada harapan untuk kesembuhan. Pada suatu hari pada musim bunga tahun 1974, dia dibawa ke sebuah gereja oleh kakaknya. Apabila dia berlutut untuk berdoa, Tuhan yang hidup segera menyembuhkan daripada semua penyakitnya.

Sejak saat Dr. Lee bertemu Tuhan yang hidup melalui pengalaman istimewa itu, dia telah mengasihi Tuhan dengan seluruh hatinya dan keikhlasan. Pada tahun 1978 dia telah dipanggil untuk menjadi pelayan Tuhan. Dia berdoa bersungguh-sungguh dengan doa puasa tidak terhingga banyaknya supaya dia dapat memahami dengan jelas akan kehendak Tuhan, menyempurnakannya dengan sepenuhnya dan mematuhi Firman Tuhan. Pada tahun 1982, dia mengasaskan Gereja Pusat Manmin di Seoul, Korea. Pekerjaan Tuhan yang tidak terhingga banyaknya, termasuk penyembuhan-penyembuhan yang menakjubkan, tanda-tanda dan keajaiban, telah berlaku di gerejanya.

Pada tahun 1986, Dr. Lee ditahbiskan sebagai seorang pastor di *Annual Assembly of Jesus*, Gereja Sungkyul di Korea. Empat tahun kemudian iaitu pada tahun 1990, khutbah-khutbahnya mulai disiarkan di Australia, Rusia, Filipina, dan lebih banyak melalui *Far East Broadcasting Company*, *Asia Broadcast Station*, dan *Washington Christian Radio System*.

Tiga tahun kemudian iaitu pada tahun 1993, Gereja Pusat Manmin telah terpilih sebagai salah satu "50 Gereja Terbaik di Dunia" oleh majalah *Christian World* (Amerika Syarikat) dan dia menerima anugerah Doktor Kehormat Divinity daripada *Christian Faith College*, Florida, Amerika Syarikat. Pada tahun 1996, Dr. Lee menerima Ijazah Doktor Falsafah dalam Pelayanan daripada *Kingsway Theological Seminary*, Iowa, Amerika Syarikat.

Sejak tahun 1993, Dr. Lee telah menjadi pelopor penyebaran agama Kristian dunia di Tanzania, Argentina, Los Angeles, Baltimore City, Hawaii, dan New York City di Amerika Syarikat, Uganda, Jepun, Pakistan, Kenya, Filipina, Honduras, India, Rusia, Jerman, Peru, Republik Demokratik Congo, Israel dan Estonia.

Pada tahun 2002, dia telah dipanggil sebagai "penghidup seluruh dunia" oleh akhbar-akhbar utama Kristian di Korea untuk pelayanan-pelayanannya penuh kuasa dalam perjuangan di pelbagai negara luar. Paling istimewa, 'New York Crusade 2006' yang diadakan olehnya di Madison Square Garden, arena yang paling masyhur di dunia, telah disiarkan ke 220 buah negara. Dalam 'Israel United Crusade 2009' yang diadakan olehnya di Pusat Konvensyen Antarabangsa di Yerusalem, dia dengan berani mengumumkan bahawa Yesus Kristus ialah Mesias dan Penyelamat. Khutbahnya disiarkan ke 176 buah negara melalui satelit termasuk GCN TV dan dia telah disenaraikan sebagai satu daripada 10 Pemimpin Kristian yang Paling Berpengaruh tahun 2009 dan 2010 oleh majalah popular Kristian Rusia "In Victory" serta sebuah agensi, Christian Telegraph, untuk pelayanan penyiaran televisyen dan pelayanan pempastoran gereja yang berpengaruh dilakukan olehnya.

Pada bulan Jun 2012, Gereja Pusat Manmin mempunyai jemaah lebih daripada 120,000 anggota. Terdapat 10,000 gereja cawangan di seluruh dunia termasuk 56 gereja cawangan tempatan. Setakat ini lebih daripada 129 mubaligh telah ditugaskan kepada 23 negara, termasuk Amerika Syarikat, Rusia, Jerman, Kanada, Jepun, China, Perancis, India, Kenya dan banyak lagi.

Pada tarikh penerbitan buku ini, Dr. Lee telah menulis 64 buah buku, termasuk jualan terlaris *Eternal Life before Death, My Life My Faith I & II, The Message of the Cross, The Measure of Faith, Heaven I & II, Hell,* dan *The Power of God.* Buku-bukunya telah diterjemahkan ke dalam lebih 74 bahasa.

Ruang penulisan Kristiannya diterbitkan dalam *The Hankook Ilbo, The JoongAng Daily, The Chosun Ilbo, The Dong-A Ilbo, The Munhwa Ilbo, The Seoul Shinmun, The Kyunghyang Shinmun, The Hankyoreh Shinmun, The Korea Economic Daily, The Korea Herald, The Shisa News,* and The Christian Press.

Dr. Lee pada masa ini ialah pemimpin kepada banyak pertubuhan mubaligh dan persatuan: termasuk , *The United Holiness Church of Jesus Christ;* Presiden, Manmin World Mission; Presiden Tetap, The World Christianity Revival Mission Association; Pengasas & Pengerusi Lembaga, *Global Christian Network* (GCN); Pengasas & Pengerusi Lembaga, *World Christian Doctors Network* (WCDN); dan Pengasas & Pengerusi Lembaga, *Manmin International Seminary* (MIS).

Buku-buku penuh kuasa oleh pengarang sama

Heaven I & II

Satu lakaran yang terpeinci tentang persekitaran hidup yang permai yang dinikmati oleh warga Syurga dan huraian yang cantik tentang tahap-tahap berbeza Kerajaan Syurga.

My Life, My Faith I & II

Satu aroma kerohanian yang paling harum yang diambil daripada kehidupan yang mekar dengan cinta kepada Tuhan, di tengah-tengah ombak kegelapan, kok yang sejuk dan kekecewaan yang paling dalam.

The Message of the Cross

Satu pesanan kebangkitan yang penuh kuasa untuk semua orang yang secara rohani terlena! Dalam buku ini anda akan menemui sebab Yesus ialah satu-satunya Penyelamat dan kasih Tuhan yang benar.

Tasting Eternal Life before Death

Satu memoir pengakuan Dr. Jaerock Lee yang telah dilahirkan semula dan diselamatkan daripada lembah bayangan kematian dan telah memimpin satu contoh kehidupan Kristian yang sempurna.

The Measure of Faith

Bagaimanakah tempat tinggal, mahkota dan ganjaran-ganjaran yang disediakan untuk anda di Syurga? Buku ini menyediakan kebijaksanaan dan bimbingan untuk anda mengukur iman anda dan memupuk iman yang paling baik dan paling matang.

www.urimbooks.com

www.ingramcontent.com/pod-product-compliance
Lightning Source LLC
LaVergne TN
LVHW010309070526
838199LV00065B/5502